# 女性与创新创业

## NÜXING YU CHUANGXIN CHUANGYE

胡会来　韩建伟 ◎ 主　编

刘晶晶 ◎ 副主编

编　者

杜梦菲　刘　真　甄凤爱

刘晶晶　沈睿媛　韩建伟

徐　超　康江卫　张晓松

东北师范大学出版社
NORTHEAST NORMAL UNIVERSITY PRESS

长　春

**图书在版编目（CIP）数据**

女性与创新创业/胡会来，韩建伟主编. —长春：
东北师范大学出版社，2022.1
ISBN 978 - 7 - 5681 - 8661 - 2

Ⅰ.①女… Ⅱ.①胡… ②韩… Ⅲ.①女性—创
业—高等学校—教材 Ⅳ.①F241.4

中国版本图书馆 CIP 数据核字（2022）第 018328 号

□责任编辑：杜　境　□封面设计：迟兴成
□责任校对：石　斌　□责任印制：许　冰

东北师范大学出版社出版发行
长春净月经济开发区金宝街 118 号（邮政编码：130117）
电话：0431—84568023
网址：http：//www.nenup.com
东北师范大学音像出版社制版
河北亿源印刷有限公司印装
石家庄市栾城区霍家屯裕翔街 165 号未来科技城 3 区 9 号 B
电话：0311—85978120
2022 年 1 月第 1 版　2022 年 1 月第 1 次印刷
幅面尺寸：170mm×240mm　印张：12.5　字数：240 千

定价：38.00 元

# 前　言

在中国特色社会主义步入新时代的历史进程中，全国各行各业积极响应党中央号召，积极投身大众创业、万众创新的时代洪流，打造发展新引擎、增强发展新动力已成为我国的富民之道和强国之策。新时代女性自尊、自信、自立、自强，凭借着独有的细腻、坚韧的特质，怀揣着成功的梦想走上了创新创业之路，在各行各业里崭露头角，显示出"她时代"的活力、"她经济"的魅力。与此同时，相当一部分女性朋友受政策了解不够、市场信息匮乏、知识能力欠缺、实践经验不足等因素制约，在创新创业中面临着许多困难，迫切希望得到创新创业的专业指导和帮助。因此，有针对性地对女性进行创新创业指导，有效提升女性群体创新创业的能力和水平，对于实现新时代女性自我创业的梦想和新时代创新驱动发展战略具有十分重要的现实意义。

本书从七个方面对女性创新创业进行了较为系统的研究。

一是新时代女性创新创业价值方面。主要帮助读者了解女性创新创业的社会环境和相关的政策支持；了解创新和创业的内涵；多层面了解女性创新创业的自我价值实现的重要意义。

二是新时代女性创新思维培养方面。主要帮助读者打破固有的思维定式，拓宽思路和视野，使其能够在创业过程中灵活运用创新思维，以崭新的视角观察问题，以开放性思维发现和解决问题，增加创业成功的筹码。

三是新时代女性创新创业方法方面。帮助读者了解和掌握创新创业的方法和途径，提高她们的创新思维意识和能力。

四是新时代女性创业能力与素质方面。主要帮助读者熟悉创业团队的组建过程，使其学会寻找志同道合的合作伙伴，了解和评估自己应具备的能力与素质，有意识地自我培养、自我锻炼、自我提升，为创业打下良好的基础。

五是新时代女性创业风险的评估与规避方面。帮助读者掌握女性创业风险的概念、风险来源、风险特征、风险种类，以及规避风险的策略等内容，并帮助她们掌握创业风险的其他相关知识。

六是新时代女性与企业管理方面。主要帮助读者解决初创企业遇到的管理问题，涉及制度建设、人力资源管理、财务管理、营销管理等各方面的具体内容。

七是对第一产业、第二产业、第三产业女性成功创业典型案例进行了全面解析，通过鲜活的案例给女性创业者带来直观的启迪。

本书由河北女子职业技术学院胡会来、韩建伟担任主编，并负责全书的策划、组稿工作，由河北女子职业技术学院的刘晶晶担任副主编。具体编写分工如下：第一章——杜梦菲；第二章——刘真；第三章——甄凤爱；第四章——刘晶晶；第五章——沈睿媛；第六章——韩建伟、徐超；第七章——康江卫、张晓松。

在书稿的编写过程中，编者借鉴和参考了很多国内外专家学者的观点和成果资料，在此一并表示由衷的感谢。

因时间仓促、编者知识水平有限，本书肯定存在不足和疏漏之处，恳请广大读者批评指正。

编　者

2021 年 8 月

# 目　　录

# 第一章　新时代女性创新创业价值

## 本章导读

　　本章为开篇章节，主要帮助读者多层面了解女性创新创业的社会环境和相关的政策支持，了解创新和创业的内涵，以及女性创新创业的价值。本章节的学习，有助于女性解决创业过程中遇到的政策性问题及科学分析女性创新创业的环境和形势；有助于女性形成创新思维、增强创业自信、挖掘创业潜力，激发女性的创业活力，让新时期女性破除传统的性别思维障碍，在创新创业的舞台上展示自身魅力，在职场上实现更大的自我价值。

## 名人名言

　　1. 创新就是创造性地破坏。

——熊彼特

　　2. 想象力比知识更重要，因为知识是有限的，而想象力概括着世界上的一切，推动着进步，并且是知识进化的源泉。

——爱因斯坦

## 第一节　掌握女性创新创业形势与政策

　　随着创新创业时代的到来，女性也迎来了更多的发展机遇。新时代的女性自尊、自信、自立、自强，凭借着独有的思维、坚韧的特质，越来越多的女性走上了创新创业之路。同时，社会对女性越来越尊重、包容、理解。基于当前创新创业形势的发展状况，国家和各级政府也出台了一系列政策和制度，为女性创新创业提供了支持和保障。

## 一、女性创新创业的社会环境

创新，被喻为一个民族自强不息、发展壮大的重要驱动力，而富有创新精神和创新技能的人则能够不断为创新驱动力注入新的血液，从而提升整个民族的竞争力。2014年9月，李克强总理在夏季达沃斯论坛上提出要推动"大众创业、万众创新"，自此以后，在中华大地上便掀起了一股创新创业的浪潮。如今，从"草根创业"到"精英创业"，从大学校园的"众创空间"到一个个充满奇思妙想的创业实体，这个时代催生了一批又一批勇于站在时代潮头的"弄潮儿"，这个创新创业的时代也不断发展为"英雄不问出处"的时代。创业被多数人定义为"卖东西赚钱"，如今各种淘宝店、App等如雨后春笋般横空出世。随着时代的进步和"建设创新型国家""培养创新型人才""创业带动就业"等理念的提出，创业的品质和创新人才的培养质量与方向得到了大幅提升。人们在追求财富的同时，将"创新点"的挖掘作为创新创业工作的重中之重，很多人意识到创新的意识和创业的品质远远大于创业本身，因此"改革"和"创新"成了时代进步的新的代名词。现在越来越多的新时代女性不甘成为打工者，为了成就自己的梦想，她们走上了自己的创业之路。

古语云："巾帼不让须眉。"纵观中华民族上下五千年历史，古有花木兰、穆桂英这样纵横沙场的女英雄，她们以深切的家国情怀，披肝沥胆、壮怀激烈；今有活跃在各个领域的巾帼豪杰，她们以独有的胆识智慧，披荆斩棘，成就非凡。如今，无数的平凡女性奋发图强、拼搏进取，在各自平凡的岗位上创造出了骄人的业绩。

当代社会，在创新创业这一全新领域注定不会缺少女性的身影。随着我国经济社会的不断发展和人们受教育程度的不断提高，越来越多的女性走出大山、走出乡村，接受高等教育；也有越来越多的女性独立、奋进，她们凭借着独立思考，凭借着女性独有的细腻思维，怀揣着一颗勤勉自强的雄心走上了创业之路。与此同时，多层次、多渠道的创新创业教育帮助当代女性打开了"双创"的大门，让她们亲身体验了创新创业带来的成就感，开辟了一条全新的事业发展道路。

### （一）有利环境

#### 1. 时代背景

当前中国正处于深刻的社会转型期。所谓社会转型，一般是指这样两种转变：一是指我国经济体制由计划经济向市场经济的转变；二是指中国逐步由一个封闭的、一元的农业社会向开放的、多元的现代化社会的转变。在这个转型期，市场代替计划发挥着配置资源的基础性作用，社会竞争趋向开放和公平，同时也更为激烈。在一个开放的市场体系中，企业不再受很多体制的束缚，而是使生存空间能够无限延伸，使发展活力得以充分施展。对于女性创业者来说，公平、高效、自由、开放的市场环境能有效降低创业的隐性成本，清除原来可能存在的体制性障碍，无形中提高了她们创业成功的可能性。

早在20世纪80年代改革开放之初，我国就有很多人开始从事创业的实践活动，形成了中国第一次创业浪潮。进入21世纪，新的创业时代悄然来临，而这个开放的创业时代也给予了女性同样的机会。历史发展告诉我们"落后就要挨打"。一个民族只有不断创新，积极进取，才能在弱肉强食的竞争时代生存下去，因而创业成了促进中国经济增长的重要因素。

美国百森学院创业学教授蒂蒙斯指出："创业是美国每年经济增长的秘密武器。"几乎所有的美国人都认为，创办自己的企业是"一项令人尊敬的工作"。自20世纪90年代以来，美国经济的高增长堪称当代的经济奇迹，究其原因，创业浪潮应该是第一功臣。目前，我国作为发展中国家，创业不仅是增加社会财富的手段，还是提供就业岗位、服务社会、实现女性人生价值的有效途径。我国的创业队伍还需不断扩大，"双创"活动仍需进一步加强，急需女性力量参与其中。

**2. 国家层面**

自创新创业浪潮在我国兴起以来，党中央国务院在各个方面给予了创业者强有力的支持，创新创业这一关键领域的发展多次被写入《政府工作报告》。国家鼓励大家进一步把大众创业、万众创新向纵深方向发展，鼓励更多社会主体开展创新创业活动，不断开拓经济社会发展空间，全方位强化政府服务能力，发挥"双创"示范基地的带动作用；发展创业投资，从贷款、投融资等各个方面为创业提供支持和保障，持续不断地深入开展创新改革试验，更深层次地激发社会创造力和活力，这些都是促就业、保民生的重要举措。同时，国家出台了一系列政策，给予各类企业、各类创业者优惠和扶持，为他们搭建更广阔的平台，尤其为女性创业者提供强有力的"战略支持"。近年来，全国各地对创新创业人才引进、落地及资金支持等方面投入大量人力、物力、财力，从而保障了源源不断的新鲜血液（人才）补充到创新创业的队伍中来，其中女性所占的比例越来越大，不断激发市场活力。

2020年10月，李克强总理出席2020年全国大众创业万众创新活动周，并发表重要讲话。他指出："近年来，面对错综复杂的国内外形势，在以习近平同志为核心的党中央坚强领导下，我们持续深化改革开放，深入实施创新驱动发展战略，广泛开展双创，收到了显著成效。双创催生了量大面广的市场主体，创造了大量就业岗位。今年在疫情和世界经济衰退冲击下，我国经济能够稳住基本盘、较快实现恢复性增长，上亿市场主体的强大韧性发挥了基础支撑作用。近几个月来，新增市场主体、初创企业大幅增长，有力支撑了就业，其中双创发挥了重要作用。双创培育了接续有力的新动能，中小微企业蓬勃发展，很多大企业通过双创汇聚各方资源加速升级。双创以鼎新推动革故，促进了'放管服'等改革，成为提升创新效率和能力的重要抓手。""要落实好规模性纾困政策，加大对广大中小微企业、个体工商户和双创主体的帮扶。大企业要发挥优势，搭建更多双创平台，与中小微企业和创客融通创新，提高双创质量和效率。要深化'放管服'改革，打造市场化法治化国际化营商环境，持续提高开放水平，对中外企业一视同仁，让中国始终成为全球创业创新的沃土。"

### 3. 教育层面

（1）创新创业意识

哲学讲：内因是事物发展的动力，外因是事物发展的条件。因此，创新创业是一件"内外兼修"的事情，思维和意识是激发创业行动的内在驱动力，有了这一驱动力，才能激发更多女性朋友的创业热情，使女性发挥自己的主观能动性，积极主动地寻找创业机会，挖掘创业市场。

高校作为开展创新创业教育的重要阵地，其教育重点在于营造良好的创新创业氛围，其中创新创业课程的开展也重在培养学生的创新意识和创新精神，挖掘好的创意点，并鼓励学生落地实施。在创新创业教育实践过程中我们发现，女性的视角、创新点与男性不同，很多女同学的创业项目挖掘了我国文化各个方面的"美"，将传统美学、传统文化与当代经济发展相结合，充分展示了我国文化的魅力和中华民族博大精深的历史文明。同时，女性在创业过程中，将女性独立、果敢、自信的性格和竞争意识、团队意识、协作意识，以及百折不挠、锐意进取的精神融入其中，越来越多的女性有想法、敢作为、勇担当，成为社会发展的重要推动力量。

（2）创业知识

众所周知，创业并不是一件简单的事情，它需要创业者具备专业知识，具备人力资源、财务管理等知识，懂得经营之道，具有团队合作、竞争、奉献等意识和精神，女性创业者要想在起起伏伏的商海中脱颖而出还需拥有敏锐的眼光和强健的体魄。这些都要求女性创业者要努力成为一个"全才"。高校的创新创业课程可以帮助女性创业者具备以下三个方面的素质：①具备扎实的专业知识和深厚的创业基础知识，能够准确地判断风险和机会。当然，创业不会百分之百成功，失败不可避免。而成功的创业要求创业者能够从失败中吸取教训、汲取经验，从而东山再起。②具备企业管理的相关知识。并不是只有世界五百强才涉及企业管理问题。"麻雀虽小，五脏俱全"，即便是开一家简单的网上小店，创业者也需要懂得人事管理、财务管理、生产链条、市场营销和推广等知识和策略，从而合理分配资源，规避风险，实现利润最大化，提高经营效益。③具备一定的法律知识。随着社会的发展，人们的法律意识和维权意识愈来愈强，但是这方面知识的传授往往被忽略。因此，高校应该加强对女性法律意识的强化和法律知识的传授，如如何制定合同、公司注册登记、个人合法权利的维护、税法等，还包括维护女性权利的相关法律条款，这样才能使女性的创业过程更加规范化，也让女性懂得自我保护、有效维权。同时，还能避免她们侵害他人的合法权益，甚至触犯法律。

新时代女性具备了充分的专业知识和创新创业知识，也为她们提供了更多的创业机会。随着知识创业的观念逐步形成，她们也在逐步脱离简单的低级创业。随着科学技术是第一生产力这一观念在社会中成为共识，拥有专业知识和专业技能的女性高水平创业者越来越受到创业市场的青睐，她们的想象力、创造力和创业勇气有了很大的发挥空间，从而使她们在创业中拥有先机、拔得头筹。

**案例分享**

## 一个西安女孩的创业故事

刘女士，一个普通的西安女孩，在她上大学时就一直有自己创业的梦想。在大学期间，她不断打工赚生活费，并且积累了创业经验。2008年大学毕业后，她从事化妆品销售工作，这段工作经历让她从一个有些自卑的小女孩逐渐成为阳光时尚的大女孩。之后，经过四年的不懈努力和家人的帮助，她创业开了一家网店，并逐步步入了正轨，得到了年入百万的好收益。

"丑小鸭"想要变成"白天鹅"，中间需要付出的努力和心血是很多人难以想象的，也是很多人难以做到的，但是刘女士做到了。

### 大学期间尝试创业

刘女士在大学期间一直有着自己创业的梦想。上大学时，她做了很多兼职，一边赚取生活费，一边积累创业经验。在大三时，刘女士在一本杂志上无意间看到一篇报道，说有一个女孩在网上开了一家旗袍店，生意很好，而且开网店还不需要太多资金。刘女士立刻萌发了自己开网店创业的想法。

有了想法就要立刻去实践。刘女士向同学借了380元的创业资金，经过一系列前期准备，没多久她的网上服装店就开张了。但是网店开张了几天都没有什么生意，这让刘女士感到网上卖衣服并不容易成功。于是，刘女士改变了想法，觉得卖化妆品是一个不错的选择，只要是卖真货就不会有问题。于是，在2006年，她开始卖韩国进口化妆品，生意开始有了好转。

### 失败后重新站起来

尽管生意有所好转，但是好景却没有坚持多久。因为她的货都是从网上进的，一次，她在网上联系进货时，意外发生了。她将2万元货款打过去之后，第二天那家公司就"人间蒸发"了，连网上的网页都撤销了。刘女士发现后整个人都瘫了，因为这是她所有的积蓄。后来，刘女士的母亲知道了这件事，她没有责怪刘女士，而是鼓励女儿从哪里跌倒就从哪里爬起来。听了母亲的鼓励后，刘女士重新树立了信心，申请了政府专为大学生创业提供的小额担保贷款，有了资金，她又开始创业。这一次刘女士"长了心眼儿"，学习鉴别进货途径的真假，规避风险。刘女士的生意也慢慢好起来，有了回头客。

四年努力终获成功

网店再次开起来之后，刘女士在家人的帮助下，网店生意渐渐步入了正轨。

2008年，刘女士正式大学毕业。毕业后的刘女士更加坚定了做网店的决心。刘女士说，她喜欢这种靠自己创造的工作，也能从中找到自己的价值。经过四年的不断努力，刘女士的网上化妆品店步入稳定期，不仅达到了双皇冠级别，还拥有了稳定的客户群体，年销售额达100余万元，在西安本地的化妆品网店中是数一数二的。

刘女士的故事验证了一个道理：脚踏实地、坚持不懈地努力，即使和你的梦想还有距离，却在一步步地向梦想靠近。

### （二）不利环境

#### 1. 政策体系尚不成熟

虽然近年来国家非常重视创新创业工作，制定了一系列针对创新创业的优惠政策，扶持力度也不断加大，然而能够真正惠及女性创业者的政策并不多，尚缺乏针对女性创业者特殊困难和实际情况的政策支持，使得很多女性创业者依然存在不小的困难，实际问题得不到解决，从而让她们对创业望而却步，阻碍了她们的创业步伐和事业的发展。

#### 2. 传统思维阻碍了女性创业者的发展

长久以来，很多有识之士致力于突破传统的男女有别的思想，希望实现真正的男女平等，但是根深蒂固的性别歧视思想让很多女性依然选择回归家庭或找一份稳定的工作，安于现状。这些思想对女性打破偏见、勇于创造价值、追求自我价值升华造成障碍，在一定程度上影响了女性创业者的热情，也为女性创业造成一定束缚。时至今日，女性依然被视为相对弱势的群体，在很多人的思想意识中，女性仍旧和"家庭妇女""相夫教子"联系在一起。所以，当代女性都希望可以冲破传统思想的桎梏，展现新时代女性的独特魅力。

#### 3. 专创融合不深入

虽然现在大多数高校都开设了创新创业课程，但是当今创新创业教育与专业教育两张皮的问题广泛存在。多数学校创新创业教师不懂专业，而专业课教师不愿意或者没有时间深入研究创新创业教育，导致学生毕业后创业质量不高，或者干脆从事专业工作而放弃创业。因此，在大学教育中如何将专业与创业融为一体成为亟待解决的问题。

## 二、女性创新创业的政策支持

近年来，党中央国务院以习近平新时代中国特色社会主义思想为指导，深入实施创新驱动发展战略，聚焦系统集成、协同高效的改革创新，以新动能支撑保就业保市场主体，推动我国创新创业高质量发展。通过多措施、多渠道、多形式实施各类政策，为创业者提供有力、可靠的保障和优质的创业服务。现将政策部分摘录如下：

表 1 - 1　国家鼓励创新创业政策相关文件

| 序号 | 政策名称 | 内容概要 | 发布单位 | 发布时间 |
|---|---|---|---|---|
| 1 | 《国务院办公厅关于加快众创空间发展服务实体经济转型升级的指导意见》 | 促进众创空间专业化发展，加快科技成果向现实生产力转化，增强实体经济发展新动能。通过龙头企业、中小微企业、科研院所、高校、创客等多方协同，打造产学研用紧密结合的众创空间，吸引更多科技人员投身科技型创新创业，促进人才、技术、资本等各类创新要素的高效配置和有效集成，推进产业链创新链深度融合，不断提升服务创新创业的能力和水平。 | 国务院办公厅 | 2016 年 2 月 |
| 2 | 《国务院办公厅关于支持返乡下乡人员创业创新促进农村一二三产业融合发展的意见》 | 进一步细化和完善扶持政策措施，鼓励和支持返乡下乡人员创业创新，将现代科技、生产方式和经营理念引入农业，提高农业质量效益和竞争力，发展新产业新业态新模式，推动农村一二三产业融合发展。 | 国务院办公厅 | 2016 年 11 月 |
| 3 | 《国务院关于强化实施创新驱动发展战略进一步推进大众创业万众创新深入发展的意见》 | 进一步系统性优化创新创业生态环境，强化政策供给，突破发展瓶颈，充分释放全社会创新创业潜能，在更大范围、更高层次、更深程度上推进大众创业、万众创新。 | 国务院 | 2017 年 7 月 |

| | | | | |
|---|---|---|---|---|
| 4 | 《国务院办公厅关于推广支持创新相关改革举措的通知》 | 在深化科技体制改革、提升自主创新能力、优化创新创业环境等方面进行了大胆探索，形成了一批支持创新的相关改革举措。为进一步加大支持创新的力度，营造有利于大众创业、万众创新的制度环境和公平竞争市场环境，为创新发展提供更加优质的服务。 | 国务院办公厅 | 2017 年 9 月 |
| 5 | 《国务院关于推动创新创业高质量发展打造"双创"升级版的意见》 | 以习近平新时代中国特色社会主义思想为指导，全面贯彻党的十九大和十九届二中、三中全会精神，坚持新发展理念，坚持以供给侧结构性改革为主线，按照高质量发展要求，深入实施创新驱动发展战略，通过打造"双创"升级版，进一步优化创新创业环境，大幅降低创新创业成本，提升创业带动就业能力，增强科技创新引领作用，提升支撑平台服务能力，推动形成线上线下结合、产学研用协同、大中小企业融合的创新创业格局，为加快培育发展新动能、实现更充分就业和经济高质量发展提供坚实保障。 | 国务院 | 2018 年 9 月 |
| 6 | 《中共自然资源部党组关于激励科技创新人才的若干措施》 | 充分用好现有人才，引进急需人才，加强人才梯队建设。主要包括以下六个方面：定向激励高端创新人才；用好科技成果转化政策激励人才；重奖业绩突出的创新人才；充分激励主体业务实践中的创新人才；激活研发单位创新内生动力；加强对创新人才的情感关怀。 | 中共自然资源部党组 | 2019 年 1 月 |
| 7 | 《关于进一步支持和促进重点群体创业就业有关税收政策的通知》 | 减轻税收压力，大力支持和促进重点群体创业就业工作。 | 财政部、税务总局、人力资源社会保障部、国务院扶贫办 | 2019 年 2 月 |

| 8 | 《职业院校全面开展职业培训促进就业创业行动计划》 | 实施学历教育与培训并举是职业院校的法定职责。为深入贯彻全国教育大会精神，落实《国家职业教育改革实施方案》《国务院办公厅关于印发职业技能提升行动方案（2019—2021年）的通知》要求，推动职业院校全面开展职业培训，提高劳动者素质和职业技能水平，提升职业教育服务发展、促进就业创业能力。 | 教育部办公厅、人力资源社会保障部办公厅、国家发展改革委办公厅、工业和信息化部办公厅、财政部办公厅、住房城乡建设部办公厅、农业农村部办公厅、退役军人部办公厅、国务院国资委办公厅、国务院扶贫办综合司、全国总工会办公厅、共青团中央办公厅、全国妇联办公厅、中国残联办公厅 | 2019 年 10 月 |
| 9 | 《国家发展改革委办公厅关于开展社会服务领域双创带动就业示范工作的通知》 | 聚焦"互联网平台＋创业单元"等新模式，围绕家政服务、养老托育、乡村旅游、家电回收等就业潜力大、社会亟须的服务领域，启动社会服务领域"双创"带动就业示范工作。 | 国家发展改革委办公厅 | 2020 年 3 月 |
| 10 | 《关于进一步加大创业担保贷款贴息力度全力支持重点群体创业就业的通知》 | 发挥创业担保贷款贴息资金引导作用，加强资金保障，全力支持复工复产和创业就业，推动经济社会有序稳定发展。 | 财政部、人力资源社会保障部、中国人民银行 | 2020 年 4 月 |

| 11 | 《国务院办公厅关于提升大众创业万众创新示范基地带动作用进一步促改革稳就业强动能的实施意见》 | 深入实施创新驱动发展战略，聚焦系统集成协同高效的改革创新，聚焦更充分更高质量就业，聚焦持续增强经济发展新动能，强化政策协同，增强发展后劲，努力把双创示范基地打造成为创业就业的重要载体、融通创新的引领标杆、精益创业的集聚平台、全球化创业的重要节点、全面创新改革的示范样本，推动我国创新创业高质量发展。 | 国务院办公厅 | 2020 年 7 月 |
|----|----|----|----|----|
| 12 | 《关于依托现有各类园区加强返乡入乡创业园建设的意见》 | 坚持实施就业优先战略，以补齐发展短板、优化发展环境、激发创新创业活力为重点，以财政、金融和社会资本等多元化资金支持为保障，推动现有各类园区整合建设、改造提升，着力构建系统完备的返乡入乡创业平台支撑体系，实现资源集约高效利用和共建共享，促进返乡入乡创业高质量发展，创造更多就业岗位。破解制约返乡入乡创业高质量发展的痛点、堵点问题，支持地方依托现有各类园区加强返乡入乡创业园建设。 | 发展改革委、科技部 工业和信息化部、财政部、人力资源社会保障部、自然资源部、住房城乡建设部、商务部、文化和旅游部、人民银行、税务总局、市场监管总局、银保监会、证监会 | 2021 年 3 月 |
| 13 | 《关于实施专利转化专项计划助力中小企业创新发展的通知》 | 进一步深化知识产权运营服务体系建设，促进创新成果更多惠及中小企业，提升高校院所等创新主体知识产权转化率和实施效益，以更高质量的知识产权信息开放和更高水平的知识产权运营服务供给，主动对接中小企业技术需求，进一步畅通技术要素流转渠道，推动专利技术转化实施，唤醒未充分实施的"沉睡专利"，助力中小企业创新发展，推动构建新发展格局。 | 财政部办公厅、国家知识产权局办公室 | 2021 年 3 月 |

续　表

| | | | |
|---|---|---|---|
| 14 | 《关于深入组织实施创业带动就业示范行动的通知》 | 紧扣创业带动就业主题，聚焦高校毕业生、农民工等重点群体，依托企业、高校、科研院所、区域四类示范基地，用好资金支持、政策扶持、宣传推广等抓手，组织实施社会服务领域双创带动就业、高校毕业生创业就业"校企行"、大中小企业融通创新、精益创业带动就业等专项行动，力争 2021 年将示范基地新增就业机会能力提升到 110 万个以上，在创业带动就业工作中发挥示范作用。 | 国家发展改革委办公厅、教育部办公厅、工业和信息化部办公厅、人力资源社会保障部办公厅、农业农村部办公厅、国务院国资委办公厅 | 2021 年3 月 |

■ 拓展阅读 ■∙∙∙∙∙∙∙∙∙∙∙∙∙∙∙∙∙∙∙∙∙

### 科技部等十三部门印发
### 《关于支持女性科技人才在科技创新中发挥更大作用的若干措施》 的通知
国科发才〔2021〕172 号

各有关单位：

为进一步激发女性科技人才创新活力，更好发挥女性科技人才在推动创新驱动发展、实现高水平科技自立自强、建设世界科技强国中的重要作用，科技部、全国妇联、教育部、工业和信息化部、人力资源社会保障部、卫生健康委、国资委、中科院、工程院、社科院、全国总工会、中国科协、自然科学基金委研究制定了《关于支持女性科技人才在科技创新中发挥更大作用的若干措施》。现印发给你们，请结合实际抓好贯彻落实。

科技部　　　　　　　　　　全国妇联

教育部　　　　　　　　工业和信息化部

人力资源社会保障部　　　卫生健康委

国资委　　　　　　　　　　中科院

工程院　　　　　　　　　　社科院

全国总工会　　　　　　　中国科协

自然科学基金委

2021 年 6 月 17 日

（此件主动公开）

### 关于支持女性科技人才在科技创新中发挥更大作用的若干措施

女性科技人才是科技人才队伍的重要组成部分，是我国科技事业十分重要的力量。为进一步激发女性科技人才创新活力，更好发挥女性科技人才在推动创新驱动发展、实现高水平科技自立自强、建设世界科技强国中的重要作用，现提出如下措施。

一、深刻认识支持女性科技人才在科技创新中发挥更大作用的重要意义

近年来，我国女性科技人才队伍规模逐步扩大、结构不断优化、能力显著提升，在基础理论、应用技术、工程实践等各个方面作出杰出贡献，充分彰显出巾帼力量。但从总体上看，高层次女性科技人才仍较为缺乏，女性科技人才在职业发展中仍面临一些瓶颈问题，符合女性科技人才特点的专项政策不足，女性科技人才在科技创新中的作用尚未得到充分发挥。在"十四五"和今后相当长时期内，要坚持性别平等、机会平等，为女性科技人才成长进步、施展才华、发挥作用创造更好环境，支持女性科技人才坚持"四个面向"，不断向科学技术广度和深度进军，努力造就一批具有世界影响力的顶尖女性科技人才，为建成世界科技强国作出新的更大贡献。

二、培养造就高层次女性科技人才

1. 支持女性科技人才承担科技计划项目。在国家科技计划项目组织实施中，要创造条件吸纳更多女性科技人才参与。在若干国家重点研发计划中探索设立女科学家项目。国家重点研发计划青年科学家项目适当放宽女性申请人年龄限制。继续落实好相关人才项目中放宽女性科研人员申请年龄的政策，进一步统筹研究国家自然科学基金各类人才项目中女性科研人员的申请年龄。鼓励科研单位设立女性科研人员科研专项。

2. 更好发挥女性科技人才在科技决策咨询中的作用。国家重大科技战略咨询、科技政策制定、科技伦理治理和科技计划项目指南编制等科技活动，提高高层次女性科技人才参与度。在国家科技计划项目、国家科技奖励、国家人才计划等各类评审工作中，逐步提高女性专家参与比例。国家科技专家库等科技评审专家库，鼓励符合条件的女性专家入库。

3. 支持女性科技人才参与国际科技交流合作。国家留学基金委等积极支持更多女性科技人才出国访学，出国（境）培训计划项目加大对女性科技人才支持力度，鼓励支持更多女性科技人才参与国际科技组织工作，提升其国际影响力和活跃度。

4. 扩展女性科技人才科研学术网络。科技领域全国性学会、协会、研究会等要提高常务理事、学会负责人、会员以及代表中的女性比例，鼓励设立女科技工作者专门委员会。科技类学术会议要增加女性大会主席、主持人和主要学术报告人的数量，鼓励设立女性专场。加强高层次女性科技人才领导力培训。

5. 推动落实高级职称女性科技人才退休政策。事业单位要认真落实高级职

称女性专业技术人员退休政策，符合条件的女性专业技术人员可自愿选择年满60周岁或年满55周岁退休。年满60周岁的少数具有高级职称的女性专业技术人员，因工作需要延长退休年龄的，执行高级专家离休退休有关政策。国有企业要认真落实高级专家离休退休相关政策，做好女性高级专家退休相关工作。

三、大力支持女性科技人才创新创业

6. 支持女性科技人才投身高质量发展。国家高新技术产业开发区、科技企业孵化器（众创空间等）加强对女性科技创业者的支持力度，培育更多女性科技企业家。支持女性科技人才参加科技人员服务企业专项行动，提升企业技术创新能力。支持更多女性科技人才参加科技特派员行动，深入基层一线服务乡村振兴。

7. 扎实开展"科技创新巾帼行动"。"科技创新巾帼行动"各参与部门要积极搭建平台，提供服务，支持女性科技人才立足岗位、锐意创新，加强交流合作，产出高水平原创成果，加速科技成果转化。鼓励工会、妇联的基层组织加强对女性科技人才的服务与关怀。广泛开展巾帼科普志愿服务，助力提高全民科学素养。

四、完善女性科技人才评价激励机制

8. 支持女性科技人才入选国家高层次人才计划。国家人才计划适当放宽女性申报人年龄限制，用人单位在同等条件下要优先推荐女性科技人才。中国科学院、中国工程院院士增选中，鼓励提名更多优秀女科学家作为候选人，在同等条件下支持女性优先入选。

9. 加大对女性科技人才的奖励力度。全国三八红旗手、全国巾帼建功标兵、中国青年科技奖、全国创新争先奖等各类评选表彰中提高女性科技人才的入选比例。在国家科技奖励工作中，鼓励提名女性负责人项目。逐步扩大中国青年女科学家奖规模，鼓励社会力量设立面向女科学家的科技奖项。

10. 建立有利于女性科技人才发展的评价机制。国家自然科学基金项目评审中，执行同等条件下女性科研人员优先的资助政策。探索在人才计划评审中，向评审专家宣传支持女性科技人才、"同等条件下女性优先"。

五、支持孕哺期女性科技人才科研工作

11. 为孕哺期女性科技人才营造良好科研环境。鼓励科研单位设立女性科研回归基金，资助女性科研人员生育后重返科研岗位。在考核评价、岗位聘用等环节，对孕哺期女性科技人才适当放宽期限要求、延长评聘考核期限。支持高等学校和科研院所商孕哺期女性科研人员在孕哺期保留研究生招生资格。在国家自然科学基金项目实施过程中，允许女性科研人员因生育或处于孕哺期延长结题时间。

12. 为孕哺期女性科技人才创造生育友好型工作环境。鼓励高等学校和科研院所等通过实行弹性工作制、建设母婴室、提供儿童托管服务等方式，为孕哺期女性科技人才开展科研工作创造条件。对于在生育友好型工作环境创建工作中表现突出的单位，加大表彰奖励力度。

六、加强女性后备科技人才培养

13. 培养女学生的科学兴趣。大力宣传女科学家典型事迹和科技女性卓越贡献，常态化开展女科学家进校园活动，发挥榜样引领作用，培养女学生爱科学、学科学的兴趣和志向。各类科普教育基地和科普活动要提高中小学女学生参与度。鼓励支持女学生参与中小学生科技竞赛活动。

14. 鼓励女性从事科学技术工作。各级各类学校要广泛开展性别平等教育，高中阶段教育要加强对女学生学科选择和职业发展的引导，消除学科性别刻板观念对女学生专业选择的不利影响。支持高等学校和科研院所设置理工科专业优秀女大学生奖学金，鼓励更多女大学生参与国际学术交流，加强对理工科女学生职业发展规划辅导，引导更多女学生选择科研作为终身职业。

七、加强女性科技人才基础工作

15. 加强统计和研究工作。研究建立女性科技人才数据指标体系，纳入国家科技统计，动态掌握女性科技人才发展状况。持续开展"科技与性别"研究，对科技政策进行性别平等评估，对女性科技人才成长开展跟踪研究，为进一步完善女性科技人才政策提供支撑。

16. 加强制度保障。各级各类科技创新规划和相关政策制定要充分考虑性别差异和女性特殊需求，具备条件的要对加强女性科技人才队伍建设进行专门部署，支持女性科技人才发挥更大作用。

——摘自中华人民共和国科学技术部官网

# 第二节　感知女性创新创业内涵

## 一、创新的内涵

创新是一件需要开拓的思维和广阔的视野才能完成的事情，但也不是一蹴而就的，需要女性发挥自身优势，观察生活、深入思考、不断研究。创新的过程需要一瞬间灵感的迸发，同时也需要观察生活、不断积累，否则，有可能事倍功半。成功的创新可以使女性有机会解决自己生活、工作中遇到的问题，也体现着女性的智慧和价值。所以，创新没有可比性，无论大小、难易，也不必刻意追求十全十美，可以说，创新无处不在、无时不有，任何人都有机会创新，每一个女性都可以在创新的进程中挖掘自我新价值。走进创新的第一步，就是从多维度科学、深刻地了解创新丰富的内涵。

### （一）创新的内涵

创新是历史进步的灵魂，是人类生存进化的内在客观需求，是社会经济发展的唯一途径，是人类文明与进步的必然选择。"大众创业，万众创新"这个来自达沃斯论坛的"圣音"，如同战斗的号角正在响彻整个寰宇，创新之风已经吹遍整个中华大地，并逐渐在每个中国人的心里生根发芽。那么，何为创新？

创新，顾名思义，创造新的事物。《广雅》："创，始也；新，与旧相对。"可以看到，"创新"一词出现得很早，如《魏书》有"革弊创新"，《周书》有"创新改旧"之说。此外，和创新含义近同的词汇有维新、鼎新等，如"咸与维新""革故鼎新""除旧布新""苟日新、日日新、又日新"。国内不同的学者对该问题做出了不同的回答。本书中的创新，是指以现有的思维模式提出有别于常规或常人思路的见解为导向，利用现有的知识和物质，在特定的环境中，本着理想化需要或为满足社会需求，而改进或创造原来不存在或不完善的事物、方法、元素、路径、环境等，并能获得一定有益效果的行为。

### （二）创新的类别

虽然创新的定义寥寥几十字就可概括，但是创新的指标很多，根据不同的指标我们可以把创新划分为不同的类型，下面介绍几种主要的分类。

#### 1. 依据创新的表现形式划分

依据创新的表现形式，创新可以划分为知识创新、技术创新、服务创新、制度创新、组织创新和管理创新等。

（1）知识创新

知识创新是指通过科学研究，包括基础研究和应用研究，获得新的基础科学知识和技术科学知识的过程。知识创新的目的是追求新发现、探索新规律、创立新学说、创造新方法、积累新知识。知识创新是技术创新的基础，是新技术和新发明的源泉，是促进科技进步和经济增长的革命性力量。知识创新为人类认识世界、改造世界提供新理论和新方法，为人类文明进步和社会发展提供不竭动力。例如牛顿的"三大定律"，开启了人类力学的崭新时代。

（2）技术创新

技术创新，指生产技术的创新，包括开发新技术，或者将已有的技术进行应用创新。科学是技术之源，技术是产业之源，科学技术是第一生产力，技术创新建立在科学道理的发现基础之上，而产业创新主要建立在技术创新基础之上。

（3）服务创新

服务创新就是使潜在用户感受到不同于从前的崭新性的内容。服务创新为用户提供以前没能实现的新颖服务，这种服务在以前由于技术等限制因素不能提供，现在突破了限制而能够提供。

根据不同的标准可以把服务创新分为以下几类：一是按产业部门，划分为第一产业、第二产业和第三产业的产业服务的服务创新；或者按行业部门，划分为建材、电子、化工等部门服务的服务创新。二是按区域不同，划分为为国内外服务的服务创新；为各地区服务的服务创新；为各省、自治区、直辖市及各县、镇、村服务的服务创新。三是按服务目的不同，主要分为生产性服务创新、生活性服务创新和发展性服务创新。

（4）制度创新

制度创新是指在一定制度框架内对选择或规范系统进行革新或创造的过程。所有创新活动都有赖于制度创新的积淀和持续激励，通过制度创新得以固化，并以制度化的方式持续发挥着自己的作用，这是制度创新的积极意义所在。

制度创新的核心内容是社会政治、经济和管理等制度的革新，是支配人们行为和相互关系的规则的变更，是组织与其外部环境相互关系的变更，其直接结果是激发人们的创造性和积极性，促进新知识的不断创造、社会资源的合理配置及社会财富的不断涌现，最终推动社会的进步。

同时，良好的制度环境本身也是创新的产物，而其中很重要的就是创新型的政府，只有创新型的政府才会形成创新型的制度、创新型的文化。

（5）组织创新

组织创新，亦称组织开发，就是应用行为科学的知识和方法，把人的成长和发展希望与组织目标结合起来，通过调整和变革组织结构及管理方式，使组织能够适应外部环境及组织内部条件的变化，从而提高组织活动效益的过程。

任何组织机构，经过合理的设计并运行后，都不是一成不变的。它们如生物的机体一样，必须随着外部环境和内部条件的变化而不断进行调整和变革，这样才能顺利地成长、发展，避免老化和死亡。

（6）管理创新

管理创新是指在特定的时空条件下，通过计划、组织、指挥、协调、控制、反馈等手段，对系统所拥有的生物、非生物、资本、信息、能量等资源要素进行再优化配置，并实现人们新诉求的生物流、非生物流、资本流、信息流、能量流目标的活动。

**2. 依据创新的意义划分**

依据创新的意义，创新可以划分为渐进性创新、突破性创新和颠覆性创新三类。

（1）渐进性创新

渐进性创新就是指通过不断的、渐进的、连续的小创新，最后实现管理创新的目标。比如，对现有产品的元件做细微的改变，强化并补充现有的产品设计的功能，至于产品架构及元件的链接则不做改变。日本的企业多采用这种渐进式管理创新策略，日本政府在公务员改革过程中也采用了这种策略，通过有针对性的每年逐渐减少公务员数量的办法，加上编制法定化的配套措施，日本的公务员改革取得了成功，这值得我国在制定机构改革方案时学习借鉴。

虽然单个创新所带来的变化是小的，但它的重要性不可低估。一是重大创新需要与它相关的若干小创新辅助才能发挥作用；二是小创新的渐进积累效果常常促使创新发生连锁反应，导致大的创新出现。

（2）突破性创新

突破性创新是一种快速的、疾风暴雨式的创新，其特点是对现有系统进行力度较大的冲击，创新程度很大，但过程不是很长，一般都是在一个较短的时间内完成的。

一些企业的CEO（首席执行官）认为，当今世界发展如此迅速，竞争如此激烈，只用渐进式的变革是远远不够的。此外，CEO们考虑到他们任期的长短，也不允许实施漫长的渐进式变革，因而，也会偏向采用突破型变革。

（3）颠覆性创新

颠覆性创新是指在传统创新、破坏式创新和微创新的基础之上，由量变到质变，从逐渐改变到最终实现颠覆，通过创新，实现从原有的模式完全蜕变为一种全新的模式和全新的价值链。企业常常以颠覆性创新的方式突破"瓶颈"获得新的发展。打破固有格局，具备颠覆创新能力的公司需具备三大核心要素，分别为强大的核心资源能力、创新的盈利模式及高效的服务吸引力。

**3. 依据开放的程度划分**

依据开放的程度，创新可以划分为封闭式创新和开放式创新。

（1）封闭式创新

在20世纪，企业基于"成功的创新需要控制"的理念，认为创新活动应该严格地控制在企业内部，R&D（内部研发）是公司非常有价值的战略资产，企业通过建立自己的实验室或研发中心，在企业内部进行研发、生产、销售，并进一步提供售后服务和财务金融支持，以获得产品在市场上的垄断地位，从而得到超额的边际利润。该创新模式被哈佛商学院的 Henry Ches-brough 称为"封闭式创新"。该模式的特点是研发创意、产品开发设计、产品生产与市场化、售后服务等都在企业自身系统中完成，这种范式被许多大型企业成功验证。进入 21 世纪，全球创新形势发生了很大变化，这使原来成功运行的封闭式创新模式遭遇新的挑战，更多的女性打开了视野和思路，逐渐由"封闭式创新"转向"更开放的创新"。

（2）开放式创新

开放式创新是将企业传统封闭式的创新模式开放，引入外部的创新力量。在开放式创新模式下，企业期望在发展技术和产品时能够像使用内部研究力量一样借用外部的研究力量，能够使用自身渠道和外部渠道来共同拓展市场。

**4. 依据创新的主体划分**

依据创新的主体，创新可以划分为自主创新和合作创新。

（1）自主创新

自主创新是指拥有自主知识产权的独特的核心技术，以及在此基础上实现新产品的价值的过程。自主创新包括原始创新、集成创新和引进消化吸收再创新。自主创新的成果一般体现为新的科学发现，以及拥有自主知识产权的技术、产品、品牌等。对于企业来说，自主创新能力就是自主集成和应用各种技术知识并由此获得竞争优势的能力，包括技术搜索能力、学习能力、研究开发能力等；对于国家来说，自主创新能力就是根据社会经济发展的客观要求，有意识地促进科学技术知识的产生、流动和应用，并在此过程中创造财富，从而实现价值增值的能力。自主创新能力主要是一种制度能力，而不完全是一种技术能力，是国家竞争力的重要组成部分，但不等同于国家竞争力。

自主创新的类型主要有三种：①原始创新，即前所未有的重大科学发现、技术发明、原理性主导技术等创新成果。原理性创新意味着在研究开发方面，特别是在基础研究和高科技研究领域取得独有的发现或发明。原始性创新是最根本的创新，是最能体现智慧的创新，是一个民族对人类文明进步做出贡献的重要体现。②集成创新，即通过对各种现有技术的有效集成，形成有市场竞争力的产品或者新兴产业。③引进消化吸收再创新，即在引进国内外先进技术的基础上，学习、分析、借鉴，进行再创新，形成具有自主知识产权的新技术。引进消化吸收再创新是提高自主创新能力的重要途径。发展中国家通过向发达国家直接引进先进技术，尤其是利用外商直接投资的方式获得国外先进技术，经过消化吸收实现自主创新，不但大大缩短了创新时间，而且降低了创新风险。

（2）合作创新

合作创新有狭义和广义之分。狭义的合作创新是指企业、大学、研究机构为了共同的研发目标而投入各自的优势资源所形成的合作。一般特指以合作研究开发为主的基于创新的技术合作，即技术创新。广义的合作创新是指企业、研究机构、大学之间的合作创新行为，包括新构思形成、新产品开发，以及商业化等任何一个阶段的合作都可以视为企业合作创新。所以，企业合作创新概念属于广义上的合作创新概念。

### （三）创新的特征

特征是一个事物区别于另一个事物的显著标志。与人类其他的活动相比，创新呈现出以下特征：

#### 1. 目的性

任何创新活动都具有目的性，目的性贯穿于创新过程的始终。如有的人出于社会变革的目的进行制度的创新，有的人出于经济的目的进行技术的创新，有的人出于社会服务的目的进行管理的创新，有的人出于兴趣爱好的目的进行生活的创新，等等。总之，创新是人类进行的一项有目的的活动。

#### 2. 变革性

创新是对已有事物的改革和革新，是一种深刻的变革。在英语中创新（innovation）这一词语起源于拉丁语，它包含三层含义：第一，更新，即对原有的东西进行替换；第二，创造新的东西，即创造出原来没有的东西；第三，改变，即对原有的东西进行发展和改造。

#### 3. 新颖性

新颖性是创新的重要特征。新颖，即新鲜、新奇，与众不同。坚持新颖性就是对现有的不合理事物进行扬弃，革除过时的内容，确立新事物。一般来说，新颖性包括三个层次：世界新颖性或绝对新颖性；局部新颖性；主观新颖性，即只是对创造者个人来说是前所未有的。新颖性也是人们发明创造或获得专利权的重要条件。

#### 4. 超前性

创新要求以求新为灵魂，具有超前性。这种超前性应该是从实际出发、实事求是的超前，而不是异想天开、胡思乱想的假设与空想，也就是说创新能够引领时代的发展。

#### 5. 价值性

价值性，即事物对人类的生产、生活、学习和工作能够带来哪些有益的结果。价值性与新颖性密切相关，不可分割。一般来说，世界新颖性的价值层次最高，局部新颖性次之，主观新颖性更次之。但需要注意的是，不是所有新颖的东西都具有价值，都是创新，如把四个轮胎挂到汽车棚子上去，虽然很新颖，但并不是创新，因为那一点意义都没有。

### 二、创业的内涵

近年来，国家和各级政府出台了很多优惠政策，支持女性创业，"创业热"持续升温，创业成为年轻女性就业的一种崭新的模式，越来越多的新时代女性抛弃稳定的"铁饭碗"，挑战自我、突破自我，渴望知道自己人生的"天花板"在哪里。什么是创业呢？正如"一千个读者心中有一千个哈姆雷特"，不同的人对创业有不同的认识和理解，答案可简单可复杂。我们需要从不同的角度认识创业。

#### （一）创业的内涵

"创业"一词在《现代汉语词典》中被解释为"创办事业"，它由"创"和"业"两个字组成。所谓"创"就是开始（做），也可以理解为创办、创新和创建；而"业"就是事业，也可以理解为职业、行业和学业等。从广义上来讲，创业是指任何群体或个人在事业、职业中的创造行为。换而言之，所有主动的、带有一定风险性质的、重新配置并运用社会资源进行社会实践的主体活动，都可以视之为创业。从狭义上来讲，创业是指创办一个全新的企业或事业。

此外，对于创业的概念，专家们各有不同的解释。郁义鸿等人认为："创业是一个发现机会和捕捉机会并由此创造出新颖的产品或服务，实现其潜在价值的过程。"霍华德·斯蒂文森（Howard Stevenson）认为："创业是一种管理方式，即对机会的追踪和捕捉的过程，这一过程与其当时控制的资源无关。"他认为创业可由以下七个方面的企业经营活动来理解：发现机会、战略导向、致力于机会、资源配置过程、资源控制的概念、管理的概念和回报政策。杰弗里·蒂蒙斯（Jeffry A. Timmons）则认为："创业是一种思考、推理和行为方式，这种行为方式是机会驱动、注重方法和与领导相平衡。创业导致价值的产生、增加、实现和更新，不只是为所有者，也为所有参与者和利益相关者。"

自主创业就是创业者通过个人及组织的努力，利用所学的知识、才能、技术和所形成的各种能力，以自筹资金、技术入股、寻求合作等方式，在有限的环境中，努力创新、寻求机会、不断成长、创造价值的过程。自主创业是近年来的"流行新潮"，与传统就业不同的是，创业者不是被动地等待他人给自己机会，而是主动出击，为自己和他人创造机会。自主创业是一项具有挑战性的社会活动，是对女性创业者自身智慧、能力、知识、气魄、胆识的一种全方位考验，它对创业者个人素质有特定的要求。

#### （二）创业的特征

特征是一个事物区别于另一个事物的显著标志。创业与一般的就业相比，主要呈现出以下几个特征：

**1. 创业是一个创造新事物的过程**

创业本身就是一个创造新事物的过程，新生事物的产生也是一个相对漫长和复杂的过程。这个"新"对于创业者来说，可以是历史中和现实实践中任何人都没有做过的事情，也可以是女性创业者们自己以前没有做过的事情。但是，无论是哪种"新"都必须有其价值。这种"价值"就其对象来说，不仅是针对女性创业者本身的，还是针对其开发的相关项目的；就其范围来说，它既指创造的物质财富的价值，又指创造的精神财富的价值。

**案例分享**

### 辉煌太阳能：内练武功引领行业厚积薄发走向全球

江苏辉煌太阳能股份有限公司始创于 1990 年，经过二十多年的内功修炼，已经在中国本土市场上取得了骄人业绩，成为中国太阳能热水器一线著名品牌，引领中国太阳能行业标准，并获得诸多荣誉，"江苏省著名商标""中国驰名商标"和"中国名牌""国家免检"称号，"太阳能热水器家电下乡"中标产品，"品牌中国—太阳能行业领袖品牌奖"等。

辉煌太阳能在中国本土市场促销捷报频传，大批经销商加盟辉煌太阳能寻求合作。今年，辉煌太阳能更是开创了具有自己独特风格的一键立体模式，人民网评论给予了高度的评价。在某网站太阳能售后服务满意度调查中，辉煌太阳能服务满意度位居榜首。"取天上太阳，用人间辉煌"广告词也称经典，用辉煌，用的是清洁能源，用的是放心，用的是舒心。

太阳能热水器行业在今年中国本土市场竞争异常激烈，无数企业退出这个行业。在这样的大背景下，辉煌太阳能的销量成倍增长，靠的是引领行业的先进技术，靠的是引领行业的七星级服务，靠的是引领行业的创新营销策略。

一键全自动技术、防雷击技术、光电互补技术、热泵制热水技术、循环制热水技术等都引领着行业的变革，引领的背后是依靠科研成果与产业化生产相结合；将实验室的研究与实际应用相结合；将科研与产业化生产紧密融为一体，辉煌太阳能热水器先后获得了中国市场品牌战略论坛组委会、全国高科技产业品牌推进委员会颁发的质量、信誉、服务 AAA 级企业、中国科技创新优秀企业的殊荣。

好产品也需要有好服务，在太阳能热水器行业，辉煌是消费者公认的服务最好的企业，从上面提到的满意度调查也可以看出，多年的累积，铸就了辉煌在消费者心目中的良好形象。提到辉煌，人们就会联想到"放心"二字，不管是在城市还是在农村，只要是辉煌的用户，都会享受到超一流的服务，用心、舒心、安心、放心、省心、真心、贴心，七星级服务，让用户更能感受到辉煌的信心。

辉煌太阳能在新型的互联网传播中走到了行业内其他企业的前面，成了行业新型营销传播的带头企业，包括互联网硬广的投放、搞笑广告视频的制作、网络活动征集、网络红人营销、百科微博营销、微电影的拍摄、网络客服服务等，并且还通过线上和线下的配合活动，根据一键全自动的技术优势，创造出一键立体营销模式，成为营销创新旗帜企业。

辉煌不仅仅要把天上的太阳赐予我们的清洁能源只用到中国本土，辉煌的目标是全世界，不断创新，不断进取，不断开拓。在 2011 年第 110 届广交会上，辉煌太阳能作为新能源行业的龙头企业、中国太阳能热水器行业领军品牌，在广交会上展示了具有辉煌专利、采用德国进口蓝膜的平板太阳能，引起众多外国代表团的关注。

辉煌进口蓝膜平板太阳能充分考虑了用户的实际需求，创造性研发了：荣获七项国家专利的高密铜铝双向立体多维集热技术、核心镀膜技术，无缝隙吸光集热，效能比普通平板高 30%，同等面积集热量是管式太阳能的 1.5 倍，同样采光面积产生的热水量是真空管的 2.3 倍，100L 相当于 230L。辉煌采用本集团自行设计的一键全自动中央处理器及智能控制理念，将自动调速水泵，在满足用户舒适热水需求的同时，又最大程度简化了安装。

江苏辉煌太阳能股份有限公司国际事业部吴部长热情地向外国采购代表团介绍辉煌公司、辉煌的产品、辉煌进口蓝膜平板太阳能，并告诉他们：辉煌公司已建立了遍布全球的营销网络和服务体系，产品出口德国、新西兰、印度、泰国、菲律宾、突尼斯等近二十个国家，受到国内外消费者的高度评价。

辉煌太阳能，取天上太阳，引领行业，走向全球，展现中国太阳能企业风采。

——摘自中国经营网，有删改

### 2. 创业是一个艰辛的探索过程

创业是一个由小到大、由弱到强的过程，其中的艰难自不必多说，它需要创业者贡献出自己必要的甚至是一生的时间，才有可能获得成功。很多女性创业者将自己最美好的年华贡献给了自己理想的事业，也有很多女性遭遇多次失败后重整旗鼓，用创业寻找人生价值和理想，让生命在奋斗中瑰丽绽放。"宝剑锋从磨砺出，梅花香自苦寒来"，勤奋、吃苦、执着和奉献几乎是所有女性创业者的共同特征。

"不经历风雨怎能见彩虹"，经历风雨需要强大的心理素质，女性创业需要面对来自家庭、事业、生理、心理等多方面的问题，困难重重，压力很大，还要随时面对失败的打击。因此，女性创业者要正确认识创业、认识自己、认识社会，充分认知创业过程的艰难，做好充足的心理准备以应对各种变化和突发事件，并且培养自己强大的心理承受力和应变能力，养成吃苦耐劳、坚韧不拔的品质，胜不骄、败不馁，敢于面对和承担创业路上遇到的一切不如意，坦然面对成功，勇于担当失败。

### 3．创业给予创业者一定回报

对于创业者而言，金钱的回报无疑会让人感到万分欣喜。但是，金钱的回报率并非衡量其成功与否的唯一标准。对于女性创业者而言，更重要的回报应该是她们由此获得的财富自由和精神上的满足，以及她们为社会做出的超脱于家庭的贡献和巨大的成就感。

### （三）创业的基本类型

根据创业对市场和个人的影响程度，我们可以将创业分为以下四种类型：

### 1．复制型创业

复制型创业，即复制原有公司的经营模式，这种创业的创新成分很低。例如，某人原本在餐厅里担任厨师，后来离职自行创立一家与原来服务的餐厅类似的新餐厅。在新创公司中，复制型创业的比率虽然很高，也较容易成功，但这种类型创业的创新贡献率太低，缺乏创业精神的内涵，因此，它是创业类型中水平较低的一类创业。

### 2．模仿型创业

这种形式的创业，虽然也无法给市场带来新价值，创新的成分也很低，但是与复制型创业的不同之处是，创业过程对于创业者而言具有很大的冒险成分。例如，某一纺织公司的经理辞掉工作，开了一家当下流行的网络咖啡店。这种形式的创业具有较高的不确定性，学习过程长，犯错的可能性大，代价也较高。创业者选择这种创业类型，如果本身具有适合创业的人格特性，经过系统的创业管理培训，掌握正确的市场进入时机，还是有很大机会获得成功的。

### 3．安定型创业

这种类型的创业，虽然为市场创造了新的价值，但对创业者而言，他们本身并不需要做出太大的改变，做的也是自己比较熟悉的工作。这种创业类型强调的是创业者创业精神的实现，而不是新组织的创造，企业内部创业就属于这一类型。例如，研发单位的某小组在开发完一项新产品后，继续在该企业部门开发另一项新产品。

### 4．冒险型创业

这种类型的创业，除了给创业者本身带来极大的改变，创业前途的不确定性也很高。新企业的产品创新活动也将面临很高的失败风险。冒险型创业是一种难度很高的创业类型，有较高的失败率，但如果创业者创业成功了，所得的报酬也很惊人，历来风险和收益都是成正比的。如果创业者选择这种创业类型，并想要获得成功，必须在自身能力、创业时机、创业精神发挥、创业策略研究拟定、经营模式设计、创业过程管理等方面做好充足的准备。

总而言之，无论是创新还是创业，都需要人们准确把握二者的内涵，找准方向，准确发力，明白如何做才能成功。成功创业的例子不胜枚举，有的可以复制，有的不可以复制。如今，创新常常与创业一起出现，二者的确是相辅相成、不可分割的，创新可以提升创业的含金量，创业需要创新的支持。创新创业不只是创造物质财富，让创业者成为头脑简单、四肢发达的"暴发户"，真正的创新创业可以创造很高的人文价值，同时也需要有大智慧的人来进行这项工作。创新创业没有终点，相信随着社会的发展、社会各个领域深刻的变革，会有越来越多的新时代的女性赋予创新创业更加丰富的内涵，创新创业也会伴随着她们波澜壮阔的人生衍生出更深刻的意义和价值。

■ **拓展阅读** ■----------------------

### 熊彼特的创新理论介绍

人们对创新概念的理解最早主要是从技术与经济相结合的角度探讨技术创新在经济发展过程中的作用，主要代表人物是现代创新理论的提出者约瑟夫·熊彼特。独具特色的创新理论奠定了熊彼特在经济思想发展史研究领域的独特地位，也成为他经济思想发展史研究的主要成就。熊彼特的创新理论主要有以下几个基本观点：

1. 创新的定义和内容

熊彼特认为，创新是把一种生产要素和生产条件的"新组合"引入生产体系中去，并通过市场获取潜在的利润的活动和过程。熊彼特提出的创新包括五方面的内容：引入一种新产品；引入一种新的生产方法；开辟新市场；获得新的原材料；实现一种新的组织。

2. 创新与企业家

熊彼特认为，创新是企业家的根本职能。创新者就是企业家，企业家是企业的经营者，但企业经营者并不一定能成为真正的企业家，即创新者。真正的企业家必须具备四个基本条件：要有眼光，能看到别人没有发现的潜在利润；具有能抓住机遇的敏锐性；要有胆量，敢于冒风险；要有组织能力，不仅能动员和组织企业的内部资源，还能够组织利用外部资源来实现创新。

3. 创新与经济发展

经济因创新而得以发展。创新的实现使创新者获得高额的利润，在市场经济条件下，必然引起其他人的模仿和竞争。这就导致创新产品或劳务的市场价格下降，于是消费者和整个社会从中获益。当原有的创新产品或劳务的价格下降至无利可图时，一轮创新即告结束，新的创新又将开始。这样，创新、模仿和竞争推动着社会经济浪潮式发展。这就是资本主义经济发展的本质。

**4．创新与毁灭**

创新是一种创造性的毁灭。这里的毁灭是指一批企业在创新浪潮中被淘汰，其生产要素被重新组合。不断创新，不断毁灭，一些企业在创新中发展了，另一些企业被淘汰了。这就是资本主义社会条件下企业兴衰的基本规律。

**5．创新与经济发展的原动力**

熊彼特认为，企业家的行动是创新和经济发展的重要动力。首先，熊彼特认为，获取创新产生的超额的经济利润，是企业家进行创新的原动力之一。然而，他又认为，除利润动机外，创新和经济发展最主要的动力是"企业家精神"。

所谓"企业家精神"，根据熊彼特的定义，其主要含义包括：创造性和首创精神；强烈的成功追求欲望和"事业成功至上"的价值观；甘冒风险、以战胜艰难困苦为乐的精神；强烈的事业心。

熊彼特指出，资本主义经济是在企业家精神的推动下才实现创新和发展的，因此，企业家精神是经济发展的最主要的动力，是创新的灵魂（张建华，2000）。

**6．实现创新的途径**

熊彼特指出，创新的实现具有一定的途径，即创新具有其特定的实现过程。熊彼特关于创新实现途径的思想被归纳为熊彼特创新模型Ⅱ（Freeman，1982；柳卸林，1993）。在熊彼特创新模型Ⅱ中，熊彼特特别强调了企业家推动创新，因此我们把它称为企业家主导型模型。这个模型的特点是：第一，在企业和现有市场外部，存在与科学技术新发展相关但未进行应用的科学技术发明；第二，企业家意识到应该把这些发明引入生产体系，实施创新，这种冒险行动是一般资本家或经理不敢争取的；第三，一旦一项根本性的创新成功实施，将使现有市场和生产结构发生改变，创新者将获得短期的超额垄断利润，但随后会因大量模仿者的进入而削弱。熊彼特创新模型Ⅱ特别强调大企业尤其是垄断型大企业在创新中的作用。他还认为，与完全竞争相比较，垄断型大企业更有利于创新。

**7．实现创新的社会环境和社会条件**

熊彼特认为，创新并不是在任何社会经济条件下都可能发生的。只有实现了从所谓"循环流转"社会经济形态向资本主义的社会制度形态的转变时，创新才有可能实现。而这种转变实现的关键性突破在于观念的更新，即率先实现观念创新。

熊彼特的创新理论对我国经济发展的启示主要包含以下三点：

**1．珍惜企业家精神，造就企业家队伍**

在熊彼特看来，创新活动之所以发生，是因为企业家的创新精神。企业家与只想赚钱的普通商人和投机者不同，个人致富充其量只是他的部分动机，而最突出的动机是"个人实现"，即"企业家精神"。熊彼特认为，这种"企业家精神"包括：建立私人王国、对胜利的热情、创造的喜悦、坚强的意志。这种精神是成就优秀企业家的动力源泉，也是实现经济发展中创造性突破的智力基础。企业家已经成为市场经济的最稀缺的资源，是社会的宝贵财富，它的多少是衡量一个国家、一个地区经济发展程度的重要指标。因此，许多发达国家和跨国公司都不惜代价、不择手段地网罗创新型人才，而我国尚处于社会主义的初级阶段，选拔人才的机制还不尽公正合理，"论资排辈""年龄一刀切""恨能""恨富"的现象还普遍存在，对人才的制度化激励还相当缺乏，鼓励冒险、容忍失败的社会氛围还十分稀薄，这些因素都严重地阻碍着我国企业家的孕育、培养和造就。因此，我国今后应对这些问题从根本上加以解决，努力打造一支优秀的企业家队伍，在多变的市场竞争中培养出具有独特创新精神的企业家，培育出更多实力雄厚、发展前景好的企业。

2. 有秩序地进行经济结构调整

根据熊彼特的创新理论，改变社会面貌的经济创新是长期的、痛苦的"创造性破坏过程"，它将摧毁旧的产业，让新的产业有崛起的空间。然而，面对这个"创造性破坏过程"，熊彼特特别指出："试图无限期地维持过时的行业当然没有必要，但试图设法避免它们一下子崩溃却是必要的，也有必要努力把一场混乱变为加重萧条后果的中心，变成有秩序的撤退。"这是一个很重要的观点。近年来，我国存在一种自由追捧"新经济"的现象，有些人认为我国的传统产业已经毫无希望，应该把资源集中于"新经济"，集中于信息产业，跳过漫长的工业化阶段，这是一种片面的认识。在发达国家高科技创新浪潮的推动下，全球正在开展一轮长期的、由机器经济转变为信息经济、由工业经济转变为服务经济的产业变革。但是，我们应该清醒地认识到，即使在发达国家仍有一批传统产业在蓬勃发展，并与新兴产业相互渗透、相得益彰。从大趋势看，"新经济"只有与"旧经济"融合才有坚实的基础和广阔的前景，在传统经济结构的困境中寻求突破。我们确实需要进行结构调整，但应该做到传统产业有秩序撤退，并注意利用信息技术，改造和提升国民经济不可或缺的那些传统产业的结构和素质，而不能顾此失彼，简单抛弃传统产业。如果进退失据，一窝蜂地关停传统产业，使所有传统产业一下子崩溃，那么，滚滚的下岗失业洪流，源源不断的低收入人群的涌现，供求总量、供求结构的严重失衡，必将迫使经济背离"创造性破坏"的初衷，变得只有破坏而没有创造，经济创新将被经济崩溃所代替。

3. 通过一系列的科技政策，建立完整的创新生态体系技术创新活动是一根完整的链条，这一"创新链"具体包括：孵化器、公共研发平台、风险投资、围绕创新形成的产业链、产权交易、市场中介、法律服务、物流平台等。完整的创新生态应该包括科技创新政策、创新链、创新人才、创新文化。根据国家创新体系理论中新熊彼特主义者——弗里曼提出的"政府的科学技术政策对技术创新起重要作用"，为此政府的主要职责应该是通过科技创新政策来构建一个完整的创新生态，通过这个完整的创新生态，最大限度地集聚国内外优质研发资源，形成持续创新的能力和成果。针对当前我国创新动力、创新风险、创新能力、创新融资不足的问题，政府在政策架构上需要做的有：完善促进自主创新的财政、税收、科技开发及政府采购政策；完善风险分担机制，大力发展风险投资事业，加大对自主知识产权的保护与激励；健全创新合作机制，鼓励中小企业与大企业进行技术战略联盟，实施有效的产学研合作，推进开放创新；重构为创新服务的金融体制，发展各类技术产权交易，构建支持自主创新的多层次资本市场。

# 第三节　认识女性创新创业价值

近年来，越来越多的女性在各行各业崭露头角，显示出"她时代"的活力，"她经济"的魅力，在很大程度上解放了女性，释放、激发了女性的潜能。据统计，目前中国女性创业者与男性创业者的比例已经达到 4 ∶ 6，女性创业者在不知不觉中已经占据了半壁江山。在全球女企业家中，中国的女企业家占主导地位，中国是女性创业较为活跃的国家之一。"中国商界木兰年会"2017 年 4 月发布的《中国女性创业报告（2017）》显示，中国女企业家约占企业家总数的三成，中国有 31％的企业为女性所有。这些数字都彰显了女性在创新创业中发挥了举足轻重的作用，新时期女性以超强的领悟力和从不罢休的企业家精神一次次发出了"谁说女子不如男"的时代最强音。

当代社会女性开启创业之路并不是从家里走向社会，做个小买卖那么简单，女性创业也不仅仅被视为赚钱养家糊口，很多女性创业是因为自己有理想、有抱负，渴望实现自我价值，为社会、为国家做出贡献。在互联网时代，女性正在走进各个领域，她们如春日小雨，润物细无声地渗透到往日男性叱咤风云的创业之地。因此，新时代女性对自我创业价值和社会价值有新的定义。女性的价值体现在各个方面，她们是改革的推动者、创新的践行者、公平的推动者、发展的助力者，她们将时代赋予的使命铭记于心，发挥着自己的光和热。

## 一、社会层面

### （一）女性创新创业是提升社会创新能力的迫切需要

创新作为推动社会发展的关键因素之一，也是提升国家竞争力的重要途径。为了应对21世纪来自各方面的挑战和压力，我国提出建设创新型国家。任何创业主体，想要有突破、有创新，就离不开有创新能力的人才。因此，我们要在全社会形成积极创新的氛围，在所有人中培育创新精神，大学生凭借扎实的专业能力、优秀的想象力和良好的创业素养毋庸置疑地成为创新创业的中坚力量。另外，高校具有产、学、研的多重优势，有政府、企业等各方资源的支持，可以助推企业的自主创新。同时，女性独特的视角和创业思路也打开了创业的不同的思路。因此，女性人才在创新发展中的作用越来越突显，也越来越不可忽视。这些都为女大学生或其他社会女性实现自我创业价值提供了强有力的保障和诸多机会。此外，很多女性创业者涉足了男性不擅长的领域，例如，很多创业项目发挥了女性的特色优势，树立了女性特有的品牌形象。具有女性特色的产业有刺绣、编织等。女性创业也有利于激发市场的"新"发展，从而保持社会平衡发展，提升国家"软实力"。

### （二）女性创新创业是实现社会各领域改革的重要手段

在我国历史上，各个时期都曾出现过专门的女校、男校或者对女性的出入有一定规定的场所，即便在家里，古代也有各种针对女性着装、谈吐、出行等的规矩，这些历史产物形成于一定历史背景下，是女性不得不面对的限制。随着社会的不断发展，女性在就业、求学、创业等方面变得越来越自主，在社会各个领域都出现了女性的身影，她们实现了岗位自主、经济自由。在企业中，越来越多的女性出现在领导层；在科研院所，越来越多的女性科技工作者参与到攻坚克难的工作中；在生活中，也有很多女性发出独立自主的声音，活出自己的精彩。在创新创业中，女性创业为更多的女大学生提供了就业机会，有效降低了就业性别歧视的概率。女性创业既可以改变社会就业结构、缓解就业压力，同时也可以突破传统的就业模式，让学生除了能高质量就业，还能高质量创业。此外，很多农民工女性、下岗女工等踊跃投身于创业，不仅改变了自己的生活处境，还促进了全社会就业结构的改变。

### （三）女性创新创业是阻断贫困的重要方式

长久以来，在我国偏远地区，特别是农村地区，贫困一直是全面建成小康社会路上的阻碍。为了摆脱贫困，很多男性青年外出打工，贴补家用，而越来越多留在家乡的女性和返乡的女性，发挥自己的聪明才智，用梦想、智慧开启创业路，这条"圆梦之路"不仅让家人过上了好日子，也让下一代受到了良好的教育、改变了命运。除了回乡创业、本土创业，党的十八大以来，数万名驻村第一书记和数百名驻村工作队的工作人员把汗水、热血甚至生命奉献在乡村、深山，这其中不乏优秀的新时代女性。她们无论在故乡还是他乡，把创新、开拓、奋斗的精神融入祖国大地，带领家乡父老走上了富裕的康庄大道。

2020 年，我国实现了现行标准下全部贫困户脱贫、贫困县摘帽的伟大壮举，在全国各族人民全面脱贫的伟大实践中，教育脱贫是一条重要途径。张桂梅走入了人们的视野，这样一位其貌不扬的平凡的教育工作者，建立了针对贫困山区困难家庭女孩的全国第一所全免费女子高中——丽江华坪女子高级中学，她贡献出了自己全部的积蓄，使 1600 多名贫困家庭的女学生圆梦大学，走出深山，阻断了贫困的代际传递。而张桂梅本身也是光辉的女性形象，她以女性独特的、全新的视角开创了大山里的女性教育事业，也为更多的女生、更多的家庭解开了贫困的枷锁，既扶贫又扶智，发挥了女性"半边天"的强大力量。

还有，作为脱贫攻坚模范的黄文秀，在担任广西壮族自治区百色市乐业县新化镇百坭村驻村第一书记期间，带领村民们大力种植杉木、砂糖橘、八角、枇杷等特色植物。为了打开销售渠道，她带着全村发展电商，仅 2018 年，就通过建立电商服务站，帮助全村群众销售砂糖橘 4 万多斤，销售额达 22 万元左右，为 30 多户贫困户创收，每户增收 2500 元左右。2018 年百坭村 103 户贫困户顺利脱贫 88 户，贫困发生率从她上任时的 22.88% 降至 2.71%。黄文秀带领乡亲们发展符合当地特色的产业，开辟脱贫致富新思路——电商销售，让很多面朝黄土背朝天的纯农民变成了"有工作"的新农民，改变了百坭村贫困的现实。

**（四）女性创新创业是新形势下缓解就业难问题的重要措施**

**1. 实现多渠道、多途径就业，提供更多就业岗位**

创业是拉动内需、带动就业的重要措施之一。据统计，2020 年我国高校应届毕业生达到 874 万，同比增加 40 万人，毕业生人数再创历史新高，同时，硕士、博士、专接本比例也在不断扩大，也就意味着学历的含金量有所下降。这也就催生了更多的创业力量，为了更好地发展，创业者的创新能力不容忽视。从历史来看，有实力的大企业都是经历漫长的发展而壮大的，并且数量屈指可数，更多的就业机会都在中小企业，并且是创业型和创新型企业创造的。尤其在大企业受到冲击裁员时，中小企业在稳定就业方面发挥着至关重要的作用，私营企业和个体经营企业也成为就业的主渠道。

例如，2019 年底，受到新冠疫情的影响，线上营销大热，电商行业蓬勃发展，这种新生的创业形式最大限度地减小了疫情对经济的冲击，同时，很多线上的"云"活动拉开帷幕。这些特殊环境下诞生的模式是就业领域的"创新"，有效解决了就业困难的问题。很多女性从岗位的需求者变为岗位的提供者。

有统计数据显示，每 1 人创业平均可带动 3—5 人就业，如能成功实现由中小企业向大型企业的转型，其倍增效应将会更大。创业是一种最积极、最主动的就业形式，因此，政府把进一步实施积极的就业政策、鼓励、支持劳动者自谋职业和自主创业作为解决当前就业难题的最直接、最有效的途径。因而，政府要积极培养女性的创业理念、创新精神、创业技能和创业素质，使更多女性愿意创业、懂得创业、能够创业，既创造社会财富又创造就业机会。

**2. 催生更多新职业**

创业活动不断成为许多行业的催化剂。例如，最近新兴的衣橱整理师这一职业，从业者需要懂规划、会整理、有耐心等，非常符合女性的特质，并且很多女性在家也做着整理这件事情，而实际情况也是从事这一行业的绝大多数都是女性。当整理家务变成了职业，就为女性提供了更多合适的就业岗位。曾几何时，人们能想到整理衣服、袜子、打扫衣柜会成为一种职业吗？然而事实是，这不仅是人们在创业活动中催生的新职业，还是一份可以称之为高薪的职业。据统计，这一行业近半数从业者年收入超过 10 万元，就是这样一份高薪的职业，全国目前只有几千人在从事。随着这样的新兴职业的崛起，相关部门需要制定相应的职业技能标准，从业人员需要接受相关的培训，考核合格后方可上岗，同时还需要相关的法律规定来保障这些新兴行业健康、合法发展，这对于我国健全行业制度和法律体系具有推动作用。

**（五）女性创新创业顺应了时代发展潮流**

随着全球化的发展，中国与世界的联系越来越紧密。在世界范围内，女性在创造财富和就业机会方面所做的贡献是令人瞩目的，女性的影响力也在与日俱增，世界范围内的女性创业时代即将到来。2015 年，一份女性创业者报告显示，在全球，有 1.26 亿女性正在开创或经营自己的新创企业，并且以 80 后和 90 后的年轻群体为主。在中国，女性创业者的队伍也在迅速崛起，女性正步入创业的"春天"。越来越多的女性创业成功案例表明女性已成为促进创业、推动经济发展的重要力量，让越来越多的女性认识到创业的经济意义和社会作用，并向她们传授创业的各种技能和知识，让她们为创业做积极的准备。越来越多的女性加入创新和成功创业的行列中去，是形势所需、时代所需！广大女性朋友应该积极迎接创业时代的到来，充分享受创新创业带来的时代红利。

**（六）女性创新创业有利于传统文化的传承和弘扬**

中华民族传统文化璀璨瑰丽、源远流长。在古代"男主外、女主内"的社会，女人主要在家中，于是就有了很多例如纺织、剪纸等女性擅长的职业。时至今日，在很多地区依然有绣娘、采茶女等职业，绣娘们技艺精湛，作品活灵活现，令人叹为观止，很多也被列入了"非物质文化遗产"。而随着时间的推移，很多老手艺人希望将她们的技艺传承下去。因此，很多年轻人致力于自己创业，通过多种方式保护和传承我国的传统文化，这其中有很多女性创业者，她们或者身体力行成为这些文化的传承者，或者利用当代崭新的视角开拓新思路、开发新产品，将这些传统文化和当今流行趋势结合起来，进行创新，使得很多项目兼具古典美和现代活力。例如，迄今为止唯一专门为女性创造的文字——女书，就是我国女性文化特有的符号，如今，女书衍生出了一系列文创产品，除了写在纸上，还出现在折扇、砚台、名片等物品上，作为礼品馈赠亲朋好友，作为文化交流的桥梁，走出国门，成为国家之间交流的"使者"。这些不仅为当代女性提供了新的创业渠道，也成为创新的动力与源泉，可谓将创新创业与传承经典结合得恰到好处，又配合得相得益彰。

### ■ 拓展阅读 ■----------------------

#### 女性成功创业需具备的要素有哪些？

1. 摆正心态，敢于面对现实

对于那些不停地抱怨现实恶劣的人来说，不能称心如意的现实，就如同生活的牢笼，既束缚手脚，又束缚身心，因此她们常屈从于现实的压力，成为懦弱者；而那些真正成大事的人，则敢于挑战现实，在现实中磨炼自己的生存能力，这就叫强者！在此，我们可以得出一条成大事的经验：适应现实的变化而迅速改变自己的观念，最重要的是需要我们有聪慧的头脑和灵活的眼睛，做生活的有心人。

2. 压力是最好的推动力

欲成大事者，因目标高远，压力可能会更大。但若欲成大事，就必须能承受压力，把压力当成前进的动力。人们最出色的工作往往是在逆境中做出来的。人要有所作为就要有所不为，应该做的一定要做好，不该做的坚决不做，得到并不一定就值得庆幸，失去也并不完全是坏事情。

3. 拥有过硬的自制能力

自制，就是要克服欲望，不要因为有点压力就心里浮躁，遇到一点不称心的事就大发脾气，一个人要先控制自己，否则就无法控制别人。一个人只要有成大事的目标，知道自己想要的，然后采取行动，告诉自己绝对不要放弃，成功只是时间早晚而已。一个人做任何事情遇到了麻烦或阻碍，都要去面对它，解决它，然后再继续前进，这样问题才不会愈积愈多，才能取得成功。

4. 把情感装入理性之盒

一种抵触情绪的产生往往是潜移默化的，但它对人一生的影响却是巨大的，这种影响从诸多小事上都能体现出来。我们应尽量消除自己的不良情绪，因为它不但会给我们的身心造成伤害，而且在我们通往成功的路途上，不良情绪有时会成为绊脚石。为了成功，我们必须把情感装入理性之盒，必须去适应别人，适应形势，不然的话，注定成不了大事，注定会被淘汰。

5. 独处可以激发思考的力量

成大事者都是善于独处的人，在独处的过程中可以激发人思考的力量。自卑就像一座大山能把人压倒，并让人沉默，但独处不同于自卑，独处像推进器可以产生强大的动力。我们要学会高质量独处，比别人先走一步，创造一种成功的心境。在独处时，我们应当有所思考，不要总人浮于事。

6. 以变应变，才有出路

顺应时势，善于变化，及时调整自己的行动方案，这是成大事者适应现实的一种方法。一个人如果没有和人打交道的高超技巧，没有把各种情况都考虑周全的头脑和灵活应变的手段，就无法驾驭大的局面，将很难成大事。一个人能看清自己的现状，心态就会平和许多，就能以一种客观的眼光去看待事物，去认识这个世界，并且随着外界的变化相应地调整自己的行为。

## 二、经济层面

### （一）女性创新创业可以促进科技成果的转化

"科技是第一生产力"是当前处于第三次科技革命的每一个国家都不可否认的命题，创新也被摆在了助推科技发展的重要的位置上，只有不断破旧立新，才能找到新的发展点，实现我国在 21 世纪中叶达到中等发达国家水平的远景目标。在"知识"撞上"生产力"的时代，女性的科研智慧发挥着不可小觑的作用。据统计，虽然近年来我国的科技成果转化率不断增长，但是依然不足 30％，与发达国家的 70％—80％相差甚远，特别是很多高新技术和高科技领域依然受制于人，甚至处于空白阶段。如今，随着女性受教育水平的逐步提高，在我国航空航天、高端制造业等很多领域出现了越来越多女性的身影，据统计，女性科技工作者的比例已超过三分之一，并且呈现高学历态势，她们成为科技成果转化工作的重要"巾帼新力量"。同时，近年来，我国不断加强对女性科技工作者的支持力度，扩大女性科技工作者的工作领域，加强女性在科技领域的交流，提升女性科技工作者的科研积极性和社会地位，同时针对女性身份的特殊性出台了相应的保护政策，维护女性科技工作者的合法权益。因此，越来越多具有创新突破、敢为人先的创新精神的女性科技创业者走上历史舞台，成为最具竞争力的从业先驱，她们助推科技成果的转化和落地，促进经济的发展，打开市场，合理利用资源，也有利于培育新的经济增长点。

## （二）女性创新创业可以激发经济新活力

在新时代的风口浪尖，女性创业者获得了广阔的发展空间，也给其带来了难得的发展机遇。女性创业者自强自立、艰苦创业，在各个领域发扬企业家精神，带领企业在市场经济浪潮中迎难而上、奋勇争先，女性创业者已经成为推动经济发展的重要力量。

创新实现突破，创业实现持续发展，创新创业可以实现经济的"持续有活力发展"。2020年，第六届中国国际"互联网＋"大学生创新创业大赛诞生了自大赛创立以来第一位女性全国总冠军，就是来自北京理工大学的博士生宋哲。历经多年的不懈努力，她负责的项目"星网测通"取得成功，这一成功打破了国外对我国航天领域测量技术的严格封锁，解决了制约我国通信卫星发展的关键问题。

科学家研究发现，男性和女性的最大区别主要是大脑皮层的结构不同，同时，生理上也存在一定差异，导致他们的思维模式存在差异。因此，女性在选择创业领域的时候通常会别出心裁，与男性的切入点不同，并且结合自己的优势，开发出新的经济增长点。除了宋哲这样的"高端创业"，如文教、卫生、服务等需要女性温柔、细心等特质的普通行业也是女性创业者青睐的行业，她们会更容易从这些领域中寻找创业的创新点。

## （三）女性创业助力市场经济条件下社会的进步

女性积极投身创新创业实践，不仅有利于促进女性自身的全面发展，也有利于推动经济、社会的协调发展。诸多女性创业者正以她们特有的智慧与风格，参与到社会变革之中，投身于"大众创业，万众创新"的火热实践中，为创造社会财富和推动社会发展蓄力。女性从古代的"大门不出、二门不迈"到今天的"能顶半边天"，是社会各方面进步的表现，女性创业活动促进了社会经济体制的改革和深化。创业是将创造性融入企业的一种概念，其关键就是创新，主要包括技术创新、组织创新、管理创新和制度创新等。事实上，我国的企业制度创新就是从中小企业开始的，体制改革也是首先以中小企业为试验田的。在这个过程中，很多女性发挥自己的聪明才智，推动改革向纵深方向发展。

女性创业繁荣了市场和人们的生活，成为经济体制改革的重要组成部分，也提高了女性的社会地位。安徽省凤阳县小岗村的家庭联产承包责任制是我国20世纪70年代开始的对生产力的一次重要改革，小岗村的农民成了第一批"吃螃蟹的人"，很多女性和男性一起，下地干活，成为改革的先锋队和冲锋员。虽然这一改革产生的影响有优有劣，但是敢于尝试、大胆突破、勇于改革的创新精神传承至今，并在农村改革领域产生了重大影响。

### 三、性别层面

微软刚创办的时候，整个团队加上秘书也不过五个人，但是这些年轻员工之间却毫无协作精神，工作氛围松散，后勤管理更是混乱不堪。因此，公司特别需要招一位工作热心、事无巨细的总管式女秘书。但是公司面试来面试去，年轻貌美的不合意，自我吹嘘的看不起，很难招到合适的人选。经过公司的综合权衡，最后的胜出者出人预料，是一个简历被过滤掉的 42 岁的应聘者。让人不解的是，这位中年妇女是 4 个孩子的母亲，文秘工作经验也不多，倒是干了不少杂七杂八的后勤工作，如档案管理、会记等，后来就是在家里操持家务。被录用后，这位中年妇女在诸多质疑声中上任了，但她却出乎意料地发挥了一个成熟女性缜密、周到的特性。这个例子很好地说明了女性的周到、细腻不是软弱的表现，这些特质并不是无用的，而是一种"爱商"，这种"爱商"使她们更懂得成就别人、照顾别人。

### （一）女性创新创业是实现自我发展和价值的需求

随着人们思维模式的转变和眼界的放开，当今的人们越来越致力于实现自我的个性化发展和证明自身价值，而创业是实现这一目标的重要方式之一。在当代社会，除了专业素质、非智力因素等，创新创业素质也被提到了全新的高度。创新创业素质除了指创业者需懂得一些创新创业的基本知识之外，更重要的是了解这些知识可以提升女性的竞争能力和生存能力，女性既可以去寻找合适的岗位就业，又可以为了寻求更好的自我发展机会而走上自主创业的道路。当今，很多女性甚至不满足于一次创业。《2020 年中国女性创业者调研报告》显示，52.7％的女性创业者为初次创业，37.6％的女性为第二次创业，9.7％的女性为第三次创业。该数据显示出女性坚韧的毅力，也显示出创新创业可以为女性谋求生存、促进自我成长、实现自我追求提供扎实的保障。当今社会，女性不再只是围着锅台、男人、孩子转，很多女性也不满足于给别人打工，因而创业是她们走上更高平台、获得更多机会的方式。很多女性通过创业证明自己不会输给任何人，努力成为主宰自己命运的主人，创造精彩的人生，证明自己也是有信仰、有能力、能创造价值的新时期女性。

■ **拓展阅读** ▪▪▪▪▪▪▪▪▪▪▪▪▪▪▪▪▪▪▪▪▪

#### 女性创业注意事项

管理需要全面的知识结构，部分女性以前没有担任过管理职位，在创业时需要补充大量的管理知识，还要有坚强的意志力，这是创造力的必要条件，否则难以开拓出新局面。

女性创业者要敢于承担风险，要有冒险精神，这样才能开创出新局面；才能把握时势，目光敏锐，顺势而起；才能结合个人理想与组织目标建立企业，并将两者结合在一起，形成共同的远景，让企业成长，并且获得利润。因为性别的局限，女性在创业的时候，不可避免会遇到一些问题。首先是人脉问题，女性在商业上人脉一般不如男性，大部分女性天生不喜欢应酬，社交的圈子有限。女性在工作之余，一般很少另结人缘，这些特征对事业会有一定影响，不过在原行业做到高级职务的女性一般不存在这个问题。

人事问题，尤其是家族创业，人员之间的协调会比较棘手。女性有时候会缺乏财务观念，无法透过财务报表觉察到企业可能存在的问题。另外，女性创业还面临着年龄压力，没有充分的精力支撑下去；女性创业还受家庭影响，不幸福的婚姻，也会对事业有巨大影响；产业变迁和产业结构的变化，也会使她们错失良机。

女性创业者不同于男性创业者的一点是，不少创业女性不求大、只求好；不求快、只求稳，不急于追求企业的快速增长，而是在资源获利的前提下，使企业稳定发展。正因为女性求稳的性别特质，所以在社会剧烈变迁的时候，会难以适应，容易裹足不前。另外，女性创业的过程，除了受其本身创业经验的影响，也与其生命历程与家庭关系密切相关。

通过创业，女性可以获得很多宝贵经验，可以丰富自己的人生阅历，扩大自己的生活空间。这些经历也会进一步丰富她们的生命，并延续到以后的每个阶段。当然这些创业注意事项，我们的女性创业者应该多注意，方可保证自己的创业道路一帆风顺。

## （二）女性创新创业是实现公平正义、消除歧视的重要方式

随着我国法制化进程的不断加快，法律和制度体系不断完善，以及女性地位的不断提高，各地出台了很多保护妇女权益的政策和规定，特别是2021年实施的我国第一部《中华人民共和国民法典》，更是标志着我国民主、法制的进步。但是即便如此，依然会有女性在求职、孕期、产假等方面遭受不平等待遇，特别是在求职期间对于婚否、育否的区别对待，以及怀孕妇女遭受到辞退或强迫辞职等不公平对待，有的单位甚至存在"生孩子排队"或者几年不得生育等违背生理规律、伦理道德的规定，这些现象不仅伤害女性的身体，也不利于女性的心理健康，使很多女性在职场如履薄冰。

因为历史和现实的原因，和男性相比，很多女性具有自卑感、依赖感、竞争意识弱等性格方面的弱势，但是通过创业和事业的创新，结合自身的优势和特点，学习各种技能，可以激发她们内心的激情和火花，改变她们性格中的某些不健全的东西，让更多女性意识到女性创业与解放女性之间的关系，让她们在自强不息中自我锤炼，以提高女性群体的整体素质，培养女性"自尊、自信、自立、

自强"的精神，取得人格和经济的独立，这也是培养女性健全人格的重要途径。

基于此，很多女性选择自己创业以打破这种性别歧视的限制。自己创业的女性可以为自己争取更多的话语权，发出女性自己的声音，提升女性的社会地位，谋求独立自主的发展空间。同时，很多女性创业者在有意识地维护"公平、公正、公开"的原则，让更多的女性享受到平等的就业权利。这样可以保护女性求职者的身心健康，维护社会的稳定和和谐。此外，女性创业有利于社会文化、观念的转变，使社会各个阶层的女性有机会进入主流，每一个平凡的女性创业者就像一盏明灯，驱散人们对于女性的偏见，有利于形成对女性宽容、平等、尊重的社会氛围，释放更多正能量。

### （三）女性创业有利于创造更高的企业财富和价值

英国一项调查显示，在被调查的 3500 名职业经理人中的男性都承认，更希望自己的顶头上司是女性，特别是在中层管理界，无论男女都希望受雇于女老板，因为女老板更脚踏实地，更易接近，也更善于领导公司走向成功。此外，调查结果还显示，与男性相比，女性管理者的职业素质有十大优势：坚决果断、耐力持久、善于引导、敢于创新、富有灵感、开放纳新、决策清晰、擅于合作、脚踏实地、善解人意。

据瑞士信贷研究院（CSRI）的报告《CS Gender 3000》显示，性别多样化有利于提升企业绩效和管理。瑞士信贷研究院自 2014 年开始追踪全球 3000 多家大企业的近 3 万名高管。2016 年的报告进一步显示，在企业决策层中女性比例越高，企业股市表现越好、销售增长率越高、投资回报率也更高。女性高管占比达 25％ 的企业五年平均投资回报率是 22.8％；当女性高管比例超过 33％ 时，平均投资回报率增长至 25.6％；当女性高管比例超过 50％ 时，平均投资回报率则增长至 28.7％。同时，女性高管占比越高，企业杠杆率越低，这意味着较低的风险和较高的回报。瑞士信贷研究院还追踪了企业的销售业绩，数据显示，女性高管比例在 50％ 或以上的企业，年平均销售额增长率为 8％，且保持平稳增长。这些数字彰显了女性的智慧和能量在企业发展中的重要作用，也体现了女性管理者勇于开拓进取的精神和敢于突破创新的能力。

### （四）女性创业更有利于在互联网大时代下发挥性别优势

自古以来，只要有群体特征就少不了女性的身影。创新创业也是如此，当前有越来越多的女性前赴后继地进入各种新行业创业，体现了女性"求新"的时代风貌。在近年来新兴的"互联网＋"领域，女性的创业更呈现出异常活跃的态势。女性创业导师赵万里表示，"'互联网＋'时代下的女性创业展现出前所未有的良好前景，'互联网＋'给女性带来更大的发展空间，与以往传统的工业经济相比，现在的信息经济更加适合女性。在'互联网＋'模式下，'互联网＋女人'

的组合肯定会给女同胞提供更多大有可为的机会。"

研究显示，有三种人在当今社会越发不可替代，第一种是领导者，第二种是创意工作者，最后一种是连接者，而女性便是天生的连接者，特别是在移动互联网时代。《互联网＋她时代：女性创业者报告》显示，尽管在传统行业里，女性创业者仅占女性全部人口的 3.6％，与男性创业者群体存在巨大的数量差距，但在"互联网＋"背景下，女性创业者的数量出现井喷式增长，在天猫、淘宝网等电商交易平台上，活跃店铺的女性店主占比达到 50.1％。

2017 年全球创业观察项目（Global Entrepreneurship Monitor，CEM）对 35个国家和地区的创业情况调查结果显示，女性创业活动指数为 6.9％，中国女性创业活动指数高达 11.16％，高出平均指数 4.26 个百分点。从外在表象上看，无论是以各种电商平台为主的网络零售，还是现在诸多的互联网项目，多数业务都与女性息息相关。如目前有着巨大发展潜力的电商领域，女装、化妆品、母婴等类目都是当下网络零售的重点，互联网创业中的生鲜食品、家政服务、生活服务等业务都与在家庭中处理内务的女性有着最为直接的联系。因此，无论是作为产品或服务的主要消费者，还是主要的参与者，女性对这些项目都有着最好的体验和理解，拥有参与和经营这些类目的先天优势。从本质上看，互联网本身具有减少信息的不对称性、去中心化、加强平行互动、增强个性化体验、降低交易费用、受地域影响小、促进男女平等等时代特质。其存在的意义就在于优化或颠覆原有的经营生态模式，甚至创造新的行业业态，其灵魂是体验、个性、平等、交互等，而女性的族群特征恰好与这一灵魂接近，乃至重合。

女性在自己熟悉的领域创业，因为懂得，所以会做；因为会做，所以做对；因为做对，所以更容易成功。随着女性社会和家庭地位的不断提升，在创业领域，男性再也不是创新创业这个舞台上唯一的主角。男性和女性本就是人类生存和发展不可或缺的组成部分，同样地，经济发展与社会发展离不开男性，也不能没有女性。做事认真、感情细腻、善良又富有同情心、想象力丰富……心理学上总结出的这些女性本质的优点同样成了她们创业的优势与特长。在商业中，这些鲜明的女性特征表现为注重体验、注重感性、注重客户关系……不知道是不是巧合，还是冥冥中注定，这些特质的表现正好契合了第三产业对企业和企业家的核心要求。实际上，很多女性企业家在选择创业的时候，也会将目标集中在批发零售、餐饮、健康、教育、商业服务等第三产业范畴，而这些鲜明的特质，也在工作和创业的过程中得以充分发挥。

投资过 Uber 的美国著名种子基金 First Round Foundation，曾对其投资的300 余家种子创业团队进行过分析，结果发现一个有趣的现象——创业团队中有女性成员的，比创业团队中全部为男性创始人的创业团队更优秀，如果一定要为这个"更优秀"加一个百分比的话，那就是大于 63％。这一数据更加有力地证明了女性在创业团队中的重要地位和不能被忽略的作用，展示了新时代女性的智慧和力量。

女性创业者的存在，可以在团队的创业过程中发挥男性难以发挥的优势作用。比如，女性创业者可以凭借女性独有的情感和气质稀释创业过程中的艰辛，在创业过程中释放温情与热度，她们会在繁杂的市场竞争中始终保持一种柔和的心态，有利于创业在细分市场中更加精细。她们的创业动机，往往不局限于经济利益的获取，而是更加看重实现自我价值和体现社会公共利益；与男性创业者所渴望的经营长久的有占有欲的"大"企业不同，女性创业者更偏爱经营"小而美"的企业，不仅实现自我肯定，也满足了更多社会大众多样化、多层次的需求。

如同古罗马的角斗士在战斗中求生存一样，创业的残酷性定格了男性创业者的主流地位。然而女性创业者独有的特质，让她们在创业领域里开辟新天地显示出优势，让她们可以和男性一样大展宏图，收获喜悦和成就。

**案例分享**

## 90 后女大学生有点"田"
### ——扬州工业职业技术学院学生丁蓉蓉的创业故事

"我们将带动更多农民就业，一直扎根土地，让农民和消费者共享美好生活。"日前，在全国第四届"互联网＋"大学生创新创业大赛上，扬州工业职业技术学院毕业生丁蓉蓉以自身创业经历形成的作品《90 后女大学生有点"田"》，与清华大学、浙江大学等院校学生同台竞技，最终以就业创业组全国第一名的成绩获得金奖。该项目也被评为"最佳带动就业奖"。

金奖的鼓励和肩头沉甸甸的责任，更激发了丁蓉蓉的信心，一回到家，她又全身心扑到基地上。

### 倔强女生休学种田

丁蓉蓉生活在鱼米之乡淮安，从小在父亲经营的蔬菜大棚里长大，对农业有着深厚感情。

2013 年暑假，丁蓉蓉去日本旅游时，首次尝到一种名叫冰草的蔬菜，冰草嫩脆爽口的口感和丰富的营养成分，让她印象深刻。"冰草的价格折合人民币每斤要七八十元，随着中国老百姓消费升级，引入国内应该很有消费前景。"回国后，丁蓉蓉开始说服父亲试种冰草。

费了很大周折，丁蓉蓉将每斤 5 万元的冰草种子引入国内。但父亲试种一年，反复试验都没有成功：冰草发芽率极低，品质也不稳定。"不能眼看着家里的投资打水漂，冰草在国内市场肯定有发展机会。"一向不服输的丁蓉蓉毅然选择休学。

"你的任务就是学习，我不同意你休学。"父亲心疼女儿，不想影响她的学业，"再说了，你一个女孩子，哪懂怎么种冰草。"村里也有人说，丁家培养出了一名大学生，到头来还是回乡种地。

父亲的劝说和村里人的不理解，都没能阻挡丁蓉蓉的创业梦想。最终，她走上了冰草种植之路，一种就是 4 年，并将深耕土地当作自己的事业。

### "冰草通"遇到新问题

为早日完成冰草种植试验，她天天吃住在大棚里，晴天一身土，雨天一身泥。上网查资料、到处请教农业专家成了家常便饭。经过反复试验，2014 年冬天，她终于掌握了适合冰草生长的温度、湿度、土壤酸碱度、光照强度等环境数据，成为江苏规模化种植冰草第一人。

此后，在长达 18 个月的时间里，她用 8 个大棚进行试验，并在 2016 年 5 月成功实现冰草引种驯化，培育出新品种——大叶冰草，将冰草种子的价格降到每斤 3000 元，打破了国外对冰草种子的垄断。解决了引种驯化问题，新问题又出现在丁蓉蓉面前。

2016 年 9 月，她遇了创业以来最大的困难。"一开始，只想着将冰草种植规模扩大，没考虑推广问题，结果冰草压在家里销不出去。"丁蓉蓉回忆说，"最困难的时候身上连 200 元都没有，我都打算放弃了。"

后来，她将自己的创业情况告诉了母校创业学院教师颜老师。在颜老师的帮助下，丁蓉蓉申请并顺利获得创业雏鹰基金 1 万元。学校还找专家帮助她解决高产栽培技术和销售难题。

"学校专门设有大学生创业雏鹰基金，每年都拿出近百万元资助学生创业，并提供全方位扶持。"扬州工业职业技术学院傅院长说，"基金设立两年多来，已帮助过 21 个自主创业的学生（团队），丁蓉蓉就是其中之一。"

### 她的经历成创业教材

冰草种植基地有起色后，丁蓉蓉选择回到学校继续学业，并努力学习财务、销售知识。失败的经历也让她意识到，创业不仅要懂技术，还要掌握财务、销售、管理方面的知识。

有了扎实功底，加上新品种口感好、营养高，大叶冰草很快得到市场认可。2018 年上半年，丁蓉蓉基地的冰草、草莓、苦菊等农产品营业额突破 1500 万元。冰草占据了淮安地区 90% 以上、华东地区 40% 的市场份额。种植基地也从最初的数十亩迅速扩大到 300 多亩，成为华东地区最大的冰草种植基地，并被评为"全国供销合作社系统农民专业合作社示范社""省级园艺作物标准园"。

2018年6月，南京市江宁区政府将丁蓉蓉的冰草项目引入南京谷里国家现代农业示范园区，投入4000万元建成国际标准大棚，供她从事冰草研究和种植。如今，南京江宁谷里国家现代农业示范园区、淮安码头镇国家农业科技园区都有丁蓉蓉的智能化冰草种植基地。

"不要光想着做生态农业，还要改变农业生态，带领农民致富。"在父亲的鼓励下，丁蓉蓉积极带动当地农户就业，促进农业结构转型升级。

2018年7月，丁蓉蓉以《90后女大学生有点"田"》参加江苏省第四届"互联网＋"大学生创新创业大赛，获得一等奖并入围国赛。在国赛现场，26家风险投资人纷纷向她抛出橄榄枝。

"丁蓉蓉的案例已成为学校鲜活的创业教材，希望她的创业经历能够激励并带动更多学生走上创新创业之路。"扬州工业职业技术学院党委刘书记表示，学校会继续将创新创业教育贯穿于人才培养全过程，着重引导学生强化创新精神、培育创业意识、训练创造能力，培养出更多的优秀学生。

——摘自中国教育新闻网，有删改

# 第二章　新时代女性创新思维培养

本章导读

成功的创业者是天生的吗？有研究发现，各行各业的成功人士与常人最大的区别在于思维方式的不同。女性创业者需要打破固有的思维定式，拓宽思路和视野，培养联想力和想象力，在创业过程中灵活运用创新思维，以崭新的视角观察问题，以全方位的思路解决问题，增加创业成功的筹码。

## 名人名言

1. 为了产生创新思想，你必须具备：必要的知识，不怕失误、不怕犯错误的态度，专心致志和深邃的洞察力。

——斯威尼

2. 保守是舒服的产物。

——高尔基

# 第一节　打破思维定式

人们思维方式的差异导致观察问题、分析问题、解决问题的方式截然不同，从而使实践的结果也完全不同。女性创业者想要提高创业的成功概率，需要遵循思维的发展规律，了解自身思维的优势与劣势，扬长避短。研究表明，在人类历史的进程中，社会、家庭分工的差异化，以及教育的差异化，导致女性更容易在情绪的理解、情感的表达、色彩的辨识等较为细致的领域占据优势，但这并不意味着女性缺乏挑战困难、做出决断、打破常规等方面的实力。

## 一、思维定式的内涵

思维定式，也称惯性思维，是由以往的模式造成的一种对活动的特殊的心理准备状态或活动的倾向性：人们按照习惯、固有的思路去考虑、分析和解决问题。常常表现为这次用某方式或思路解决了某个问题，下次遇到类似的问题，人们不由自主地沿用上次的思考方向或方法去解决。比如，寓言故事《刻舟求剑》中的楚国人寻剑，不考虑船的移动和江水的流动，而执着于船舷上宝剑掉落的位置，把在江岸上寻找失物的方法照搬到江面上，这是典型的惯性思维。

值得注意的是，尽管目前已经是 21 世纪，但人们心中依然存在着性别思维定式。古人认为"女子无才便是德"，是对女性求学求知的限制。现代的某些观念，如"女性宜从事轻松、细致的工作""女性在职场应该求稳""创新创业中女性的优势并不明显"，则是对女性就业、创业的限制。这种认知可能存在于某些男性的心底，但它更可能占据不少女性的头脑，在女性的认知中形成自我限制。

**案例分享**

### 把鞋子卖给从不穿鞋的人

某鞋子公司委派两名销售人员到某个海岛上开拓市场。一名推销员到达目的地，经过一番考察后，很快对这份工作产生了怀疑，他发现该岛地处亚热带，居民赤足而行，不穿鞋子，这里没有市场，如何推销产品？他很快给公司打报告，如实描述了问题，提出"不必白费力气，以免造成损失"的建议。

另一名推销员在岛上仔细调研后觉得该岛的市场简直是"天赐良缘"，居民没有穿鞋的习惯，他们一旦学习了礼仪，学会了穿鞋，体验到鞋子的美妙之处，公司的产品就可以覆盖市场了，多好的机会！于是，他把自己的想法逐一整理和完善，向公司提交了一份新颖的市场开发方案。

**【分析与提示】**

第一名推销员认为人们不习惯穿鞋就等于他们不会买鞋，从而没有市场，然而这种情况会一成不变吗？

第二名推销员认为人们从未见过鞋子就意味着这些人一旦体验了鞋子的好处，需求就会一触即发。

那么，请大家思考：如何让岛上的居民接受鞋子呢？

### （一）思维定式的特征

可以把鞋卖给习惯赤脚的人吗？从传统观念来看，这几乎是不可能的，人们既然从不穿鞋，也就不会买鞋，因而无法产生购买力，也就意味着鞋子没有市场，这是思维定式的典型表现。

女性可以在就业、创业领域以真正的实力与男性竞争、合作吗？女性可以在创新创业的同时扮演好女儿、女友、闺蜜、妻子、母亲的角色吗？请问各位女性读者，你内心的答案是怎样的呢？也许有人会说，尊重性别特征，正视性别差异，不去做"超纲"的事情，生活会更幸福，诚然这是一种求稳的策略。那么请你仔细回忆一下，谁帮你建立了"女性应该做什么，不该做什么"或"女性的天赋在于……而不在于……"的思维模式呢？心理学家与社会学家研究发现，男性与女性存在生理差异，但大脑的差别微乎其微，并不存在"女性不善于科学发明，男性不善于情感表达"的天生界限，这些是后天的环境因素潜移默化影响的结果。因此，关于女性的诸多观点，其实属于典型的思维定式。

思维定式具有如下特征：

**1. 趋向性**

思维者具有力求将各种各样的问题情境归结为熟悉问题情境的趋向，表现为思维空间的收缩，带有集中性思维的痕迹。前面案例中，第一位推销员认为促进产品销售的前提是客户需要产品，没有考虑商家可以帮助客户建立需求，这是从固定的角度思考问题，压缩了思维空间，使其只能朝着某个或某些方向延伸，从而产生了趋向性。实际上，我们应该从多个角度思考和解决问题。比如，促进产品销售的方法包含：帮助客户认识、了解、体验、使用产品，提高客户对产品的好感度、依赖度，开发产品的新用途，等等。

**2. 常规性**

思维者根据以往经验认识事物、处理问题，形成并遵从某种惯性。一般情况下，我们在哪里遗失了物品，最好回到那个位置，寻回的概率较高。故事《刻舟求剑》的主人公正是用常规方式去解决非常规问题，因而闹了笑话。

**3. 程序性**

思维者相信解决问题的步骤要符合规范化要求，从而按照某种"格式"分析问题，依照某种"套路"解决问题。长跑之前，先活动筋骨；考试之前，先温习功课。一般情况下，前人的经验及自己多次验证的有效性，使我们做事情可以按照规矩和步骤来，这就是思维定式的程序性。

每个人存在不同方面和程度的思维局限，测一测你存在思维定式吗？

图 2-1 中有九个棋子，摆成了一个正方形。要求大家用四条首尾相连的直线把这九个棋子串联起来，请试一试有几种方法？（备注：首尾相连就是上一笔的尾端与下一笔的开头相连，即一笔画成，且要求是直线）

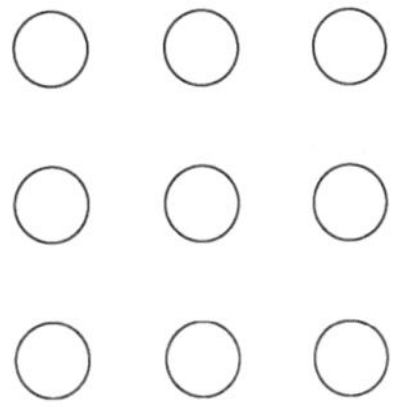

图 2-1 九子连接图

### （二）思维定式的类型

#### 1. 从众思维定式

从众思维定式，也叫羊群效应，是指个人的观念与行为由于群体的引导和压力，不知不觉或不由自主地与多数人保持一致的思维方式，通俗地说就是"随大流"。有人曾做过实验，在一群羊面前设置一个栅栏，领头的羊纵身一跃跳过栅栏，后面的羊也跟着跳过去，工作人员将栅栏移走，后面的羊走到这里时，仍像前面的羊一样跳了一下，就好像栅栏还存在一样，这就是"羊群效应"。

心理学家曾进行过实验，结果在测试人群中仅有1/4至1/3的被试没有发生过从众行为，保持了独立性。由此可见，从众思维是一种常见的心理现象。从众是与独立相对立的一种意志品质，从众思维较强的人缺乏主见，易受暗示，容易不加分析地接受别人的意见并付诸实践。在某些情况下，个人在行为上与群体保持了一致，但内心却相信自己的判断，只是迫于群体的压力，暂时在行为上保持与群体一致，这是权宜从众，并非内外一致的从众行为。

一般而言，受传统观念、文化教育等因素的影响，女性从众倾向高于男性；性格内向、自信度不高的人从众倾向高于外向、自信的人；文化程度低的人从众倾向高于文化程度高的人；年幼的人从众倾向高于年长的人；社会阅历浅的人从众性高于社会阅历丰富的人。

#### 2. 经验思维定式

经验思维是人运用生活中的亲身感受、活动中的直接体验，以及习惯的传统观念而进行的非规范化、非模式化的思维活动，其功能主要是认识和把握具体的事物、现象及其外部联系。经验思维是以经验为依据去解决问题的，它具有内容的重要性、直观的感知性、认识的表面性、观察的局限性、分析的非定量性的特点。

人类的经验来自生活、学习、工作的实践。从幼儿到成年，所看、所听、所感，在人的头脑里构成了众多的经验。在一般的情况下，经验是我们处理日常问题的好帮手，只要具有某种经验，在处理该方面问题时就多了一些成功的可能，尤其在某些技术、管理方面的工作中，需要人们有丰富的经验。驾龄长的驾驶员比起新驾驶员，在应对各种路况时，能够更加游刃有余；医龄长的中医比起年轻人更受欢迎，因为他们积累了更为丰富的病例经验。正因如此，一些岗位的招聘要求中，会有"限三年以上实际工作经验"之类的要求。

经验与创新思维之间的关系较为复杂。一方面，随着时间的推移，人的经验具有不断增长、不断更新的特点，各种经验之间的对比与融合有利于人们开阔眼界、增强见识；另一方面，经验具有稳定性，可能导致人们对经验的过分依赖，形成固定的思维模式，不利于开发想象力，束缚了思维的广度，致使人们的创新思维受限，这就是"经验思维障碍"。

**3. 权威思维定式**

有人群的地方总会有权威，权威是任何时代、任何社会都实际存在的现象。人们对权威普遍怀有尊崇之心，这是可以理解的。比如，人们尊重历史先贤、英雄、领袖等对历史做出巨大贡献的人，遵守法律法规，这些是对权威的正面肯定。然而如果这种尊崇演变为"凡是权威所讲的观点、意见或思想都是对的"，就变成了权威思维定式。比如，"专家说每日八杯水"，所以每天都应该定量喝水，直到满八杯，这就是迷信权威说法；但是假如对每天饮食细心关注，早中晚的食谱中除去果汁、牛奶、粥、水果的含水量，再酌量饮白开水，保证每天总饮水量达到八杯，就是正确运用了"八杯水"标准。

权威是后天建立起来的，并非先天存在的。那么，权威思维定式从何而来呢？心理研究表明，在儿童向成年过渡的过程中，家庭教育和学校教育起着至关重要的作用，如果这一时期扼杀了儿童爱自由、好奇心强的天性，采取"一刀切"的管教方式，就容易使孩子在少年阶段缺失"逆反心理"，难以建立个人独立的思考模式，导致成年以后容易形成权威思维定式。深厚的专业知识具有高度的指导意义，容易形成专业权威。由于时间、精力和客观条件等因素的限制，一个人终其一生，通常只会在一个或少数几个专业领域内拥有精深的知识，而对于其他领域则知之较少、不够专业，因此，人们往往将专家的意见奉为真理而深信不疑，形成对专业权威的依赖。

**4. 书本思维定式**

书是知识的载体，是千百年来人类智慧的结晶，是文明的标志，它帮助我们把观念、知识、经验、价值体系广泛地传播并传递给后来者。知识是第一生产力，书作为知识的载体也极为重要，以至古今人才培养与选拔中常常强调阅读量，严格按照书本的观点做人做事。

书本知识也有其弱点，即滞后性。随着社会的发展，知识只有不断更新才能成为有效的指导信息，推动事业的进步和发展。书本知识与客观现实之间在时间上存在一段距离，二者并不完全吻合。如果人们在思考问题时不顾实际情况，不加思考地盲目运用书本知识，坚持从书本出发、以书本为纲的思维模式就形成了教条主义，即书本思维定式。

**（三）思维定式的作用**

**1. 思维定式的积极作用**

思维定式是一种按照常规处理问题的思维方式，它可以省去不少摸索、试探的步骤，缩短思考的时间，提高效率。在常规情况下，思维定式可以帮助人们应用已掌握的方法迅速解决问题，因此有其积极的一面。比如，远古时代由于生产力水平不高，人们在夜晚野兽横行的时候需要进入洞穴闭门不出，以避开危险，这种思维在人群中一代又一代流传，逐步形成了习惯。如今虽然科技发达，人类足迹几乎遍布全世界，但"怕黑"的想法依然在人们的头脑里盘桓不去，在许多文艺作品里大家也都能看到"寻找光明"的主题。再如，我们从小学习"红灯停，绿灯行""尊老爱幼""己所不欲，勿施于人"，长大后许多人也按照这样的方式工作、生活，这就是一种良性的思维习惯，有利于提升个人修养、维护人际和谐与社会安定。

积极的思维定式有利于促进人们遵纪守法、维护集体利益、遵守道德规范，有利于发扬优良传统，维护人们的健康生活，促进社会的团结与安定。在工作、学习、生活中，我们需要利用思维定式积极的一面。

**2. 思维定式的消极作用**

消极的思维定式是束缚人们创造性思维的枷锁，阻碍人们思维的开放性与灵活性，使人们的思维僵化、呆板，不能灵活运用知识，并进一步对人们的观念形成束缚，使人们在行动中束手束脚，难以创新。

## 二、打破思维定式

### （一）了解自己的思维局限

古人云："吾日三省吾身：为人谋而不忠乎？与朋友交而不信乎？传不习乎？"以达到观察自我言行，反思、修正不妥之处的目的。其实我们也可以运用这种方式回顾自己在判断是非、做出重要决策、解决问题时的思维方式。

思维定式在人群中存在共性，比如：在危急情况下，人们会因为恐慌心理而寻求与多数人保持一致，即从众；人们会对第一印象较好的人保持长时间的好感，即首因效应，凡此种种。但是具体到每个人身上，思维定式的表现则不尽相同，这与个人的生理遗传、教育环境、家庭环境等有关。

女性从小接受的家庭教育，假如过于强调女生的性别特征，则会加强她的传统女性思维，而限制她的其他创新型的思维方式。一些长辈强调女孩应善于做细致工作，如艺术、护理、家政等，不应从事理性事务，如数学、天文、地理等，在这种环境下成长的女性，其思维发展极可能具有片面性。

关注女性个人在成长中的局限，才能更好地了解她的思维模式，从而有效识别与打破思维定式。

### （二）换个角度看问题

"女性创业太难了，因为女性的社会优势不如男性""恋爱中，男性是消费的主体""发明创造是学霸的专长，学业不好的人跟创新无关"，诸如此类的想法，你是否赞同呢？

换个角度，世界一半以上的快消品客户是女性，从居家、服饰、化妆品到保健品、旅游产品、文娱产品等，其设计风格无不需要考虑女性的接纳度、舒适度，而这些领域的设计人、创业者为何不能是女性呢？转换思维角度，有助于打开视野，发现个人思维的漏洞，利于打破思维定式。

**案例分享**

## 意外走红的"另类"经营——"付费试衣"

2017 年夏天，学前教育专业的晓丽大学毕业后决定回到家乡创业。结合专业优势和个人兴趣，她决定创办一家母婴服饰店，以实体店为依托，采取微信圈宣传、同城派送、到店试衣的运营方式，在北方的县城这是一种还未大面积流行的新颖方式，它的优势在于更好地维护老客户，并逐渐形成以老带新的格局。第一年她的年营业额达到 25 万，成功收回成本，并有盈余。

这种经营方式被顾客认可的同时得到了同行们的争相模仿。2018 年，晓丽的店出现了部分客户流失、营业额微弱下降的问题。企业若要生存，必须不断创新和超越，晓丽在多方考察之后，做出了一个大胆的决定：以后客户在微信圈里预定的衣服，到店试穿必须付费，每件 1 元。

晓丽的父母担心这种方法非但不会被顾客买账，还有可能遭到"嫌弃"。然而事实证明，晓丽的思路是对的。

她的顾客大多是女性，在网上挑选衣服总会出现种种"剁手"行为，每次选好几件，但到实体店以后又左右为难，觉得在网络里挑花了眼，反而难以做出决断，甚至放弃购物。晓丽通过学习《消费行为》，发现这正是选择余地太大，导致顾客出现了选择困难。

如何帮助顾客自觉地精挑细选、缩减选项，直至做出正确合理的选择呢？最简单的方法就是收费。

哪怕象征性地收 1 元，也可以在消费者心中形成强烈的对比：免费的可以随便挑，也可以任意退单；但收费的就得谨慎，不能由着性子来。

经过一段时间实践，她店里的客流量非但没有下降，反而因为购买效率高了而招来不少新的客源。于是，晓丽再次"不按常理出牌"，新款、高价的衣服试穿费用每件增加 1 元，并在店里专门开设了"自拍广角"，鼓励顾客哪怕不买，也可以拍照试穿，在朋友圈留下靓丽的亲子照。自从该业务开通以来，买衣服和试衣服的客户络绎不绝，她的营业额在 2019 年年底增长了一倍。

### （三）了解他人的思维方式

了解他人，有助于了解自己。通过与亲友、同学、同事共事，对比自己与他人在思考问题、解决问题上的异同，有利于个体发现自己的思维定式。

**案例分享**

### 想他人之想，解大家之需——"医院导游"

2018年春，会计专业毕业的妍妍在公司上班两年了，但她希望继续考研，增加自己的知识储备和提升技能，究竟应该先辞职再全力备考，还是一边工作一边备战呢？她既不愿意放弃自食其力的机会，又不愿意失去青春求学的梦想。两难之际，一位学姐请妍妍陪自己就医，那天在医院的经历改变了妍妍的思路，她决定不再纠结，毅然辞职做起了考研期间的兼职创业。

妍妍陪学姐挂号、面诊、付费、取药，发现不少中老年病人有配偶、子女陪伴，但仍有一些人独自就医，落寞的表情写在他们脸上，微微刺痛了妍妍的心。她暗自决定以后辞职了就把陪伴客户就医作为兼职。可是她在各大网站上搜索后发现几乎没有相关的工作。她想：既然人们有需求，就总会有人满足他们，干脆开创一份这样的职业！

2018年夏天，妍妍与她的同学组成了一支特殊的队伍，她们穿梭在各家医院，陪伴不同的客户就医，她们的收费按天计算，客户大多为子女忙于工作的老年人。

妍妍不但解决了自食其力的问题，也对人生目标有了更清晰的认识，她决定长期从事这份工作，并要做得更好，工作之余她拿起久违的课本开启了考研之路。

### （四）培养创新思维

培养创新思维，有助于打破思维定式。美国心理学家科勒斯涅克认为：创新思维是指发明或发现一种新方式，用以处理某件事情或表达某种情感的思维过程。克雷奇在《心理学纲要》中写道：创新性思维或创见性解决问题，它要求提出新的和发明性的解决方法。

创新思维是一种具有开创意义的思维活动，即开拓人类认识新领域，开创人类认识新成果的思维活动，它往往表现为发明新技术、形成新观念、提出新方案和决策、创建新理论等，在思考的方法和技巧上，在某些局部的结论和见解上具有新奇独到之处。创新思维是创新能力的核心因素，是创新意识的主要内容，是创新活动的灵魂和发动机。

创新思维广泛存在于政治、军事、生产、教育、艺术及科学研究活动中。居里夫人开创放射性理论、屠呦呦女士提取并改进了青蒿素、林巧稚女士探索乙酰胆碱在正常分娩中的作用，这些都是女性在不同领域的创新。

创新思维主要包含发散思维、想象思维、联想思维、逆向思维等。人们可以通过后天训练，打破思维定式，培养创新思维。

### 画圈游戏

如图2-2所示，将下面所有圆圈加工成可以识别的图片。例如，你可以画一个和平标志、一张脸、一只眼球、一个轮胎。

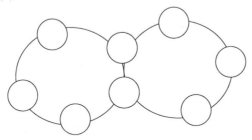

图2-2　画圈游戏

--------------------------------

# 第二节　训练发散思维

## 一、发散思维的内涵

### （一）发散思维的含义

不少心理学家认为，发散思维是创造性思维的最主要的特点，是测定创造力的主要标志之一。发散思维又称放射思维、辐射思维、扩散思维和求异思维，它包含逆向思维、横向思维、换位思维、求同思维和求异思维等。

发散思维是大脑在思维时呈现的一种扩散状态的思维模式，从一个问题（信息）出发，突破原有的圈，充分发挥想象力，经不同的途径、方向，以新的视角去探索，重组眼前的和记忆中的信息，产生多种设想、答案，使问题得到圆满解决的思维方法。人们可以从不同方面思考同一问题，如"一题多解""一事多写""一物多用"等方式，犹如光源向四面八方辐射光线一样，培养发散思维能力，实现由此及彼，触类旁通。

发散思维就像一棵树，如果说一件事情是"树"的主干，那么它的枝丫、叶子、根茎等就是思维迁移的结果，迁移类比能力越强，自然枝丫、叶子、根茎等就越茂盛。这里的营养就是人本身在生活中积聚的见识和认知，这种积淀越深厚，迁移出来的深层认知就越正确，包含也就越广阔。

## （二）发散性思维的特征

著名创造学家吉尔福特说："发散思维是创新思维的核心，正是在发散思维中，我们看到了创造性思维的最明显的标志。"哲学家查提尔说过："当你只有一个主意时，这个主意就太危险了。"确实，在我们的日常生活中，总会面对这样那样的复杂问题，如果我们不能从思维方式上有所突破，就很难衍生出更好的解决问题的办法。发散性思维就是这样一种提升我们解决问题的能力的思维方式，有助于培养我们多方位、多角度、多方法思维的良好品质。发散思维具有以下四个特征：

### 1. 流畅性

流畅性就是观念的自由发挥，指单位时间内产生设想和答案的多少或者指在尽可能短的时间内生成并表达出尽可能多的思维观念，以及较快地适应、消化新的思想观念。例如砖、绳子、纸等的用途。

流畅性衡量思维发散的速度（单位时间的量），可以把它看成发散思维"量"的指标，是基础，包括字词的流畅性、图形的流畅性、观念的流畅性、联想的流畅性，以及表达的流畅性等。其中，字词的流畅性和表达的流畅性在其中显得更为重要。

字词连贯流畅是语句流畅的前提。我们说，一个人的话不在于多，而在于词句连贯，意思明了。发散性思维的流畅性离不开字词的流畅，因此，这也是我们日常要注意和培养的一个方面。而思维和语言又是一体两面的关系，思维藏于大脑中，语言外显于口齿中。有什么样的思维就会有什么样的语言，如果一个人的思维足够清晰，那么他说出来的语言也大体会非常流畅，而且能让人听明白。

目前我们遇到的问题是思维缺乏足够的清晰度，语言的流畅性也不够。作为当代大学生要掌握自己的思维特点及语言风格，这与每个人的个性特质有关。如认真务实、严谨不苟言笑等个体特质都会深深影响自己的思维方式和语言表达。若想解决自己的思维清晰度这个核心问题，就必须要狠下一番功夫，多多在沟通中练习临场思考和灵活反应的能力，注意沟通的效果和节奏，让自己的大脑以轻松的方式来应对互动和沟通。

### 2. 变通性

变通性是指提出设想或答案方向上所表现出的灵活程度，是克服人们头脑中某种自己设置的僵化的思维框架，按照某一新的方向来思索问题的过程。

变通性是发散思维的"质"的指标，表现了发散思维的灵活性，是思维发散的关键。变通性还指知识运用上的灵活性，观察问题多层次、多视角。

世界上没有什么是不可能的。"不可能"标志着思维的中断和任务中途放弃，变通性标志着思维的继续，表现为一种内在毅力和事物发展的希望。变通性需要借助横向类比、跨域转化、触类旁通，使发散思维沿着不同的方面和方向扩散，表现出极其丰富的多样性和多面性。在变通性方面，人与人之间的差异往往很大。我们常常说有的人死心眼、一根筋、一条道跑到黑，就是说这样的人变通性很差。也就是说，那些思想僵化、性格偏执、作风生硬的人，必然思路狭窄，发散思维能力低；而那些思想灵活、性格开朗、亲切随和的人，必然善于变通，发散思维能力强。当然，在碰了大量的钉子后，变通性差的人也可以逐渐转变。

### 3. 独特性

独特性是指发散思维中做出不同寻常的异于他人的新奇反应的能力。独特性是发散思维的本质，表现发散思维的新奇成分，是思维发散的目的。

独特性也可称之为独创性、求异性，这一点是创新思维的基本特征和标志。没有这个特征的思维活动，都不属于创新思维，这是发散思维的最高目标，能形成与众不同的独特见解，让思维活动进入创新的高级阶段。

如有人说砖头可以当尺子、当画笔，那么将砖块摆放成多米诺骨牌就显得与众不同。

### 4. 多感官性

发散性思维不仅运用视觉思维和听觉思维，而且也充分利用其他感官接收信息并进行加工。发散思维还与情感有着密切的关系。如果思维者能够想办法激发兴趣，产生激情，把信息感性化，赋予信息以感情色彩，那么就会提高发散思维的速度与效果。

在日常的学习生活中，我们要特别重视多感官训练，通过调动身体各个器官，体验视觉、听觉、嗅觉、触觉等感官刺激，减缓不正常张力变化，缓解焦虑不安的情绪，全方位地激发兴趣，全身心地为学习服务。众所周知，感官障碍者和学习困难者群体的多感官训练，能较好地帮助这部分群体提高思维活动的能力，克服他们在日常生活中面临的各种障碍和难题。

### （三）发散思维的作用

发散思维具有核心性作用、基础性作用和保障性作用。

### 1. 核心性作用

发散思维在整个创新思维结构中的核心作用十分明显。首先提出发散思维概念的心理学家吉尔福特说："正是发散思维，使我们看到了创新思维的最明显标志。"我们可以这样看：想象是人脑创新活动的源泉，联想使源泉汇合，而发散思维就为这个源泉的流淌提供了广阔的通道。发散思维从一个小小的点出发，冲破逻辑思维的惯性，让想象思维的翅膀在广阔的太空自由地飞翔，创造性想象才得以形成。

### 2. 基础性作用

发散思维渗透到许多创新方法之中，起到了基础作用。在一些技巧性方法中，如著名的奥斯本智力激励法中的最重要的一条原则就是自由畅想，它要求参与者不受一切限制地去寻找解决问题的办法，这实际上就是鼓励参与者进行发散思维。

### 3. 保障性作用

发散思维的主要功能就是为随后的其他思维提供尽可能多的解决方案。这些方案不可能每一个都十分正确、有价值，但是一定要在数量上有足够的保证。如果没有发散思维提供大量的可供选择的方案、设想，其他思维就无事可做。可见，发散思维在整个创新思维过程中实际上是起着后勤保障的重要作用的。

## 二、发散思维的训练方法

传统的理论认为，偏向女性的思维模式需要弥补左脑功能，如空间思维力；偏向男性的思维模式需要弥补右脑功能，如审美力。培养发散思维有利于全面开发头脑，即培养全脑思维。常见的发散思维，从事物的材料、功能、结构、形态、组合、因果等几个方面出发，寻找与之相关的多种要素，从中摘取不同要素进行搭配组合，用以解决现实问题。

### （一）功能发散

LED灯照明效果很好，除此以外，你还能找到哪些照明途径吗？这个方法就是功能发散，即以某个事物的功能为出发点，寻找获得该功能的各种可能性。

我们将进行几组功能发散训练：

1. 微信小程序WPS可以绘制思维导图，我们还可以用哪些方式画思维导图呢？

2. 植树造林可以防治空气污染，此外哪些方法还可以防治空气污染呢？

3. 晨跑可以锻炼身体，还有哪些方法可以锻炼身体呢？

### （二）材料发散

回形针有多少种用途？装订纸，固定领带，加封物品袋等，发挥了它的常规用途；取手机卡，紧急状况下开锁，做窗帘挂钩，运用了它的非常规用途。除此之外，你还能找到它的哪些用途？如果将回形针拉直再折弯连接成索状，可以做成链条、链网；将回形针熔化重新锻造，可以做出无数形状、大小、功能不同的金属制品，这样看来，回形针就有无数种用途了。例如，铅笔芯可以在隔绝氧气、高温高压的条件下制造人工钻石，铅笔木屑可以做拼贴画，就是围绕其材料开发的用途进行的。围绕事物的材料开发其各种功能，即材料发散。

尝试对以下事物进行材料发散：

1. 围绕旧衣服的面料，探讨它有多少种用途。

2. 环卫工修剪下来的绿植废料有多少种用途。

3. 橘子有多少种用途。

**案例分享**

### 旧衣物，新用途——"再造衣银行"

张女士是一位服装设计师，但她经常对服装的价值产生怀疑，这是为什么呢？事情的起因源于一件参赛作品。

张女士带着她的作品参加了不少国际服装设计比赛，荣获了大大小小的奖项，先后有知名服装企业希望购买她的作品方案，想到这些生产奢侈服饰的业内一流企业，张女士非但没有兴奋，反而生出了落寞。原来一些企业为了保证客户的高消费物有所值，从来不会将库存衣物降价打折，而是付诸一炬，烧毁多余的库存，确保每一件原价出售的服饰不会"贬值"。

张女士热爱服装设计，却不赞同企业的这种行为，她决定要让服装回归原有的价值。她认为那些被生产出来却无法全部售出的库存衣物不该被抛弃，而应该重新流入市场，如何让它们以崭新的身份进入服饰店呢？

一般情况下，服装企业遵循"设计—面料—衣服—商店—营销—客户"的规则，那么可以打破它吗？是否可以建立"库存衣服—新衣服"和"已知品牌—新品牌"的内在联系呢？

经过市场考察和策划，张女士决定采取新思路，即"库存衣物—剪碎面料—拼接面料—重新设计—服装—绿色营销—顾客购买与定制"，她的公司一经成立便获得了业界好评，这家公司就是张女士及其合伙人成立的"再造衣银行"。

### （三）形态发散

事物有多少种形态呢？我们可以看到其颜色、形状，听到其声音，品尝其味道，嗅出其气味。因此，事物的形态包含颜色、形状、声音、味道、气味，假如区分得更细致些，还可以具体到颜色的明暗、音调的高低等。以事物形态为出发点，设想与其形态相关的各种可能性，即形态发散。

下面尝试以下形态发散练习：

1. 在纸上画一个心形，将它拉拽变形，添加不同的颜色、线条，你能得到多少种新图案？

2. 草莓是什么颜色的？这个颜色可以设计成润唇膏，除此以外它还可以运用到哪些事物中？

3. 大自然的声音可以使人放松，所以制造商将淙淙的流水声做成手机闹铃。

除此以外，我们还可以开发哪些途径运用自然之声呢？

### （四）结构发散

以某种事物的结构为出发点，设计出该结构的各种功能，即功能发散。将苹果放大到一间屋子那么大，这个结构可以有什么用途呢？一位设计师将其做成了野外求生用的"苹果屋"。还有人模仿苹果的结构做出了首饰盒、苹果篮。我们尝试一下结构发散练习：

看到"○"，你想到了什么？请尽可能多地列举该形状的事物，并列举其名称，描述其用途。

### （五）组合发散

从一种事物出发，并尽可能地寻找它与另一种或几种事物组合的可能性，寻找组成的新事物的各种性能，该方法就是组合发散。出租汽车与 5G 系统、北斗导航系统、智能网约车系统组合的产物是什么呢？这就是我国 2020 年在一线城市试运行的智能无人出租车，由"车和家"及"滴滴约车"两家公司联合开发。

我们尝试一组简单的组合发散：

1. 运动鞋可以和哪些事物组合产生新的产品？
2. 钟表可以与哪些物品组合得到新的产品？
3. 音乐可以与哪些事物组合到一起，产生新的产品？

# 第三节　培养想象思维

## 一、想象思维的内涵

### （一）想象的内涵与分类

想象是人在头脑里对已储存的表象进行加工改造形成新形象的心理过程，是一种特殊的思维形式，它能够突破时间和空间的束缚。想象对机体能起到调节的作用，还能起到预见未来的作用。

想象按其是否有意识、有目的，分为无意想象和有意想象。

### 1. 无意想象

无意想象是没有预定目的，在某种刺激作用下不由自主产生的想象。例如，一个人正在教室里听讲，当老师讲到山脉和河流的时候，他想起了自己打算去旅游的事，不由得走了神，想着自己到了哪个名胜古迹，在那里尽情地玩耍起来，这就是一种无意想象。

梦是无意想象的一种极端的例子。因为做梦是没有目的的，是不由意识支配的，比清醒状态下的无意想象更加随心所欲，其内容往往不合逻辑，脱离实际，甚至在现实中并不可能发生。

幻觉是在异常的精神状态下产生的无意想象。例如，外界没有声音，一个人却总是听到某种声音，这种声音具有特殊的意义，可能是熟悉之人的对话，可能是陌生人的攀谈，也可能是凭空产生的音乐，等等。人们往往在某些特定时期会有短暂的幻觉，比如痛失亲人、爱人的人，因内心无法接受事实而产生暂时的幻听、幻视，一般悲伤的情绪平复以后，幻觉会自动消失。

**2. 有意想象**

有意想象是在一定目的、意图和任务影响下，有意识地进行的想象。有意想象可以分为创造想象、再造想象和幻想。

（1）创造想象

创造想象是以人已积累的知觉材料为基础，使用许多形象材料，并把它们加以深入组合，创造出新的形象来。在新作品创作、新产品创造时，人脑中构成的新形象都属于创造想象。

创造想象具有首创性、独立性和新颖性等特点。例如作家所创作的艺术形象虽来源于生活，但又高于生活。工程师发明的新机器，虽然综合了许多机器的特点，但又具备前所未有的新性能、新造型。因此，创造想象比再造想象更加复杂、更加困难，它需要对已有的感性材料进行深入的分析、综合、加工、改造，在头脑中进行创造性的构思。

建筑设计师先在头脑里构思出一座建筑的形象，再在图纸上画出来；作家在头脑里构思出一个文学的典型人物；画家在头脑里构思出一幅图画；服装设计师也是先在头脑里构思出一款服装的新款式。他们都是独立进行想象的，都是创造想象的例子。

科学工作者在创新活动中运用理性思维，根据已知的科学原理通过想象设计实验，并在头脑中构思实验的过程，从而探索客观事物发展的规律。爱因斯坦在发现相对论的过程中做得最多的就是"想象实验"。

（2）再造想象

再造想象指根据语言描述或图表模型示意，在头脑中形成相应形象的过程。人们看了文学作品，在头脑中会产生一个活生生的人物形象，这个人物形象是作家在文学作品里创造的，人们是根据作家的描述在头脑里想象出来的。作家进行的是创造想象，读者进行的是再造想象。鲁迅先生写《阿 Q 正传》时在头脑里进行的是创造想象，读者看了《阿 Q 正传》头脑里也产生了阿 Q 的形象，这就是再造想象了。

一般来说，再造想象有一定的创造性，但其创造性的水平较低。同时要注意，再造想象的形成要有充分的记忆表象做基础，表象越丰富，再造想象的内容也就越丰富。同时，再造想象也离不开词语思维的组织作用。再造想象实际上是在词语指导下进行的形象思维的过程。基于这些特点，为培养和发展人们再造想象的能力，首先要扩大人们头脑中的记忆表象的数量，充分储备有关的表象。同时，人们还要掌握好语言和各种标记的意义，只有这样，才能从语言描述和符号标记中激发想象。

（3）幻想

幻想指和一个人的愿望相联系并指向未来的想象，幻想是对未来的憧憬，而不是对过去的回忆。科学幻想推动着人们去进行科学探索，发现客观规律，为人类造福。例如，人们没有"像鸟一样自由飞翔"的渴望，就不会去发明飞机。对于一个人来说，他对未来的憧憬反映了他想成为一个什么样的人，过什么样的生活，这就是他的理想。幻想对于一个人来说是一种动力，所以幻想并不是坏事。问题在于，只有对未来的憧憬而没有实现这种愿望的努力，愿望就没有实现的可能，幻想就成了空想。空想对人的行为没有推动作用，因而是消极的。我们应该有理想、有抱负，并且让这种理想和抱负成为鼓舞我们刻苦学习、努力奋斗的动力。

**（二）想象思维的特征**

与其他思维形式相比，想象思维具有形象性、超现实性、自由灵活性、多元性和现实转换的可能性等特征。

**1. 形象性**

想象具有形象性，也具有整体性和概括性。

想象是在表象的基础上发生的思维活动。表象是用人的感知获得的，它是以形象的方式来表现的，表象具有形象性，想象当然也具有形象性。想象的形象性总是以整体图景的方式呈现出来的，因而想象的形象性也表明想象具有整体性。

想象在表象的基础上，把原来并不相关的形象用重新组合的方式联系起来，或者是强化，或者是弱化表象的某些方面。表象是对感觉的形象概括，想象则是对表象的形象再概括，因而想象具有概括性。

**2. 超现实性**

想象具有超现实性。想象总是超越现实的，它是对现实表象的重新组合或者换位。例如我们可以想象，将所有的美国人迁移到中国来，又将所有的中国人迁移到美国去，人还是那些人，但生活的环境变化了。然后我们就可以根据这个换位，再来想象可能发生的其他图景。

科幻小说和科幻电影大都是这种超越现实的想象，这些超越现实的想象寄托着人类的愿望，而过去的幻想，经过时间的推移可以转变为现实。科学的发现和发明往往是受这种幻想的驱动而出现的，想象的超现实性是创新的源泉。

### 3. 自由灵活性

想象具有自由灵活性。想象从整体上去构思虚拟的图景，它所呈现的图景细节一定是模糊的，想象中的各个局部的联系也一定是松散的富有弹性的。这就使得想象具有自由灵活性，人类的想象空间也就是无穷无尽的。科学的想象是自由的，艺术的想象也是自由的。

### 4. 多元性

想象的自由灵活性决定了想象常常是多元的，对同一个思维客体所进行的想象也是多元的。我们在金属电想象和生物电想象中可以看到想象的这种多元性。不仅物理学是这样，现代生物学、现代哲学、现代经济学、现代管理学理论都是这样。对同样的现象做多种不同的甚至看起来是矛盾的想象和假说，是现代科学知识的一个重要特征。从不同角度去研究同一个问题，非但不会妨碍科学的发展，反而会促进科学的发展。

### 5. 现实转换的可能性

想象具有向现实转换的可能性。超现实的想象是人类智慧的表现，也是人类对自己理想生活境界的某种追求和希冀，寄托着人类的理想和希望。想象力可以引导我们去发现新的事实。想象在创新和问题解决过程中的作用和意义，恰恰是想象向现实转换的可能性的体现。

### (三) 想象思维的作用

想象思维在创新中发挥着重要的作用，下面我们将从三方面进行解读。

### 1. 想象是创新的翅膀

想象的自由灵活性和虚构性，给人类智慧以极大活力，使人的思维可以思接千载，视通万里。想象超越时空对人的限制，把人的思维带进浩渺无尽的境界。所以，控制论的创始人维纳说：就我而言，最有用的资质，乃是广泛持久的记忆力，以及犹如万花筒一般的自由的想象力，这种想象力本身或多或少会向我提供关于极其复杂的思维活动的一系列可能的观点。

我们这个世界发展的无限可能性，是由人的自由想象力决定的。想象力是扩展我们创新空间，让我们得以自由翱翔的翅膀。

### 2. 想象是获得新概念、新理论、新发现的源泉

想象可以把毫不相干的对象联系起来，拼接为新的事物；也可以把已有的知识予以虚构式的加工，形成新的形象；还可以在虚拟式的新形象的基础上，构想假说的理论和假说的方法。这些虚拟式的构想往往是创新成功的前兆。

在许多严格的创新理论中，都有一些超越现实世界的抽象概念，就是那些带有理想前缀的概念。在物理学中有理想气体，理想刚体，在经济学中有完全市场竞争，在化学中有纯金纯银等概念。这些概念在现实世界是不存在的，也许永远都没有存在的可能，它们都是想象的产物。伽利略如果没有想象到无阻力的物体下落，没有想象到无阻力和无摩擦的物体水平匀速运动，现代物理学可能现在还在黑暗中摸索。

科学理论越是抽象，它和经验世界的距离就显得越远，只有想象才能缩小理论和经验之间的距离。因此，爱因斯坦认为：对于承担这种劳动的理论家，不应当吹毛求疵地说他是"异想天开"；相反，应当允许他有权去自由发挥他的幻想，因为除此以外就没有别的道路可以达到目的。他的幻想并不是无聊的白日做梦，而是为求得逻辑上最简单的可能性及其结论的探索。

自由发挥人的想象力是发现科学理论的必由之路，没有别的道路可以引导人们去实现这个目的。

### 3. 想象是直觉和灵感产生的心理条件

直觉和灵感都离不开想象。直觉和灵感的产生，一般都以想象为重要的心理条件。在创新思维的超逻辑思维方式中，想象是超逻辑思维的基础。在想象中蕴藏着直觉和灵感的因素，没有想象力，很难获得对于某个领域的直觉和灵感。

想象为我们人类提供极其丰富多彩的可能世界，直觉和灵感则为我们选择这些可能世界准备了条件。人类通过自己丰富的想象力，不断地探索自己的未来，人类又通过直觉和灵感，开辟通向最适合自己的可能世界，一个不断发展和创新的世界。

直觉、灵感和想象是人类最宝贵的资源，依赖这种富有巨大延展性的资源，人类就能不断地向着自由王国迈进。

## 二、想象思维的训练方法

科学家很早就意识到想象的重要性，呼吁人们关注这一特殊思维技能。爱因斯坦曾说："想象力比知识更重要，因为知识是有限的，而想象力概括着世界上的一切，推动着社会进步，并且是知识进化的源泉。"严格地说，想象力是科学研究中的实在因素。

如果人们小时候的想象力得不到开发，成年后其思路的宽度和广度便会受到限制。有人认为数学家、科学家用不着想象，这是不符合事实的。但是发明家发明机械时，学者发现真理时，建筑学家设计建筑物时都离不开想象。拿破仑说："想象力支配着全世界。"

一些人认为女性在想象力、创造力上不占优势，而男性在细心、耐力上不如女性。这个观点有其历史渊源，古人遵循传统方式教育孩童，孩子们从小接受性别差异教育，逐渐形成性别定式，但这并不意味着女性或男性的大脑结构存在天生的巨大差异。心理研究发现，女性与男性的想象力虽然存在差异，但女性似乎更具备想象的优势，区别只在于日常工作生活中他们是否发挥了这种优势。无论男性还是女性，想象力的开发，都可以采用以下几种方法。

## （一）假想假设法

假想假设法训练想象力的超越性，即猜想不可能、不存在、未发生、非理性的各种事件、问题、情境、答案等。如假想河水之源，李白曾写出"黄河之水天上来"的千古佳句；设想多维空间的样子，《三体》中描述了宇宙二维、三维、四维、多维空间的存在。假想假设法的核心是一个"假"字，在训练时允许大家异想天开，鼓励终极的想象。

请大家围绕以下几个问题展开大胆假设：

1. UFO 是从哪里来的？谁制造了它？

2. 画图描述海水和地下水是怎样联通的。

3. 假如穿越回童年，你会如何渡过学生时代？

## （二）跳跃联想法

跳跃联想法主要是将无意义的事物联系在一起，或寻找它们的因果关系，或将它们整合在一起激发创意灵感。比如，"管理——胡萝卜"这两个概念本来没有关系，但跳跃联想可以让我们想到企业管理的奖罚就像一手拿胡萝卜，一手拿大棒，即奖惩结合法；也可以联想到以"胡萝卜"为奖励，激励员工围绕目标努力，即激励法；或者我们也可以想象创造出一套胡萝卜管理模式。那么，尝试一下，"美丽——雨水"这一组概念存在哪些关联呢？春雨滋润万物生，使大地重焕美丽；雨水汇流成河，流入江海，海藻提取物可以制作面膜，滋润肌肤，使顾客获得美丽容颜。

请大家尝试寻找以下几组概念的关联：

1. 女生——太空

2. 狗——5G

3. 矿藏——太阳

### （三）形象思考法

形象思考法是以形象为思维符号的思维方法。通常人们在思考问题时侧重于抽象思维，多使用左脑，比如用语言文字描述事件，即抽象思维。形象思考强调把人们常用的概念、文字等转化为直观的图形、图像，锻炼人们形象思考的能力。这种训练方法不仅可以锻炼人的右脑想象，而且也能促使人的左右脑协同发挥作用，大大提高人脑的思维效率。比如：用图画描绘听音乐以后的感受，用思维导图记录课堂笔记，以游戏、表演的方式描述小说片段。

请尝试以下练习：

1. 用画图法罗列本章的重点内容。

2. 你有健身计划吗？画图描述该计划。

3. 听一首你最喜欢的乐曲，画一幅画描述你的感受。

### （四）未来幻想法

未来幻想法是训练想象超前性的思维方法。在现代社会竞争中，人们拥有超前意识是非常重要的，凡事能比别人多想几步，对未来可能发生的情况提前思考，就能够洞察先机，智高一筹。这种训练方法根据对未来的关注点不同又可分为科学幻想、生活幻想、社会幻想、人生幻想、事业幻想、发展趋势幻想、事态后果幻想等。一百多年前，一位德国科幻小说家在其作品中描述了一种"可以在海底安全行驶的船"，今天我们知道它就是潜水艇。想象力是创造力的先行军，在某种程度上它对个人和社会的发展具有前瞻性的指导作用。

下面尝试几组练习：

1. 未来我们彻底"脱贫攻坚"，人们的生活会有哪些变化？

2. 人工智能时代会出现哪些交通工具？

3. 我未来的生活是什么样的？

**案例分享**

#### 勇于创新，女性创业者的工匠精神

"不忘初心、牢记使命！做企业永远都是走在长征路上的，唯有不断地精进学习才是唯一的出路。在 26 年的创业风雨兼程中感受一份真正的坚毅，才能找回一份满钵自信。感恩所有的经历和磨炼，这些都是人生赐予我的最好的礼物。"

这是中国野生蓝莓行业领军人物、北极冰蓝莓酒庄集团总裁刘女士的创业心得。她来自大兴安岭，她有对家乡和祖国深深的热爱，为了带领乡亲们致富，为了有效开发家乡资源，她毅然走上创新创业的道路，她被评选为"2016 年中国最具影响力十大女性""2017 博螯儒商标杆人物""2018 博螯儒

商标杆人物"。她创办了北极冰蓝莓酒业有限责任公司，并带领员工孜孜不倦地忙碌在新产品研发、技术创新的岗位上，功夫不负有心人，在全员的努力下，北极冰蓝莓酒荣获行业唯一19项专权：

《北极冰》世界唯一打造纯天然野生蓝莓绿色酒堡

《北极冰》世界唯一建筑无可复制永冻层天然酒窖

《北极冰》中国唯一自有野生蓝莓基地的企业

《北极冰》中国唯一注册野生蓝莓之乡，打造中国唯一蓝莓小镇

《北极冰》中国唯一代表蓝莓企业，参加上海世博会

《北极冰》中国唯一获得邀请法国国际赛欧展的蓝莓企业

《北极冰》中国唯一获得蓝莓冰酒金奖的蓝莓企业

《北极冰》唯一黑龙江省龙头企业称号

《北极冰》唯一注册国家地理标识保护产品的蓝莓企业

《北极冰》唯一蓝莓产品获得独家研发专利权的企业

《北极冰》中国唯一蓝莓产品包装，获得国际奢侈品大奖的企业

《北极冰》中国唯一蓝莓行业原创品牌

《北极冰》中国唯一外交部专属制定用酒

《北极冰》中国唯一获得优质葡萄酒挑战赛蓝莓果酒金奖

《北极冰》中国唯一代表蓝莓企业在深圳召开全球发布会

《北极冰》唯一进驻中国国际进博会法国展区的野生蓝莓酒品牌

《北极冰》唯一获得 FIWA 法国国际葡萄酒大奖赛银奖的蓝莓冰酒

《北极冰》唯一获得 FISA 法国国际烈酒大奖赛银奖的蓝莓雪酒

《北极冰》唯一荣登 2019 中国果酒 TOP ONE 榜单的野生蓝莓酒

刘女士一直都在创业的路上，孜孜不倦地奋斗着，经历磨炼，一干就是26个春秋。她用一生的时间，专心、专注一项事业，全身心地投入她挚爱的蓝莓产业，没有放慢一个脚步，一直都在坚守一个她深爱的蓝莓产业，用生命来捍卫这个稀有资源。她用匠心来钻研，达到精益求精的品质。她成为中国女性中的创业榜样和楷模，更有女性企业家的风范！

蓝莓代表正义、坚强、勇敢三种伟大精神。冰与火的交融，大自然的恩赐。北极冰是一个坚守26年的企业，它是一个有文化、有故事、有使命、有灵魂、有信仰的企业。国货当自强。《北极冰》始终相信，一个品牌只要是原创的，拥有自主知识产权，有自己的文化信仰，有自己的核心技术，自主创新，持之以恒，坚定信念，打造中国品牌的独特品格，它就永远是不可替代的

民族品牌。伟大的事业，助推新时代！创造改变未来，创造改变世界！让世界爱上中国原创！

历经 26 年岁月年轮的沉淀，刘女士像战士一样一直捍卫和守护这份事业。她坚强、勇敢，她做人的品格经得起考验，像阳光般坦荡，她为了挚爱的企业 26 年始终如一，从未改变初心和赛道，从未动摇，无论遇到任何困难，她始终坚守立身之道，低调务实，凝聚正心、正念、正行，秉承着厚德，有善念，施善行。她传递正能量，大爱担当、无私付出，并用她的智慧和坚强化解难题，她是值得中国女性企业家学习和敬佩的典范。

刘女士认为"我们中国人一定要制造出比外国还要好的酒。""北极冰为中国做一款好产品！""做世界最好品质！""唯有中国良知企业家才会做出匠心产品！"

刘女士在创业的道路上，不断精进，开拓思想、开拓视野、开拓智慧，才达到了如此高的境界。她的正行、正念、正气精神铸就崇高的品格，厚德载物，好人品铸就好产品，她所做的一切，都经得起世人的考验！她做事的匠心独具智慧，为中国民族品牌、蓝莓产业获得国际及国内的殊荣，为国家荣获一份份政绩、一份份荣誉、一份份成就，得到政府及社会各界的高度认可和同行的高度推崇，她的努力决定了《北极冰》蓝莓产业强大的基因，使企业成为为国家争光的民族企业，并成为走向国际的中国蓝莓品牌！

"好人品，铸就好品牌！"刘女士说，"唯有中国良知的企业家，才会做出匠心产品，如果光靠利益做一件事，那么你的人生将是短暂的，你的产业也是短暂的，你人生的价值更是短暂的！"

这位优雅知性的优秀女企业家，将文化信仰深深印刻到自己的心灵，她用生命和爱铸就一份健康的事业，为世人创造了中国原创、中国血统、中国民族的品牌！她用工匠精神完成了蓝莓健康全产业链发展，她用生命和爱铸就贵族绿色生态产业，铸造野生蓝莓的生命原液！

刘女士认为人的一生应当做好一件事，风雨无阻，永续前行。"不经极寒，哪来极致"她用一颗至真的心和执着的信念，去研究野生蓝莓真正能给人带来怎样的健康益处，她坚持纯天然、高品质打造中国原创，中国制造，中国研发，中国专利！一个民族品牌的崛起，更是一份年轮的沉淀，岁月的厚德！

刘女士开创了一个经得起考验和锤炼的野生蓝莓产业，为世人打造原生态、绿色健康之佳品，为中国的蓝莓产业而代言！成为中国贵族礼物、中国至尊佳品！将中国蓝莓事业发扬光大！打造中国最具影响力的民族品牌！

■ *拓展阅读* ■----------------------

## 训练想象力与联想力

"太阳",当你看到这两个字时,脑子中反应的是什么样的具体形象呢?请在白纸上画下你心目中太阳的形状、颜色,你可以发挥想象画出多种不同风格的太阳吗?比如"微笑的太阳冉冉升起""羞涩的太阳用云朵遮住了脸""加班的太阳给北极带来了极昼"等。

阳光是大自然的恩赐,联想一下"阳光"与"工具"之间的关系,你可以设计出哪些运用阳光的工具呢?

尝试找出"太阳——服饰"之间的关联,你可以设计出哪些运用太阳形状、颜色、光热等元素的服饰产品?

请充分发挥想象力,假如人类进入太空旅行,如何运用太阳能帮助飞行器飞得更远。

----------------------------------

# 第三章　新时代女性的创新方法

**本章导读**

当今世界科学技术正在发生突飞猛进的变化，世界各国之间的竞争日趋激烈。各国之间的竞争，归根到底是科学技术的较量，是人才的竞争。同样，女性也逐渐成为科技发展的后备军和接班人，所以加强对女性创业者的创新思维教育，成为新时代必不可少的一项任务。

通过学习智力激励法、列举法、TRIZ 等方法，新时代的女性不仅可以提高自己的创新意识，还可以更好地生活、工作和学习，成为一名自立、自信、勇敢的新时代女性。

**名人名言**

1. 一些陈旧的、不结合实际的东西，不管那些东西是洋框框，还是土框框，都要大力地把它们打破，大胆地创造新的方法、新的理论，来解决我们的问题。

——李四光

2. 对于创新来说，方法就是新的世界，最重要的不是知识，而是思路。

——郎加明

3. 要创新，需学问；只学答，非学问；要创新，需学问；问愈透，创更新。

——李政道

## 第一节　智力激励法

创新有法，思维无法，贵在创新，重在思维。只有创新思维的存在，才能有富有成效的新产品的诞生、一个有意义方法的提出、一个成功契机的诞生。正因为这些创造性发明和创新成果的出现，新行业才得以诞生，企业才得以发展，财富才得以汇聚，社会才得以进步，世界才有了今天这样的精彩。创新思维是引导社会发展和进步的基石。

## 一、智力激励法的内涵

智力激励法又叫头脑风暴法（Brain Storming）或 BS 法、自由思考法。智力激励法作为一种开发创造力的技法，由现代创造学的创始人、美国学者 A·F·奥斯本于 1939 年首次提出，1953 年正式发表，它是世界上最早付诸实践的创新技法，其原意是指精神病患者头脑中短时间出现的思维紊乱现象，即病人会产生大量的胡思乱想。奥斯本借用这个概念来比喻思维高度活跃、打破常规而产生大量创造性设想的状况。因此，智力激励法是指针对某一特定问题，通过召开特殊的专题会议的形式，使不同专业与背景的人员互相交流、互相启迪、互相激励、互相修正、互相补充、集思广益，从而达到产生大量新设想并最终求得新创造、新构思的集体性发散技法。智力激励法经各国创造学研究者的实践和发展，已经形成了一个发明技法群，如奥斯本智力激励法、默写式智力激励法（"635"法）、卡片式智力激励法、三菱式智力激励法等。

智力激励法被广泛地运用于各行各业。在商业上，智力激励法得到了成功的运用与发展，并且在许多需要创造性思维的领域中得到拓展。在教育领域，"英国英特尔未来教育学家"通过聚集成员自发提出的观点以产生一个新观点，使成员之间能够互相帮助，进行合作式学习，并且在学习的过程中取长补短、集思广益、共同进步，进而产生了一种新的教学法——头脑风暴教学法。

智力激励法是一种名副其实的有效的集思广益法。开会是一种集思广益的办法，但并不是所有形式的会议都能达到让人敞开心扉、畅所欲言的效果。奥斯本的贡献就在于他找到了一种能有效地实现信息刺激和信息增值的操作规程。这种操作规程使每个参与者在决策的过程中，思想相互冲击，迸发出火花，进而给出创造性的问题解决方案。智力激励法适合解决那些比较简单、严格确定的问题，比如产品名称、广告口号、销售方法、产品的多样化研究，以及需要大量的构思、创意的行业，如广告业。

■ *拓展阅读* ■----------------------

### 智力激励法的由来

有一年，美国北方格外寒冷，大雪纷飞，电线上积满冰雪，大跨度的电线常被积雪压断，严重影响了电力传输和信号通信。为此，许多人试图解决这一问题，但都未能如愿以偿。后来，电信公司经理尝试解决这一难题，他召开了一场

"能让头脑卷起风暴"的座谈会，参加会议的是来自不同领域的技术人员，他们必须遵守以下四项基本原则：

1. 自由思考，即要求与会者尽可能解放思想，无拘无束地思考问题并畅所欲言，不必顾虑自己的想法或说法是否"离经叛道"或"荒唐可笑"。

2. 延迟评判，即要求与会者在会上不要对他人的设想品头论足，不要发表"这主意好极了！""这种想法太离谱了！"之类的"捧杀句"或"扼杀句"。至于对设想的评判，留在会后组织专人进行。

3. 以量求质，即鼓励与会者尽可能多而广地提出设想，以大量的设想来保证质量较高的设想的存在。

4. 结合改善，即鼓励与会者积极进行智力互补，在增加自己提出的设想的同时，注意思考如何把两个或更多的设想结合成另一个更完善的设想。

按照这种会议规则，大家七嘴八舌地议论开来。有人提出设计一种专用的电线清雪机；有人想到用电热来化解冰雪；也有人建议用振荡技术来清除积雪；还有人提出能否带上几把大扫帚，乘坐直升机去扫电线上的积雪。对于这种"坐飞机扫雪"的设想，大家心里尽管觉得滑稽可笑，但在会上也无人提出批评。相反，有一个工程师在百思不得其解时，听到用飞机扫雪的想法后突然受到启发，一种简单可行且高效率的清雪方法冒了出来——每当大雪过后，出动直升机沿积雪严重的电线飞行，依靠高速旋转的螺旋桨即可将电线上的积雪迅速扇落。他马上提出"用直升机扇雪"的新设想，顿时又引起其他与会者的联想，有关用飞机除雪的主意一下子又多了七八条。不到一个小时，与会的10名技术人员共提出九十多条新设想。

会后，公司组织专家对设想进行分类论证。专家们认为设计专用清雪机、采用电热或电磁振荡等方法清除电线上的积雪，在技术上虽然可行，但研制费用大、周期长，一时难以见效。那种因"坐飞机扫雪"激发出来的几种设想，倒是一种大胆的新方案，如果可行，将是一种既简单又高效的好办法。经过现场试验，发现用直升机除雪真能奏效，一个久悬未决的难题，终于在头脑风暴会中得到了巧妙的解决。

## 二、智力激励法会议遵循的原则

智力激励法的原则在创新技法领域有很深远的影响，我们在发散性思维中提到九条技巧。在这九条技巧中，有很多都是来自奥斯本的智力激励法原则。奥斯本的智力激励法，在很多方面都是今天的创新思维理论和方法的原创。奥斯本认为，应用智力激励法的会议必须遵循下列原则：

### （一）延迟评判

对于与会者所提出的任何一种设想和看法，不论其正确与否，也不论其是否符合自己的想法，一律不准提出怀疑和批评，更不允许抓别人发言中的"小辫子"。

不仅不能对别人的意见评头品足，也不准对自己的发言做自我评判，即使是自己已确知自己原来的发言是错误的，也不允许在此会议上做自我批评。

智力激励法的成功的关键在于建立一个良好的积极的环境，以激发人们的想象力。为鼓励人们发挥想象力，我们一定要避免对各种想法做出消极的断言。因此，以下的断言是应该延迟的：

让我们暂时不考虑这个创意；谁会这样做呢？这是个臭主意，我的主意比这好多了；我们早就试过这个主意了；这想法不符合我们的逻辑；这个想法成本太高，投资率又很低；这个想法虽然不错，但是……这个想法肯定行不通；这主意太离谱了！主意虽好，但条件不成熟；这主意一点也不新鲜，简直是个馊主意。

在运用智力激励法的时候，不但禁止否定性的批评，而且禁止肯定性的颂扬，特别是那些夸大其词的溢美之言。例如，"您提出的这个方案，就是解决这个问题的最佳方案！""您老是这方面的权威，您的意见绝对正确！"等。类似这样的恭维的话同样会影响创造性的发挥，并且也会妨碍其他人继续进行独立思考和寻求最佳设想的情绪。总之，应自觉地杜绝一切形式的评判。

奥斯本把这个原则的遵循比作驾驶，你踩了油门的同时，又踩下刹车踏板，车是开动不了的。观念还在激发的过程中，你在激发的同时又来评价这些刚激发出来的观念，这会阻止观念的进一步产生。观念不是不需要评价，但应该在产生了许多观念之后再适时评价，而无须产生一个评价一个。

### （二）自由联想

这一原则要求与会者要独立思考，敞开心扉，要敢于冲破传统逻辑和任何常规思想的限制与束缚，始终使自己的思想保持自由驰骋的状态，思考越狂越好，构想越奇越佳。因为，有时看起来似乎非常荒唐的设想却是打开创造思路的线索。会议主持者应创造一种宽松、活跃的氛围，使大家能海阔天空地想，无拘无束地谈，鼓励每一个与会者大胆地讲出自己的设想。

这里的自由联想显示的特点，正是发散性思维的流畅性、灵活性、精细敏感性，以及独创性等特征。

### （三）数量产生质量

在会议有限的时间里，与会者提出的设想数量越多越好。因为数量越多，可行性办法出现的概率越大。据国外调查统计资料表明，一个在同一时间内能比别人多提出两倍设想的人，最后产生的有实用价值的设想可以比别人高出十倍。因此，要激发与会专家尽可能多地提出自己的设想。

因此，用智力激励法来激发主意的主持人，要在会议过程中极力诱导与会者多出主意，并为多出主意营造良好的会议氛围。

### （四）搭便车

与会者要善于吸收其他人提出的合理或创新的设想，巧妙利用他人的想法来开拓自己的思路，并在此基础之上提出更新更奇的设想。这是一种观念共享的新思路，在先前观念或者原有观念的基础上，我们可以修改和丰富这些现成的东西，来获得更好的东西。这不是剽窃观念，而是一种团队合作。

在上述四条原则中，奥斯本特别强调第一条原则的重要性。他认为，那种在会议上，一有人提出办法来大家就评头论足、横挑鼻子竖挑眼的做法，必然会干扰和破坏提出新设想的有利环境和气氛，甚至会起反作用。而暂时不加评论，不做评判，则能给人一种支持，一种鼓励。

这正如奥斯本所指出的：当一些设想刚刚产生的时候你就运用智能加以十分仔细地研究，这是不妥当的，因为它会阻碍我们进行创造性思考。

因此，只有当会议严格遵循延缓评判的原则，这个会议才能称得上是名副其实的"智力激励法"会议。

## 三、智力激励法的应用

### （一）智力激励法遵循的应用程序

智力激励法一般以会议的形式进行，会议参加人数一般为5—10人，最好由不同专业或不同岗位的人员组成。会议要明确主题。会议组织者要将会议主题提前通报给与会人员，让与会者有一定的准备；会议时间控制在1小时左右；设主持人1名，主持人要熟悉并掌握该技法的要点和操作要素，摸清主题现状和发展趋势，主持人只主持会议，对设想不做评论。设记录员1—2人，要求他们认真将与会者的每一设想不论好坏都完整地记录下来。同时，还要求参与者善于想象，善于归纳、分析、判断，善于表达。参与者要有一定的训练基础，懂得该会议提倡的原则和方法；会前可进行柔化训练，即对缺乏创新者进行打破常规思考、转变思维角度的训练活动，以减少思维惯性，使其从单调、紧张的工作环境中解放出来，以饱满的创造热情投入激励设想活动中。

智力激励法力图通过一定的讨论程序与规则保证创造性讨论的有效性，因此，讨论程序成了智力激励法能否有效实施的关键因素。从程序来说，智力激励法一般是通过召开会议的形式进行的，其实施步骤是：准备、热身、明确问题、自由畅想、评价与发展，一般流程如图3-1所示。

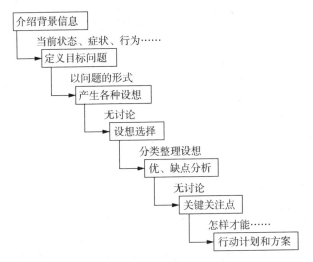

图 3 - 1　智力激励法流程图

**1. 准备**

在运用智力激励法创新之前，我们需要事先做好以下准备工作：

（1）选择会议主持人

合适的会议主持人，既应熟悉智力激励法的基本原理、原则、程序与方法，又应对会议所要解决的问题有比较明确的理解，还应灵活地处理会议中出现的各种情况，使会议自始至终遵照有关规则在愉快热烈的气氛中进行。

（2）确定会议主题

由主持者和问题提出者一起分析研究，明确会议所议论的主题。主题应具体单一，对涉及面广或包含因素过多的复杂问题应进行分解，使会议主题目标明确。

（3）确定参加会议的人选

参加会议的人数一般5—10人为宜。与会人员的专业构成要合理，大多数人应对议题有较丰富的专业知识，同时也要有少数外行参加。与会者应关系和谐、相互尊重、一视同仁、平等议事、无上下高低之分，以利于消除各自的心理障碍。

（4）提前下达会议通知

提前将议题的有关内容及背景通知参会人员，以便让他们在思想上有所准备，提前酝酿解决问题的设想。

**2. 热身**

热身是运动员上场参赛前必须要做的活动步骤，以适应即将开始的竞技拼搏。智力激励会议安排与会者"热身"，其目的和作用与体育竞赛类似，是使与会者尽快进入"角色"。热身活动所需要的时间，可由主持人灵活确定。热身活动有多种方式，如看一段有关发明创造的录像，讲一个发明创造的故事，出几道脑筋急转弯之类的问题让与会者回答，使会场尽快形成热烈轻松的气氛，使大家尽快进入创造的"临战状态"。

### 3. 明确问题

这个阶段主要由主持人介绍要讨论的问题。主持人介绍问题时应注意坚持简明扼要原则和启发性原则。简明扼要原则要求主持人只向与会者提供有关问题的最低数量信息，切忌将背景材料介绍过多，尤其不要将自己的初步设想和盘托出。因为介绍的材料过多或说出主持人个人的初步想法，不仅不利于激发大家的思维，反而容易形成框框，束缚与会者的思维。因此，主持人所要给出的只是对问题实质深入浅出、抛砖引玉的简要解释。启发性原则是指介绍问题时要选择有利于激发大家兴趣、开拓大家思路的陈述方式。例如，针对革新一种加压工具问题，如果选择"请大家考虑一种机械加压工具的设计构思"这种表述方式，就容易把大家的思路局限在"机械加压"的技术领域之内。如果改为"请大家考虑一种提供压力的先进方案"，则会给大家更广阔的思考天地，除了机械加压之外，大家还可能会想到气压、液压、电磁等技术的应用。

### 4. 自由畅想

自由畅想是智力激励会议的最重要环节，是决定智力激励成功与否的关键阶段。其要点是想方设法营造一种高度激励的气氛，使与会者能突破种种思维障碍和心理约束，让思维自由驰骋，借助与会者之间的知识互补、信息互补和情绪鼓励，提出大量有价值的设想。畅谈阶段不需要与会者之间进行讨论，不需要讨论、分析各种想法的优缺点。畅谈时间由主持人灵活掌握，一般不超过1个小时。畅谈阶段要遵守下述规定：

（1）不许私下交谈，始终保持会议只有一个中心。否则，会使与会者精力分散，并产生无形的评判作用。

（2）不许以权威或集体意见的方式妨碍他人提出个人的设想。

（3）设想表述力求简明、扼要，每次只谈一个设想，以保证此设想能获得充分扩散和激发的机会。

（4）所提设想一律记录。

（5）与会者不分职位高低，一律平等对待。

### 5. 评价与发展

畅谈结束后，会议主持者应组织专人对设想进行分类整理，并进行去粗取精的提炼工作。设想一般分为实用型和幻想型两类，前者是指目前技术工艺可以实现的设想，后者指目前技术工艺还不能完成的设想。对于实用型设想，用智力激励法进行论证、二次开发，进一步扩大设想的实现范围。对于幻想型设想，用智力激励法进行开发，通过进一步开发，就有可能将创意的萌芽转化为成熟的实用型设想。评价与发展是智力激励法的一个关键步骤，也是该方法质量高低的明显标志。如果已经获得解决问题的满意答案，智力激励就会达到预期的目的。倘若还有悬而未决的问题，可以召开下一轮智力激励会议。

### （二）智力激励法的具体实施要点

#### 1. 会议规模

召开由 5—12 人参加的特殊会议，人数多了与会者不能充分发表意见，人数少了则缺乏气氛，影响与会者的热情。

会议参与者最好能职位相当，对问题感兴趣，不必全是同行，也不必过多行家，参会人员最好具有不同学科背景。

#### 2. 主持人

会议有一名主持人，1—2 名记录员。

主持人在会议开始时应先简要说明会议的目的、要解决的问题或目标、参加会议应遵守的原则和注意事项；在会议进行中则要鼓励人人发言，积极阐述各自的新构想，并随时注意保持会议主题方向，努力使参会者发言简明，气氛活跃。

记录员要记下参会者提出的所有方案、设想（包括平庸、荒唐、古怪的设想），不要遗漏，会后协助主持人分类整理各种设想。

#### 3. 会议时间、 地点

会议一般不超过 1 小时，时间长了人们的大脑容易疲劳。

会议地点应选择在安静的场所，并且尽量避免受到外界的干扰。

#### 4. 通知

会议通知应提前发出，在备忘录上注明会议的主题和涉及的具体内容，使与会者事先有所准备。

### （三）开好头脑风暴会议的要点

"智力激励法"自 20 世纪 50 年代开始推广以来，已逐渐运用于各个部门、各个领域。对于怎样开好头脑风暴会议，前人总结了大量简便有效的经验。掌握这些经验，对于我们充分发挥头脑风暴会议的作用具有十分重要的价值。

#### 1. 议题具体明确

（1）讨论的题目要具体、明确，不要过大。

如有大问题，可分解成若干小问题逐一讨论。例如，假定要解决的问题是如何提高某企业的经济效益，那么，对此问题就可以分解为：

①如何降低成本？

②如何扩大市场，争取更多的顾客？

③如何减少库存，加快资金的周转速度？

④如何提高管理水平？

⑤如何搞好技术革新、技术改造？

⑥如何强化职工技术培训，提高职工的科学技术水平和工艺水平？

⑦如何引进人才，引进技术？

⑧如何减少浪费？

⑨如何加强职工的思想政治工作，调动一切积极因素，增强企业的凝聚力？

还可以有更多的细分问题。

（2）讨论的题目也不宜过小或限制性太强。

例如，可以用"目的是……怎么办才好？"作为讨论题目，而不要说"实现目标 A 与 B，请问哪个好？"因为也许还有更好的 C 与 D 没有想到。

（3）不要同时将两个或两个以上的问题混淆讨论。

饭要一口一口地吃，仗要一仗一仗地打，问题当然要一个一个地讨论，否则会影响会议效果。

（4）主持人应该让那些首次参加头脑风暴会议的成员尽快熟悉这一会议的形式和特点。

因此，可以用热身会、预备会的方式让与会者预先有所了解；也可以在会议开始时，主持人先提出一些极为简单的问题作为演习，让新接触这种会议的人有所了解。

（5）会议的基本目的在于收集大量不同的设想，以便使问题的解决找到许多可行方案。头脑风暴会议不适于解决那些需要当场加以评判的问题。

**2. 交叉进行**

提出设想与自我考虑交替进行。

即用 3 分钟时间提出设想，然后用 5 分钟时间进行考虑。

再用 3 分钟提出设想，用 5 分钟进行考虑，交替进行。

这样的 3、5 分钟反复交替，不断提出设想，进行思考，形成有行有停的会议节奏。

**3. 顺序发言**

与会者按照顺序一个接一个地发言。这是智力激励法常用的另一个技巧，即与会者按照座位的顺序轮流发表构想。如此巡回，新想法便会一个接一个地出现，直到会议结束。

**4. 只听不议**

与会者集中精力听清所有发言。在会议上不允许私下交谈，以免干扰别人的思考。同时，每个人发表的意见必须让参加会议的人都听清。

### 5. 代表性

参加会议的成员应具有代表性，即应该有不同部门、不同领域、不同性别的人参加。

因为同一部门或同一领域的人思维模式具有一种趋同性或从众性，不大容易形成思维之间的激烈碰撞，难以产生新奇的构想。

应该尽量使参加的成员中有男有女。经验表明：不同性别的人在这种会议上，会产生好胜心理及表现欲望。男女之间的相互刺激，有利于提出大量的构想，有利于促进讨论的开展。

### 6. 气氛宽松

应该尽量创造宽松的气氛。如果参加会议的成员中有大家公认的领导或权威，那么，领导或权威应该尽量发扬民主。

为了形成一种热烈、欢愉、宽松的气氛，在会议正式开始前，可先进行一番热身活动，譬如，让大家说说笑话、吃点东西、猜个谜语、听段音乐等。

### 7. 激发思考

主持人要有激发与会者思考的娴熟技巧和随机应变的能力，例如，可以采用以下方法来激发人们的想象力和联想力。

发给每人一张与问题无关的图画，然后要求与会者讲出从图画中所获得的灵感。

休息几分钟，轻松一下，让与会者自行选择休息的方法，散步、唱歌、喝茶等。

使用奥斯本在智力激励法中提议的检核表方法，即所谓观念诱发询问法来激发设想。

奥斯本的检核表法就是根据需要解决的问题，或者需要策划创造的对象，列出有关问题，然后从不同角度一个个地审核、讨论和研究，从而促进产生新的决策方案、产品或发明的一种创造技法。后面我们会专门讲到，这里不再赘述。

### 8. 主意编号

主持人应该将提出的设想按序编号。这样可以随时掌握提出设想的数量，并且还可以启发与会人员说"请再提10条设想"；

"我们争取提出100条设想"；

"大家力争每个人再提出一条设想，我们就结束会议"。

这种做法可以提高效率。

### 9. 另行评价

由其他人评价和筛选。

会议结束后，组织者要把各种设想归纳分类，印制多份，另外组织一个小组进行评价和筛选（这个小组成员一般由未参加头脑风暴会议的人组成），从中选择出一个或几个最佳设想。

以上介绍的是开好"头脑风暴"会议的基本要点。实际上，每一个熟悉此种方法的主持人，都会有自己的成功经验和实施技巧。对于智力激励法，我们应当根据实际情况，创造性地加以运用，以形成自己的特点和优势。

### （四）智力激励法的运用范围

#### 1. 封闭性问题和开放性问题

智力激励法最主要的作用点是引发解决问题的设想，这里的主意和设想可以是有关目标、方法、答案或者标准等方面的设想。这些设想通过智力激励法尽可能地把它们列举出来，然后再决定合适的方案。因此，智力激励法一定是关于问题的，而且是关于开放性的问题的。

所谓开放性问题，是指那些没有固定答案的问题，这些问题的答案的数量一般是无限的，没有现成的标准答案。

当你感到一个问题的答案没有固定个数的时候，一般而言，你碰到的就是一个开放性问题。

那些认知性、记忆性、评价性的问题一般都不是开放性问题，而是封闭性问题。封闭性问题可以简单定义为有现成的、固定的、标准答案的问题。

这些问题的答案往往封闭在一定的答案空间之中，一般比较容易通过查阅或者询问找到问题的答案。

例如：（1）这个杯子是什么形状的？

（2）《红楼梦》的作者是谁？

（3）感冒有哪些症状？

（4）李老师好相处吗？

（5）到圆明园怎么走？

（1）是认知性问题，它受制于人的感觉，答案不会有多大差异，它是封闭性的问题。（2）和（5）都是记忆性问题，看过这本书的人就会知道作者，不知道也不要紧，到图书馆查查就知道了；去过圆明园的人，一般都能准确地回答出要走的路线，该答案虽然有可能不是唯一的，但也明显是封闭性问题。（3）也是封闭性问题，感冒的症状内科医生可以说得很清楚，你在感冒的时候，对感冒也会有相应的感觉，也能够较为准确地表达出来。（4）则是评价性问题，你必须在优秀、不优秀和不表态这三者之间做出选择，这也是封闭性问题。

这些封闭性问题不需要使用智力激励法，因为它们不需要激发人们的丰富的想象力。只要凭借感觉、记忆，或者通过查阅询问，依据现成的知识，问题的答案就可以找到。

以下问题就是开放性问题：

（1）为什么上帝选择苹果而不选择其他水果来引诱夏娃？

（2）如何来设计一辆水陆两栖的汽车？

（3）怎样理解"人人为自己，只有上帝才为大家"？

（4）谁是最值得尊敬的人？

（5）如何来定义"门"这个概念？

这些问题都没有标准答案，仁者见仁，智者见智，不是用感觉、记忆或者已有的认知就能回答出来的。它们都需要动用我们的想象力，都属于开放性问题。

**2. 不适合用智力激励法的问题**

智力激励法不适于封闭性问题，但有些看起来类似开放性的问题，也可能不适合使用智力激励法。例如这样的问题：如何说服公司董事给我们单位更多的经费。这个问题在一个单位属于那种敏感的问题，几乎没有操作的可能，使用智力激励法就不大适宜。有些开放到完全无法找答案的问题，也是不适宜运用智力激励法的，因为有些开放性的问题，本来就没有答案。例如：为什么要提升公司员工的职业道德水准？如何提升？这一类问题不容易找到操作的切入点，作为理论问题探讨可以，作为智力激励法的议题很难讨论出什么结果。

智力激励法属于一种发挥集体智慧的方法，因此在使用这个方法的时候，既要考虑所要解决的问题属于封闭性问题还是开放性问题，又要考虑问题的其他相关因素。

■ 拓展阅读 ■------------------

表3-1　不适合用智力激励法的问题

| 问题类别 | 不适合原因 | 问题举例 |
| --- | --- | --- |
| 有唯一的答案或者有确定答案的问题 | 并非开放式问题 | 谁应负责公司的多样化 |
| 看起来只有一个类别的答案 | 分析性问题，适宜分析计算 | 计算下一步应用什么化学原料以产生良好的应用效果 |
| 极端分歧和复杂的问题 | 会产生大堆大而无当的答案，常是徒费工夫讨论 | 公司应该如何节省开支，如何减少污染 |
| 主意很容易被决策者否决 | 适合分析思考问题，搬迁地方可能性用不着激发人的想象力 | 实验室该搬到什么地方去 |

续　表

| 高科技的问题需要靠有类似的经验的一组专家或者直接指派某人解决 | 由背景互异的人参加比较合适，但无须激发想象力 | 如何产生一个可获得专利的新技术 |
|---|---|---|
| 操作不可能，人员很难确定，开会形成的方法也难执行 | 错估参加者对董事的影响力 | 如何说服公司董事给我们单位以更多经费 |

### 3. 智力激励法适合开放性问题

当我们把问题视野从某个具体对象上升为一个一般性对象的时候，或者我们把同样的对象从记忆性、感知性的关注点，转换为方法、目标、标准等方面的问题时，封闭性问题就变成了开放性问题。

（1）杯子有哪些形状？请尽可能列举杯子的形状。

（2）如果我们要就"一本书的作者是谁？"来出考题，有多少种出题方法？

（3）如何避免感冒？尽可能想出避免感冒的方法。

（4）一位老师的优秀应该从哪些方面体现出来？

经过这样的转换，上述封闭性问题就变成了开放性问题。这类问题，没有固定的答案，仅凭记忆和感觉是不够的，要找到比较好的主意和设想，就必须发挥个人的想象力。像这样的问题才适合使用智力激励法。

在商业和生产制造领域，经常会碰到开放性问题。但是，最适合用智力激励法的还是商业生产领域和产品创新、制度创新领域，涉及管理的问题、销售的问题，智力激励法常常会给人以新观念，从而有效解决问题。

■ *拓展阅读* ■

表 3 - 2　适合用智力激励法的问题

| 问题类别 | 适合的理由 | 问题列举 |
|---|---|---|
| 产品的新观念，销售的新方法 | 需要从具有不同经验的人那里获得大量的主意 | 1. 陶瓷的新用途<br>2. 商业专利的新市场<br>3. 测试顾客新的衣着观念 |
| 排忧解难和计划 | 急需获取大量的主意，需要知道许多可能的原因 | 1. 实行一个新计划可能出现的问题<br>2. 指出各单位或者公司的将来需要 |
| 管理的问题 | 需要各相关单位人员毫无顾忌地各抒己见 | 1. 改进工作的安全措施<br>2. 减轻库藏的损失 |

续　表

| | | |
|---|---|---|
| 程序改造的问题 | 可以将各种不同建议叠加综合 | 1. 各种价值的联系分析<br>2. 如何改造邮件的寄法 |
| 改变加工品性能，排除已有设施运行的障碍 | 激发不同想法，寻找最有效办法 | 1. 如何使核桃仁不被弄碎<br>2. 如何扫除大跨度电线的积雪 |
| 社会问题 | 需要社会相关人员利益的综合 | 1. 小区垃圾如何处理<br>2. 城市居民养狗该如何管理 |

# 第二节　列举法

任何复杂的问题都是简单问题的叠加，把一个复杂的问题分解为若干部分，然后各个击破，整体的问题就迎刃而解了。然而，懒惰往往使人不愿意甚至不肯去寻找解决问题的办法。久而久之，人们就会丧失与生俱来的创造力，最后无所创造。如果女性创业者能对产品"吹毛求疵"，故意找毛病，找出产品的缺点，然后运用新技术加以改革，就会创造出许多新的产品来。生活中有许多问题的解决方式就是运用列举法，例如雨伞的改进——对平时用的普通曲柄雨伞提出质疑，并加以改进创新，就有了现在直柄的雨伞。那么何为列举法？它可以分为哪些种类？我们应该如何准确地运用这些方法呢？

## 一、缺点列举法

### （一）缺点列举法的内涵

缺点列举法是指抓住事物的缺点进行分析，以确定发明目的和创造技法的一种方法。与特性列举法相比，缺点列举法有其独到之处。特性列举法列出的特性很多，逐个分析需要花费很多时间；而缺点列举法的特点是直接从社会需要的功能、审美、经济等角度出发，研究对象的缺陷，提出改进方案，显得简便易行。此方法主要是围绕原事物的缺陷加以改进，一般不改变原事物的本质与总体，属于被动型的方法。它一方面用于老产品的改造上，另一方面用在对不成熟的新设想、新产品的完善上。另外，它还可用于企业的经营管理方面等。

缺点列举法一般分为如下两个阶段：

**1. 列举缺点阶段**

列举缺点阶段，即召开专家会议，启发大家找出分析对象的缺点。如探讨技术政策的改进问题，会议主持者可以就以下几个问题启发大家：现行政策有哪些不完善之处？哪些方面不利于科技成果转化为生产力？科技劳动人员的积极性不高与现行的技术政策有关吗？等等。寻找事物的缺点是很重要的一步，缺点找到了，就等于在该问题的道路上走了一半，这就是缺点列举法的第一阶段。

**2. 探讨改进政策方案阶段**

在这一阶段，会议主持者应启发大家思考存在上述缺点的原因，然后根据原因找到解决的办法。会议结束后，主持者应按照"缺点""原因""解决办法""新方案"等项列成简明的表格，以供下次会议或撰写政策分析报告时使用，也可从中选择最佳的政策方案。

**案例分享**

### 会发声的壶

用壶烧开水，一不注意，水开了就会把火扑灭，造成危险。于是，有人发明在壶盖边上开一个发声的小口。水开时，蒸汽使之发出声来，引起烧水人的注意，既可避免发生危险，又能减少能源浪费。

### （二）缺点列举法的原则

**1. 敢于质疑原则**

人常有一种惰性，对于正在使用着的东西，看久了，习惯了，就认为应该是这样。比如家用小铁铲，祖祖辈辈已经使用几十年了，人们认为它的结构是天然合理的，常常看不到它的缺点，即使看到了，也认为"就是这个样"。

**案例分享**

### 创新从小事做起

王女士善于发现，敢于质疑，大胆革新。她说："我家有把小铁铲，用来铲垃圾或蜂窝粉等东西。铁铲铲了东西，但不容易端平，于是小铲里的东西常常往下掉，总是铲不干净。有时，用手或扫帚压住铲里的东西，拿着又很别扭。"铁铲的缺点被王女士发现了，发明点选准了，她便开始进行设计、试验。她找了一根较粗的、比小铁铲柄长的铁丝，一端按小铁铲铲面的大小，做成环形，另一端绕一圈后，缚在小铁铲把柄的端头。这样，当铁铲铲上东西后，用手捏紧把柄与铁丝，使铲与铁丝环合拢，铁铲里的东西就再也掉不下来了。当松开铁丝时，铁丝环向上弹起，铲里的东西就很方便地倒出来了。

**2. 调查研究原则**

我们对产品不可能件件都使用过，而使用过这些产品的人，对产品的优点、缺点是最清楚的。因此，我们要到最有发言权的使用者那里听取意见，并亲自体验，了解缺点的症结所在。

**3. 做好记录随时备查原则**

我们发现了产品的缺点，并不一定就能马上搞出发明，有时要等待很久才能想出一个发明。因此，做好记录，随时备查是很重要的。科学家们常说，最淡的墨迹胜过最好的记忆。这句话是千真万确的，是经验之谈。就是说，记录能帮助你记忆。再者，发明者对物品所列举的缺点不可能都是很成熟的观点，都能演绎成发明命题。然而，记录得多了，增加了发明选题的灵活性，设计成熟方案的可能性就增加了。

**（三）缺点列举法的步骤**

运用缺点列举法没有严格程序，可以遵照以下操作流程进行：

1. 确定某一改进、革新的对象。

2. 尽量列举这一对象的缺点，需要时可召开智力激励法会议，也可进行广泛的调查研究、对比分析或征求意见。

3. 将缺点加以归纳整理。整理时可将缺点整理成卡片，便于归类。

4. 针对每一缺点逐条分析，挑出主要的、对产品影响大的缺点，并将缺点排序。

5. 分析形成主要缺点的原因，尽量揭示出深层矛盾。

6. 针对缺点，运用缺点改造法研究其改进方案或采用缺点逆用法发明出新的产品。

一般来说，操作到第三步，产品的缺点已列举清楚，缺点列举方法的使用就完成了。

例如对现有的雨衣做缺点列举：

1. 胶布雨衣夏天闷热不透气；

2. 塑料雨衣冬季变硬变脆容易坏；

3. 穿雨衣骑自行车上下车不方便；

4. 风雨大时，脸部淋雨使人睁不开眼，影响安全；

5. 雨衣下摆贴身，雨水顺此而下弄湿裤腿与鞋；

6. 胶布色彩太单调，无装饰感等。

针对这些缺点可提出许多改进方案。如采用新材料使塑料雨衣不脆不硬；在雨帽上加一副防雨眼镜或眼罩；增加色彩，分别设计男、女、老、少不同样式的雨衣；在雨衣下摆增设充气软质塑料管，以防弄湿裤腿；等等。

### （四）缺点列举法的运用

缺点列举法的运用面非常广泛，它不仅有助于革新某些具体产品，解决属于"物"一类的硬技术问题，还可以应用于企业管理中，解决属于"事"一类的软技术问题。

在具体运用缺点列举法进行创造发明时，可以个人进行思考，也可以集体研究，还可以借助于调查等方式。

#### 1. 会议法

所谓缺点列举会，是一种专挑某事物毛病的定向分析会。召开缺点列举会是充分揭露事物缺点的有效方法。一般采用智力激励法召开缺点列举会，其最大的特点就是可以互相启发，产生连锁反应。会议由5—10人参加，一次会议时间一般为1—2小时。出席对象应为该产品的使用者、经销者、生产者、管理人员及设计者等。会前由主管部门针对某项事物，选择一个需要改进的主题，会议的主题宜小不宜大，让与会者围绕此产品尽量列举各种缺点，愈多愈好。会后将所提缺点分类整理，供专门人员研究改进方案。会上可以采用口头发言的奥斯本智力激励法，也可以采用卡片式智力激励法，即每人发一张卡片，分别写上各自发现的该事物的缺点，再依次定向传递做补充。

#### 2. 征集用户意见法

对于已投放市场的产品，通过销售、售后服务等渠道，采用适当的形式，让用户这个"上帝"充分提意见，用户提出的意见有时是生产设计人员所不易想到的，对于改进企业产品或提出产品概念有一定的参考价值。这里的适当形式可以是印制用户调查表随产品发给用户，可以是电话调查，可以是登门调查，也可以是通过媒体采用有奖征求改进意见的方式等。

#### 3. 对照比较法

俗话说"不怕不识货，就怕货比货""大有大的短处，小有小的优点"。将同类产品集中在一起，从比较中找缺点，甚至对名牌产品吹毛求疵，找到可以改进之处。用这种方法开发新产品起点高，步子大，容易一举成名。

对于改进革新产品，我们可以将所研讨的对象与目前市场上最先进的同类产品就各种技术参数、性能、功能、质量、价格、外观、包装等进行分析比较，从而找出自身的缺点，取各家之优点设计出超过同类产品，具有竞争力的新型产品。例如，日本的机床工业就是使用对比法发展起来的。

事实表明，发现同类产品的共同缺点比发现自身单独存在某一缺点更有创造价值。例如，有人发现洗衣机存在着病毒交叉感染的缺点，这对提出"防病毒型洗衣机"的新概念具有重要的"智慧泉眼"的作用，促进新一代洗衣机的诞生。

在列举缺点的过程中，既要列举那些显而易见的缺点，又要善于发现那些潜在的、不易被人觉察的缺点。例如手机开发时，人们往往重视手机的外形、颜色、清晰度、功率、功能等，但有的厂家就十分注意手机微波对人体的伤害，开发出低辐射手机，深受消费者的欢迎。

缺点列举法可以直接从社会需要的功能、审美、经济、实用等角度出发研究对象的缺点，提出切实有效的改进方案，简便易行，常会取得很好的效果。然而，缺点列举法大多是围绕原来事物的缺陷加以改进的，通常不触动原来事物的本质和总体，因而它属于被动型创造方法，一般只适用于对老产品的改造或用于不成熟的新设想、新发明，从而使其趋于完善。

## 二、希望点列举法

### （一）希望点列举法的内涵

希望点列举法提出的希望有些是从缺点直接转化而来的，将对事物某方面的不满转变为对此改进的希望。但与缺点列举法相比，它能从正面、积极的因素出发考虑问题，不受现有事物的约束，可以把整个旧事物看成缺点，易产生大的突破，能够在更大程度上开阔思考问题的空间。希望点列举法也可以通过列举事物希望具有的特征，从而寻找创造目标和方向的方法。这种方法按发明者的意愿提出各种新的设想，不受现有物品的限制。因此，希望点列举法也是一种积极的主动型的选题思路，具有如下特点。

1. 希望点列举法以分解和分析的方法为基础，在详尽分析的基础上进行列举，重视现有和潜在客户的需求，使创造过程系统化、程序化。

2. 希望点列举法简单实用，是一种较为直接的创造技法，特别适用于新产品开发、旧产品改造的创造性发明过程。

3. 希望点列举法不但是创造性发明的主要技法，而且为创造性解决问题提供方向和思路。

### （二）希望点列举法的理论基础

#### 1. 希望点列举法的思维原理

希望点列举法中蕴含的创新思维原理是完满原理，即"完满充分利用原理"。人们总是希望能在时间上和空间上充分而完满地利用某一事物或产品的一切属性，然而现实生活中的人们对于大多数产品或事物的利用率是非常低的。完满原理就是引导人们对产品或事物的整体属性加以系统分析，从时间、空间角度检查还有哪些属性或性质可以被利用。希望点列举法有利于思维的激发和思维的组织，符合逻辑思维原理。在希望点的列举过程中，我们要用发散思维和联想思维，并利用完满原理对某事物或产品进行分析，可以从整体和部分两个层次上进行。

（1）整体完满充分利用分析

整体完满充分利用分析，指对一个产品或事物的整体进行分析，检查该事物或产品是否在时间上和空间上均被充分利用，然后设计提高利用率的方法，并付诸实施以完成总体功能。

（2）部分完满充分利用分析

一件产品是否被整体充分利用，是以其各个部分的充分利用为前提的。每一个事物或产品都可以按一定的层次进行分解，人们可以在分解之后对其各个部分进行完满充分利用分析。只有事物的各个组成部分被充分利用，才能让事物或产品的整体效用实现最大化。

**案例分享**

### 多功能拐杖

拐杖的主要用途是供行动不方便的老人使用，在将老人的其他种种需求进行一一分析之后，拐杖设计者王女士给它增加了三个新的用途：一是给拐杖安装了发声装置，发出的声音像老式自行车的铃声，可以在人多的地方提醒别人给老人让路或提供帮助，而且老式自行车的铃声可以给老人带来许多旧时的回忆；二是在拐杖上安装了声控灯，因为上了年纪的老人眼睛看东西不是很清晰，有时会需要灯光，还有如果老人夜晚走路也需要灯光；三是给拐杖安了定时设备，可以提醒老人一些经常性的事情，比如吃药等。这样，我们就把拐杖的其他部分充分利用起来了，实现了效用最大化。

**2. 希望点列举法的创新原理**

创新原理是遵循科学规律，为人们提供原则性指导的一套理论。创新方法是有规律性的思维运动，同时创新方法遵循一定的步骤和技巧，为问题的解决提供具有可操作性的途径。从方法本身的应用技巧和方式进行剖析、挖掘、归纳，我们可以发现很多创新方法的技术操作程序具有很多共同点，且是遵循一定规律的，这个规律我们可以称之为创新原理。创新方法隐含的创新原理能够引导人们有意识、有目的地开展创新活动，快速形成解决问题的方案。希望点列举法这一创新方法隐含的创新原理是问题导向原理。以问题为导向的科学方法论指出，观察和实验是科学研究的基础，是科学原理的起源。如果能从实践中正确地提出问题，研究任务就成功了一半。问题导向和问题意识在创新思维和创新活动中占有非常重要的地位。希望点列举法在面对创新问题的时候，通过设问的方式为创新思考者思考问题提供了框架和角度，一步一步引导创新者找出合理的解决方案。

### （三）希望点列举法的运用

**1. 希望点列举法的操作步骤**

希望点列举法的实施主要有五个步骤：

（1）分析各种现实或可能需要

我们要向社会了解、向大众了解什么是希望，比如，随着社会主义市场经济的发展，人们希望有迅速传递信息的工具诞生，于是发明家发明了"传呼机"；为了满足不同人的希望，发明了中文显示传呼机，用汉字显示简短电文、气象预报；急救传呼机，供老年心脏病、高血压患者使用，老人发病时可按键发出求救信号；红外传呼机，常用在餐厅的餐桌上，通过发射红外信号提示服务台派人去服务。

（2）激发和收集人们的希望

要随时注意观察周围的事物，处处留心"希望"。收集希望的方法我们在前面已经提到过，这里不再赘述。在现实生活中，希望点随处可见，重点是我们要善于发现、善于思考，即使是很小的事物也能形成发明，给我们带来意想不到的收获。

（3）分析收集的希望点，得出要研究的课题或发明的对象

通过各种形式得到的希望点，受现实条件的限制我们不能全部实现，所以要通过定性、定量、专家评议等分析方法寻找最合适的研究课题。这一步很关键，因为如果我们选错了方向，后面实施起来就会很困难，甚至会造成严重的损失。

（4）将研究或发明成果投入试验，并对结果进行评价

发明创新成果的最终目的是创造价值，如果不能为企业带来收益，为使用者带来价值，那么即使再好的发明，也不得不放弃。

（5）投放市场，为企业创造收益

下面举一个例子来说明。日本人是喜欢吃面的民族，因此拉面的生意特别好，每天都会有很多人排队等着吃拉面。但随着生活节奏的加快，人们需要更快速、更方便的面食。日本的料理师父安藤百福联想到"如果面条只要用开水冲泡就可以食用，该有多方便，这种面食肯定会有市场"。于是，他开始研制用开水冲泡就可以食用的方便面。经过三年的努力与研究改进，他终于研制成功用开水冲泡就可以食用的方便面，这种方便面一上市，立即广受消费者的喜爱，在市场上大获成功。目前方便面市场的竞争非常激烈，统一和康师傅两大巨头统领市场。所以任何一个希望点，研发成功后带来的收益都是巨大的。

**2. 希望点列举法的运用方法**

希望点列举法的思考方法很多，通常使用的有以下四种：

（1）观察联想法

许多创新发明都是通过我们在日常生活中的观察联想获得的。设计者在平时的生活和工作中应注意观察，遇到问题不轻易放弃，努力寻找解决问题的方法，最终产生新的发明创造。

（2）书面收集法

这种方法是根据预先确定的目标，设计一个卡片或者记录表，发给消费者，请他们列出各种希望得到的功能，越多越好，然后进行整理分析。这种方法的优点是便于记录保存，而且容易实现大规模的收集，发现一些好的希望点，成本也不高。在现实实践中，书面收集希望点这种方法也是很常用的。

（3）会议法

课题组召开会议，邀请不同背景的人士参加，由主持人介绍产品开发的课题内容，鼓励所有参与会议的人各抒己见，然后进行收集整理，运用我们常说的头脑风暴法进行分析。这种方法的优点是各位与会人士可以提出具有创新性和可操作性的希望点，但需要组织者有很强的组织能力，成本也比较高。

（4）访问法

通过访谈，询问用户对相关产品有什么样的功能要求，切身体会用户对产品创新的希望，找出用户最迫切的希望点，然后进行整理，供研发创新。访问法可以让我们发现一些其他方法不易察觉的细节，通过这些细节可以形成好的希望点，而且访问法还会为希望点的提出提供一些现实依据。

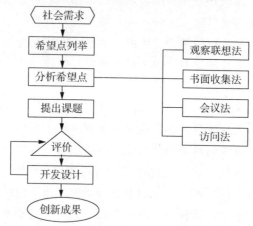

图 3 - 2　运用希望点列举法的创新过程

## 案例分享

### 升降晾衣架

　　在一次对晾衣架公司进行回访的活动中，一位女性消费者抱怨，每次晾衣服都要踮起脚尖，很费事，但如果买高度低的晾衣架，许多像床单一类的长衣物晾起来就有可能会拖到地上，把衣物弄脏。这位女士向公司反映能不能设计一款可以升降的晾衣架，后来这个公司果然发明了升降晾衣架。

　　希望点列举法，目的是为用户创造更多的功能，解决用户更多的生活需求，体现了以用户为中心的设计理念。通过书面收集法、会议法和访谈法等汇集了用户很多的希望点，如果想要满足用户的每一个可行的希望点，就意味着要增加一个或者几个细节，也就是说，希望点的实现在产品中就体现为更多丰富的细节。如何选择、取舍这些希望点，如何协调这些希望点所带来的细节，是细节设计的一个重要难题。无论如何，需要肯定的是，希望列举法的应用，一定会让产品出现更多出彩的细节。

## ■ 拓展阅读 ■--------------------

### 希望点列举法在工业设计中的应用

　　在运用希望点列举法进行创造设计时，可以分别从不同的角度，例如以人类的普遍需求、特殊群体的需求、现实的需求，及以潜在的需求为立足点进行思考和分析。

　　1. 人类需求。"希望实际上是人类需求的反映。因而，利用希望点列举法进行创造发明就必须重视对人类需求的分析。"人类的需求有很多，比如求新心理、求美心理、求奇心理、求快心理等。我们不仅要注重人类的普遍需求，还要分别站在不同层次的人的立场上进行分析，如不同年龄、不同性别、不同文化、不同爱好、不同种族、不同区域、不同信仰的人们，他们的需求也各不相同。

　　2. 特殊群体的需求。如盲人、聋人、残疾人、孤寡老人、精神病人、左撇子等这些特殊群体在社会中只占很少一部分，所以大部分设计忽略了他们的存在。随着经济的发展，社会越来越多地关注这些特殊群体。这些群体的需求往往比普通人的需求要迫切，所以针对特殊群体的设计空间就显得格外广阔。

　　3. 现实的需求。现实需求是摆在眼前的需求，是人们急于实现的需求，是几乎每个人都能感觉到的需求。现实的需求是设计师首要关注的因素，切莫将人们的现实需求于不顾而进行一些不切实际的研究。

　　4. 潜在的需求。潜在需求是相对于现实需求而言的一种未来需求。这就要求设计师的目光要放长远，能灵敏地触觉事物的发展趋势。根据有关资料显示，潜在需求占总需求的 60%—70%。因此，世界著名企业无不重视对潜在需求的研究。

工业设计的核心是创新。作为一种创造性思维方法，希望点列举法在工业设计中的作用显而易见。但面对人们多种多样的期望和需求，只有正确分析人们的真正需求和眼前的需求，才能起到事半功倍的效果。

——来源：MBA 智库

# 第三节　训练 TRIZ 法

TRIZ 创新理论能够帮助我们系统地分析问题，快速发现问题的本质或矛盾，最终获得理想的解决办法。它可以大大加快人们创造发明的进程，得到高质量的创新成果。

## 一、TRIZ 法的科学内涵

### （一）TRIZ 法的源起

TRIZ 的含义是发明问题解决理论，其英文音译 Theory of the Solution of Inventive Problems（发明问题解决理论），在欧美国家也可缩写为 TIPS。

TRIZ 理论由苏联发明家阿利赫舒列尔在 1946 年创立，阿利赫舒列尔被尊称为 TRIZ 之父。1946 年，阿利赫舒列尔开始了发明问题解决理论的研究工作。当时他在苏联里海海军的专利局工作，在处理世界各国著名的发明专利过程中，他总是考虑这样一个问题：当人们进行发明创造、解决技术难题时，是否有可遵循的科学方法和法则，从而能迅速地实现新的发明创造或解决技术难题呢？答案是肯定的！阿利赫舒列尔发现任何领域的产品改进、技术的变革创新和生物系统一样，都要经历产生、生长、成熟、衰老、灭亡的过程，是有规律可循的。人们如果掌握了这些规律，就能能动地进行产品设计，并能预测产品的未来趋势。以后数十年中，阿利赫舒列尔穷其毕生的精力致力于 TRIZ 理论的研究和完善。在他的领导下，苏联的研究机构、大学、企业组成了 TRIZ 的研究团体，分析了世界近 250 万份高水平的发明专利，总结出各种技术发展进化遵循的规律模式，以及解决各种技术矛盾和物理矛盾的创新原理和法则，建立一个由解决技术实现创新开发的各种方法、算法组成的综合理论体系，并综合多学科领域的原理和法则，建立起 TRIZ 理论体系。

80 年代中期前，该理论对其他国家保密，80 年代中期，随着一批科学家移居美国等西方国家，逐渐把该理论介绍给世界产品开发领域，对该领域的发展产生了重要的影响。

## （二）TRIZ 的理论体系

TRIZ 的理论基础和基本思想主要包括下面四个方面：一是产品或技术系统的进化有规律可循，二是生产实际中遇到的工程技术矛盾往复出现，三是彻底解决工程矛盾的创新原理容易掌握，四是其他领域的科学原理可解决本领域技术问题。图 3-3 给出了 TRIZ 的理论体系。

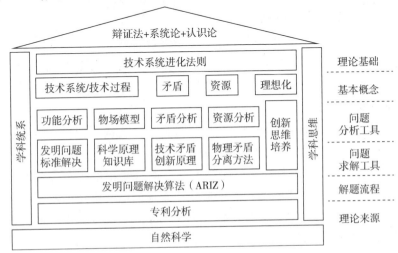

图 3-3　TRIZ 的理论体系

TRIZ 这一理论体系是以辩证法、系统论和认识论为哲学指导，以自然科学、系统科学和思维科学的分析和研究成果为支柱，以技术系统进化法则为核心思想，以技术系统（如产品）或技术过程（如工艺流程）、进化中的矛盾、解决矛盾的资源、进化的理想化方向为四大基本概念。TRIZ 同时包括了解决工程矛盾问题和复杂发明问题所需的各种分析方法、解题工具和算法流程。现代 TRIZ 体系主要包括下面六个方面的内容：

### 1. 创新思维方法与问题分析方法

TRIZ 理论中提供了如何系统分析问题的科学方法，如多屏幕法等。而对于复杂问题的分析，提出了物场分析法，从而帮助创新者快速确认核心问题，发现根本矛盾所在。

### 2. 技术系统进化法则

针对技术系统进化演变规律，TRIZ 理论提出八个基本进化法则。我们利用这些进化法则，可以分析确认当前产品的技术状态，并预测未来的发展趋势，开发富有竞争力的新产品。

### 3. 技术矛盾解决原理

不同的发明创造往往遵循共同的规律，TRIZ 理论在总结提炼出 39 个工程参数的基础上，将这些共同的规律归纳成 40 个创新原理。针对具体的技术矛盾，根据创新原理、结合工程实际制定具体的解决方案。

### 4. 创新问题标准解法

TRIZ 提供了 76 个标准解法，针对具体问题的物场模型的不同特征，提出分别对应标准模型的处理方法，包括模型的修整、转换、物质与场的添加等。

### 5. 发明问题解决算法 ARIZ

ARIZ 主要针对问题情境复杂、矛盾及其相关部件不明确的技术系统，是对初始问题进行一系列变形及再定义等非计算性的逻辑过程，是对问题进行逐步深入分析直至问题解决的过程。

### 6. 知识库

TRIZ 中的知识库是基于物理、化学、几何学等领域的数百万项发明专利的分析结果构建的，可为技术创新提供丰富的方案。

创新从最通俗的意义上讲就是创造性地发现问题和创造性地解决问题的过程，TRIZ 的强大作用在于它为人们创造性地发现问题和解决问题提供了系统的理论和方法工具。经过近 70 年的发展，这一方法学体系在实践中不断丰富和完善，在一些具体项目中获得了良好的经济效益。

根据 TRIZ 的理论体系，对上文提出的 TRIZ 的解题模式进一步细化，见图 3-4。

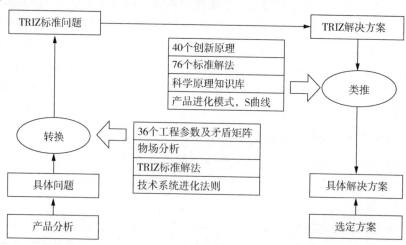

图 3-4　TRIZ 理论的核心内容

图 3 - 4 中给出了 TRIZ 解题模式的宏观概念，应用 TRIZ 的解题步骤如图 3 - 5 所示。

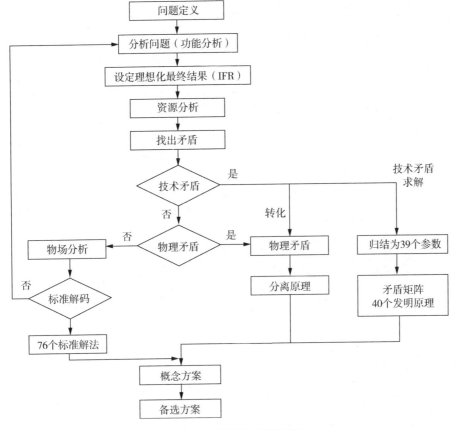

图 3 - 5　TRIZ 的解题步骤

### （三）TRIZ 中发明等级确定

阿利赫舒列尔通过专利分析发现，不同的发明专利所蕴含的科学知识、技术水平存在很大的差异，如何区分这些专利的知识含量、技术水平、应用范围及对人类的贡献，显得比较困难。鉴于此，有必要对不同的发明进行等级（级别）划分，见表 3 - 3。

表 3 - 3　TRIZ 对发明等级的划分

| 级别 | 发明等级 | 标准 | 解决方案的来源 | 实验次数 | 比例 |
|------|----------|------|------------------|----------|------|
| 1 | 明显的解决方案 | 使用某一组件实现设计任务，并未解决系统的矛盾 | 狭窄的专业领域 | 数次 | 32% |

续　表

| 2 | 改进 | 稍加改进现有系统，通过移植相似系统的方案解决了系统的矛盾 | 技术的某一分支 | 数十次 | 45% |
|---|---|---|---|---|---|
| 3 | 范式外的发明 | 从根本上改变或消除至少一个主要系统组件来解决系统的矛盾，解决方案存在于某一个工程学科 | 其他技术分支 | 数百次 | 19% |
| 4 | 范式外的发明 | 运用跨学科的方法解决了系统矛盾，开发了新系统 | 科学、鲜为人知的物理、化学现象等 | 数千次 | <4% |
| 5 | 科学发现 | 解决了系统矛盾，导致了一个开创性的发明（往往是最新发现的现象） | 超越了科学的界限 | 数百万次 | <0.3% |

**1. 发明等级 L1**

对现有的系统稍加改进。不解决任何系统矛盾并定位在一个单一的子系统。解决方案完全包含在一个狭窄的专业领域，对于该领域来说，该解决方案是显而易见的。例如：机械弹簧式捕鼠器，改变已有捕鼠器的设计参数，如增加弹簧的刚度、加强底部钢板的强度、减少（扩大）空间等。

**2. 发明等级 L2**

该级别发明解决了一些系统矛盾，这些矛盾已经在其他系统得到解决（例如，与汽车相关的一个问题在卡车的技术开发中得以解决）。

例如：改变已有捕鼠器的设计，如在捕鼠器内增加吸引老鼠的物质（比目前使用的诱饵要强）、音乐盒（如果确认老鼠喜欢某种韵律的音乐）、应用多弹簧系统代替单弹簧系统。

**3. 发明等级 L3**

发明通过在一个学科内创新解决了系统的矛盾（例如，机械工程、化学工程等），从根本上改变至少一个系统组件。

例如：考虑"诱捕运动的小物体"这一功能，粘苍蝇的粘蚊胶能否用于粘老鼠？

**4. 发明等级 L4**

运用跨学科的方法开发出新的系统，所开发的概念通常可以在较低层级应用到许多其他领域。

例如：新功能/原理的实现，在一定范围内，电磁波（或某种声波等）能否击昏老鼠？

#### 5. 发明等级 L5

这些开创性的发明，通常是最新的发现，并且往往会导致一个新的工程学科的创建（飞机的发明、无线电传输的发明、计算机的发明、激光的发明等）。例如：形状记忆合金、飞机、照相机、电灯泡、蒸汽机等。对于创新型捕鼠器的设计，可以研究老鼠的脑波，然后将电磁波作用于老鼠与其脑波共振，瞬间杀死老鼠。

绝大多数发明是对原有系统的不同程度的改进，使系统得到完善。发明不是高深莫测的，绝大多数发明都是利用同一个原理，在不同领域和行业的发明创新。人们通过对发明等级的掌握，就会对发明水平、获得发明所需要的知识，以及发明创造的难易程度有一个量化概念，同时也对发明等级有一个全新的认识。

（1）发明等级越高，完成发明所需时间、知识和资源也就越多；

（2）发明级别会随社会发展、科技进步而动态变化；

（3）表 3 - 3 表明 95％的发明均在 L3 及以下，说明绝大部分人都可以通过已有的和跨专业知识来进行发明；

（4）L4 和 L5 只占总发明数量的 5％，却决定了人类社会科技进步的方向。

## 二、熟悉 TRIZ 法的发明原理及适用范围

### （一）TRIZ 法的发明原理

表 3 - 4 TRIZ 法发明原理

| 序号 | 原理名称 | 序号 | 原理名称 | 序号 | 原理名称 | 序号 | 原理名称 |
|---|---|---|---|---|---|---|---|
| No.1 | 分割 | No.11 | 预先应急措施 | No.21 | 紧急行动 | No.31 | 多孔材料 |
| No.2 | 抽取 | No.12 | 等势性 | No.22 | 变害为利 | No.32 | 改变颜色 |
| No.3 | 局部质量 | No.13 | 逆向思维 | No.23 | 反馈 | No.33 | 同质性 |
| No.4 | 非对称 | No.14 | 曲面化 | No.24 | 中介物 | No.34 | 抛弃与修复 |
| No.5 | 合并 | No.15 | 动态化 | No.25 | 自服务 | No.35 | 参数变化 |
| No.6 | 多用性 | No.16 | 不足或超额行动 | No.26 | 复制 | No.36 | 相变 |
| No.7 | 套装 | No.17 | 维数变化 | No.27 | 廉价替代品 | No.37 | 热膨胀 |
| No.8 | 重量补偿 | No.18 | 振动 | No.28 | 机械系统的替代 | No.38 | 加速强氧化 |
| No.9 | 增加反作用 | No.19 | 周期性动作 | No.29 | 气动与液压结构 | No.39 | 惰性环境 |
| No.10 | 预操作 | No.20 | 有效运动的连续性 | No.30 | 柔性壳体或薄膜 | No.40 | 复合材料 |

表 3 - 4 是对这 40 个创新原理的具体介绍。创新原理（也称"发明原理"），是建立在对上百万的专利分析的基础上的，蕴含了人类发明创新所遵循的共性原理，是 TRIZ 中用于解决矛盾（问题）的基本方法。这 40 条创新原理是阿利赫舒列尔最早奠定的 TRIZ 理论的基础内容。实践证明，这 40 条创新原理，是行之有效的创新方法，比较容易学习和掌握，通常读者练习和实际使用的频率也最高。

### （二）TRIZ 法的应用范围及案例分析

TRIZ 源于专利，应用 TRIZ 进行工程问题求解所获得的解决方案同时又可以申请相应专利，因此 TRIZ 和专利相辅相成、密切关联。阿利赫舒列尔认为，发明等级 L1 非常简单，大量低水平的发明远远小于一个高等级发明的贡献；而发明等级 L5 属于发现（Discovery）级别，是可遇不可求的。因此，对发明等级 L2—L4 类专利进行深入研究，正是 TRIZ 专利分析的根基，并最终从 L2—L4 专利中，总结出这些专利背后隐藏的规律。由此，通过 TRIZ 获取的专利和发明等级也就确定其处于 L2—L4 的范围，L1 级别的问题不需要应用 TRIZ，而 L5 级别的问题 TRIZ 又无能为力。如图 3 - 6 所示，我国专利分类对应 TRIZ 发明等级的对应关系。

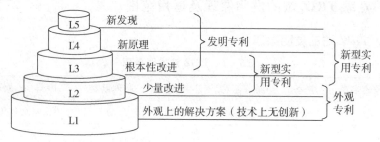

图 3 - 6　TRIZ 的适用范围

TRIZ 的产生来源于专利，而专利是工程技术领域中发明创造的直接表述，因此 TRIZ 从一出现就用于解决技术领域里的发明问题，而不是说 TRIZ 什么问题都可以解决。因此，TRIZ 有其自身应用的范围。技术领域非常宽泛，即使是在技术领域内，TRIZ 也有其自身应用的范围。一般情况下，对于技术领域内的优化（例如生产系统中的库存优化、生产排程优化等）、化学配方配比优选、无设计自由度、非常基础等问题，是不太适合应用 TRIZ 进行求解的。同样，在非技术领域，TRIZ 应用也有其局限性，虽然目前有很多学者将 TRIZ 中的 40 个发明（创新）原理应用到软件开发、管理、质量管理、社会学、服务业等行业领域，但是这类应用研究更多的表现是对这些领域已有规律按发明原理进行的总结。

目前 TRIZ 应用领域也从传统制造业、电子半导体产业、航天、化工、建筑、医药、生物科技等领域，延伸至商业、管理等非科技领域；TRIZ 也开始被应用在其他项目，如音乐、艺术与雕塑、漫画卡通、诗歌等人文领域。

**案例分享**

生活中我们常用扳手拧紧或者松卸螺栓，这时经常会出现螺栓棱角被磨损的问题。为了方便地拧紧或者松动螺栓，又不损坏螺栓，我们采取的方法一般是通过减小扳手卡口和螺栓的配合间隙，增加螺栓的受力面，来减少对棱角的磨损。但结果是提升了制造精度，提高了制造成本。

要解决这样一对矛盾，找到的对应解决方案是 TRIZ 理论技术矛盾解决 40 法中的创新 40 法的 4（非对称性）和 17（空间维数变化）。应用其中的空间维数变化原理，我们就会有这样一个解决方案：在扳手卡口内壁开几个小弧。因为经过分析我们知道，扳手之所以会磨损螺栓，就是因为作用力都集中在棱角上，作用在一条线上，现在经过增加几个小弧，使作用力加到螺栓的棱面上，有效地解决了棱角磨损问题。

**【分析与提示】**

经过深入分析，螺栓被扳手磨损的问题被定义为 TRIZ 理论中的典型矛盾，结果应用创新原理使问题得到有效解决，就像求解数学题一样，整个解决过程变得有序和可操作，大大提高了创新问题的解决效率和质量。

**案例分享**

在北方严冬时节，大客车和小客车的车窗上经常结厚厚的霜，直接影响了乘务员和乘客观察外部环境，经常导致乘客坐过站，给乘客带来不便。在现实生活中，小客车的乘务员以硬币为垫，用透明胶带将一块玻璃固定在车窗上，在车窗与玻璃之间形成封闭的空间，利用空气不导热的原理，解决了车窗结霜的问题。

如何在不改变车内温度的条件下解决车窗结霜问题？本示例中的主要技术矛盾在于系统中车厢内外温度不改变的情况下，解决车窗不结霜问题，也就是温度不变，改善车内的亮度。在该系统中，空气是我们可以直接利用的资源。通过查找 TRIZ 技术矛盾索引表，找到的对应解决方案是 TRIZ 理论技术矛盾解决 40 法中的 32（改变颜色）、35（参数变化）、19（周期性动作又叫离散法）。

在（色彩法）中，改变物体或环境的颜色，显然不能解决这对技术矛盾；改变物体或环境的透明度，是我们要解决的问题，也不能利用；在物体中增加颜色添加剂，也不行；如果用增加颜色的添加剂，就要考虑增加发光成分，也行不通。

在参数变化中，改变系统的物理状态是我们要解决的问题，就是要把霜的固态变成气态，所以也不行；改变浓度、密度或灵活程度也无法解决；改变温度和体积，我们用热风吹车窗，霜可以融化消失，但停止吹风，车窗又会马上结霜，还浪费能源。目前有的客车在车厢里将汽车尾气排出的余热用于车内取暖，但客车如果夜晚在室外停放，要把车厢内所有车窗上的霜消除，也需要很长时间，并且汽车尾气泄漏，还会对人体健康造成危害，显然也不是最理想的办法，并且，我们所确定的技术矛盾是在不改变温度的前提下进行的。初中物理课中讲过，空气不导热，热量是通过空气对流来传导的。利用间隙，将间隙中的空气封闭，可以直接消除对流，这样车内和车外没有了对流，就切断了车窗结霜的路径，我们提出的技术矛盾就迎刃而解了。

**【分析与提示】**

解决严冬季节大客车和小客车的车窗结霜问题的办法也就出来了，就是将销往北方高寒地区的大客车和小客车的车窗做成双层玻璃的，既可以在夏天拉开车窗，又可以在冬季解决车窗上霜的问题，还提高了车厢的保温性能，是一种理想的解决方案。

通过上述案例，我们不难发现应用 TRIZ 法可以缩短创新的过程，对产品制造过程有所改善，可在更短的时间内产生更多产品构思和问题解决方案，可以创造技术先进、引领市场的新产品，这些原理对指导设计人员的发明创造具有重要的作用。当找到确定的发明原理以后，我们就可以根据这些发明原理来考虑具体的解决方案，并应当尽可能将找到的原理都用到问题的解决中去，不要拒绝采用任何推荐的原理。假如所有可能的原理都不满足要求，则应该对冲突重新定义并再次求解。

■ **拓展阅读** ■------------------------

埃及神话故事中会飞的魔毯曾经引起我们无数遐想，我们不妨一步步分析一下这个会飞的魔毯。

现实生活中虽然有毯子，但毯子都不会飞，原因是地球有引力，毯子具有重量，而毯子比空气重。那么在什么条件下毯子可以飞翔？我们可以施加向上的力，或者让毯子的重量小于空气的重量，或者希望来自地球的引力不存在。如果我们分析一下毯子及其周围的环境，会发现有这样一些可以利用的资源，如空气中的中微子流、空气流、地球磁场、地球重力场、阳光等，而毯子本身也包括其纤维材料、形状、质量等。那么利用这些资源可以找到一些让毯子飞起来的办法，比如毯子的纤维与中微子相互作用可使毯子飞翔，在毯子上安装提供反向作用力的发动机，毯子在没有来自地球引力的宇宙空间，由于下面的压力增加而悬在空中（气垫毯），利用磁悬浮原理，或者毯子比空气轻。这些办法有的比较现实，但有的仍然看似不可能，比如毯子即使再轻，也比空气重，对于这一点我们还可以继续分析。毯子之所以重是因为其材料比空气重，解决的办法就是采用比空气轻的材料制作毯子，或者制作像空中的尘埃微粒一样大小的毯子，等等。

通过上面的简单分析，我们会发现，神话传说中会飞的毯子逐渐走向现实，从中或许我们可以得到很多有趣甚至十分有用的创意。这个简单的应用展示了金鱼法的创造性问题分析原理：首先从幻想式构想中分离出现实部分，对于不现实的部分，通过引入其他资源、一些想法由不现实变为现实，然后继续对不现实部分进行分析，直到全部变为现实。因此，通过这种反复迭代的办法，常常会给看似不可能解决的问题带来一种现实的解决方案。

可以看出，TRIZ 理论中的这些创造性思维方法一方面能够有效地打破我们的思维定式，扩展我们的创新思维能力，同时又提供了科学的问题分析方法，保证我们按照合理的途径寻求问题的创新性解决办法。

# 第四章 新时代女性创业能力与素质

**本章导读**

创业者的成功各有千秋，学者们对创业者素质的界定也不尽相同。新时代女性如果想要开启创业之路，应熟悉创业团队的组建过程，学会寻找志同道合的合作伙伴，需了解和评估所应具备的能力与素质，有意识地自我培养、自我锻炼、自我提升，为创业打下良好的基础。

**名人名言**

1. 组织（团队）的目的在于促使平凡的人可以做出不平凡的事。

——杜拉克

2. 博观而约取，厚积而薄发。

——苏轼

3. 最有希望的成功者，并不是才干出众的人，而是那些善于利用每一时机去发掘开拓的人。

——苏格拉底

## 第一节 认识创业者及创业团队

有这样一类人，她们坚毅果敢，她们有勇有谋，她们渴望成功同时也不畏失败。人们常说，幸运之神眷顾她们，却常常忘了失败之神也是她们的常客，她们，便是新时代的女性创业者。

## 一、创业者及创业团队的内涵

女性创业者并非天生，也并非注定只适合谁。女性创业是指女性朋友在认清自己的前提下，理性地看待创业问题，认真考虑自身利益与社会利益后，开创和建立适合自己特性、特征的产品与服务，合理有效地分配资源，以此来满足人们的需要。

### （一）创业者的含义与类别

创业者一词由法国经济学家坎蒂隆于 1755 年首次引入经济学。1800 年，法国经济学首次给出了创业者的定义，他将创业者描述为将经济资源从生产率较低的区域转移到较高区域的人，并认为创业者是经济活动过程中的大代理人。著名经济学家熊彼特则认为创业者应为创新者，这样，创业者概念中又加了一条，即具有发现和引入新的更好的能赚钱的产品、服务和过程的能力。在欧美学术界和企业界，创业者被定义为组织、管理一个生意或承担其风险的人，其中有两个基本含义，一是指企业家，即在现有企业中负责经营和决策的领导人；二是指创始人，通常理解为即将创办新企业或者是刚刚创办新企业的领导人。总之，创业者的内涵随着经济的发展而不断丰富，但有一点始终不变，创业者可以通过创业教育培训来提高自身的创业素质和能力。

新时代女性创业者作为一种相对独特的社会群体，群体内部按不同的分类标准也划分为不同的类型。

### 1. 生存型创业者 VS 机会型创业者

生存型创业者是指女性创业者进行创业活动的动力完全是因为生活所需，为了钱财和物质，不得已而为之。这类女性的典型特征是被动，而且学识不是很高，往往从事一些低门槛、低成本、低消费的创业活动，主要集中在餐饮、百货行业，所赚利润用于贴补家用。同时，由于利润极低，且考虑到生计，这类创业者往往有更强的吃苦耐劳的精神。创业初期，雇用少量甚至不雇佣员工，多依靠亲朋好友的协助完成创业活动。这类创业者在我国所有创业者中所占比例最高。

机会型创业者是指女性为了追求某个商机而进行创业活动，是从个人角度出发，为了满足精神需求而非生理需求。这类女性的典型特征是主动。她们根据自己的兴趣爱好，根据自己的独特视野发现在行业中存在的商机，赚取利润，并且，机会型女性创业者背后往往有好的团队的支持，她们会筛选合适的员工来帮助企业的顺利运行。

## 小小鼠标垫里找商机

刘女士大学毕业后，在一家公司做销售工作。有一天，她陪一位朋友买电脑，回来时发现商家少给了一个鼠标垫。返回索要时，却听到几位顾客正在抱怨鼠标垫做工粗糙，花样单一。"为什么不进一些样式好看点的呢?"言者无意，听者有心。自己何不设计一些个性鼠标垫来卖? 现在人们买电脑花上万元都不含糊，谁还会在乎花几十块钱买一个美丽时尚的鼠标垫? 再说这也代表一种生活品位啊! 随即，学过平面设计的刘女士先在电脑上绘制了两幅个性鼠标垫的效果图，客户非常满意，与她签订了协议，并约定 10 天后交货。刘女士在短短 10 天内净赚了 2 万多，这让她更加坚信个性鼠标垫有广阔的市场前景。

### 2. 独立创业者 VS 企业内创业者

独立创业者多是女性在工作、生活中萌生出独立创业的想法，自己出资成立公司，并自己管理。大部分创业者创业的原因是因为在工作中不顺，或对所从事的行业感到失望，而产生急切的想要改变现状的想法。这类女性创业者需具备一定的投资能力和极强的自立精神。一旦她们决定成立某个项目，便要投入大量的金钱、时间和精力，不屈不挠地奋斗下去。

企业内创业者是指女性在已有的公司或单位中，根据现有的资源、项目创造出不同于以往的商业模式或产品服务。一般是由企业内有创业意愿的女性员工来主持发起，多是为了增加企业竞争力，阻止人才流失，发挥员工潜力。因为有原有公司的扶持，相比独立创业，风险相对较小，资金也更容易到位。

### 3. 初始创业者 VS 二次创业者

初始创业是指女性创业者第一次根据自己的分析与思考，确定自己的创业类型并开始筹备后，一直到招聘员工、建立公司制度、设计研发产品、进行营销并获利的过程。初始创业者特指第一次进行创业活动的人群。她们有着缜密的计划和满满的信心，但由于结果的未知性，她们往往也需要更强大的内心。

二次创业是指女性创业者在经历过初次创业之后，根据自己的学习经验和心得体会而产生更有助于企业进步与发展的思想。二次创业者往往对公司的运营把控得更加自如，决策也更加现实。毕竟创业是一个学习、再学习、不断学习的过程。

### （二）创业团队的内涵与要素

创业团队是指在创业初期，由一群才能互补、责任共担、愿为共同的创业目标而奋斗的人所组成的特殊群体。在英文中团队叫作 Team，团队不同于群体，群体可能只是一群乌合之众，并不具备高度的战斗力，如羊群是群体，狼群是团队。创业团队有五大元素组成：目标、人员、定位、团队成员的角色分配（权限）、创业计划。

**1. 目标**

创业团队应该有一个既定的共同目标，为团队成员导航，让大家知道要向何处去。目标在创业企业的管理中以企业的愿景、战略的形成体现。可以说，团队没有目标就没有存在的价值。

**2. 人员**

人员是创业团队最核心的力量。团队应该充分调动创业者的各种资源和能力，将人力资源进一步转化为人力资本。

**3. 定位**

首先是创业团队的定位，创业团队在企业中处于什么位置，由谁选择团队的成员，创业团队最终应对谁负责，创业团队采取什么方式激励下属；其次是个体创业者的定位，作为成员在创业团队中扮演什么角色，是制订计划还是具体实施或评估等。

**4. 权限**

创业团队当中领导人的权力大小与其团队的发展阶段和创业实体所在的行业相关。一般来说，在发展的初期阶段，领导权相对比较集中，创业团队越成熟领导者所拥有的权力越小。

**5. 计划**

计划有两层含义：一是目标的最终实现需要一系列具体的行动方案，可以把计划理解成达到目标的具体程序；二是按计划进行可以保证创业团队顺利完成进度。只有不断完成计划，创业团队才会一步一步地贴近目标，最终实现目标。

## 二、创业团队的组建与管理

俗话说"一个好汉三个帮"，新时代女性创业也需要"招兵买马"。你必须知道你的企业有哪些工作要做，并且要安排合适的人员去做这些工作。

### （一）创业团队的组建原则

组建创业团队一般要遵循"树立正确的团队理念，确立明确的团队发展目标，建立责、权、利相统一的团队管理机制"的原则，具体应做到以下几点：

**1. 人数合理**

一般而言，创业团队人数控制在 3—5 人为宜。创业者刚开始创业的时候，往往会碰到很多难以预料的问题，人少了，团队的群体效应没发挥出来，人多了，团队思想不容易统一。人数合理，便于领导与任务分工协调有效开展，保证各项工作完成的速度和质量，提高办事效率，占据有利的市场地位。

### 2. 技能互补

团队应包括的基本人才有：管理型人才，负责团队工作调配与应急事务处理等；营销型人才，负责创业计划书的起草修正及市场调研推广等；技术型人才，负责创业项目研发、技术支持和专业服务等。

### 3. 目标统一

目标在团队组建过程中具有特殊的价值。首先，目标是一种有效的激励因素。既能帮助团队成员看清未来发展方向，又能激励创业团队勇于克服困难，取得胜利。其次，目标是一种有效的协调因素。《孙子兵法》曰："上下同欲者胜。"团队中各种角色的个性、能力有所不同，只有目标真正一致、齐心协力的创业团队才会取得最终的胜利。

### （二）选择靠谱的创业团队成员

女性创业者组建创业团队，也可称之为寻找合作伙伴，合作伙伴就是既要能"合"，又要能"作"。也就是说，既要能与你精诚合作，不起异心，又要有实际能力办成实事，而不是只说不"作"，这两点缺一不可。

### 1. 选择志相同、道相合的人做你的合作伙伴

合作伙伴在合作之初最直接的认同就是"志"相同。"志"指的是目标和动机。目标必须明确、合理，这样才能使团队成员清楚地认识到共同的奋斗方向是什么。目标合理，才能达到激励的目的。

**案例分享**

　　季女士结婚之后做起了全职妈妈，现在儿子已经两岁多了。邱女士原本在州城一家药店上班，后来因为怀孕而辞去工作，也当起了全职妈妈，季女士与邱女士两人原本并不认识，却因为两个特殊的缘分而成为好朋友，甚至成了共同创业的搭档。两位女士在家相夫教子的日子虽然并不辛苦，但两个年轻妈妈都想多和外界接触，可是去上班又不方便自己带孩子。于是两人决定共同创业，开一家母婴用品店。作为妈妈，在与宝宝朝夕相伴的日日夜夜，她们越来越清晰地认识到母亲对孩子的爱、对宝宝用品的需求，还有在产品选择上的谨慎，从品牌到材质、从安全到性价比等都会全方位地考虑。

　　"因为我们是在朋友中生孩子比较早的人，大家总是时不时地来咨询我们一些育儿经验，包括怎么选择奶粉、选择什么样的纸尿裤等。"邱女士说，这也是当初她们创业开母婴店的初衷——为妈妈们提供一个专业、安全、放心的购买平台。

**2. 选择能够取长补短、优势互补的人做你的合作伙伴**

女性创业者之所以寻求团队，寻找合作伙伴，其目的就在于弥补创业目标与自身能力间的差距。只有当成员相互间在知识、技能、经验等方面实现互补时，才有可能通过相互协作达到 1＋1＞2 的效果。

《山海经》里有一则故事说，长臂国的长臂人和长腿国的长腿人，各有各的长处，也各有各的短处。下海捉鱼，一个涉水深，另一个却够不着。可是，当长臂人骑到长腿人的肩上时，就既能涉得深又能够得着了。这是说互相补充、有机组合的道理。同样，合作伙伴有缺点，你也有缺点；合作伙伴有优点，你也有优点，如果能进行互补的话，合作的整体力量必会得到极大的加强。

**3. 选择重承诺、守信用的人做你的合作伙伴**

孔子曾说过："人而无信，不知其可也。"意思是说，一个人不守信，不讲信用，是根本不可以交往的。在现代市场经济条件下，信用和信誉是价值连城的无形资产，无论是在做人方面还是做生意方面。

**（三）学会管理你的创业团队**

"精诚合作，金石为开"。在大多数情况下，企业需要创业团队成员齐心协力，才能成功运转，完成工作。女性创业者的企业能否成功取决于女性如何正确管理，如何引导、激励团队成员。

团队不是人的简单组合。创业团队管理就是强调团队的整体利益、目标和凝聚力，团队中的每一个成员围绕着共同的目标而发挥自己最大的潜能，而女性管理者的任务则是为员工创造优质、高效的工作环境，并帮助他们获得成功。

创业团队的领导者为了让创业团队成员确切知道企业需要他们做什么工作，并且方便对团队成员进行绩效考核，就需要对团队成员进行角色分工。角色与分工不但需要从经营项目与任务的要求出发，还要考虑每位成员的能力、性格、实践经历等方面，把适当的任务给适当的人才是最正确的分工。因此，团队管理者首先需要明确每个人在什么岗位，这个岗位有什么主要职责，制定岗位说明书。

岗位说明书应该包括以下内容：岗位名称；该岗位的工作说明，即这个岗位所从事的具体工作；该岗位的上、下级；该岗位员工所应具备的素质和技能。

■ **拓展阅读** ■----------------------

合作能力测试题

| 序号 | 题目 | 选项 | | 得分 |
|------|------|------|------|------|
| 1 | 我喜欢在别人的领导下完成工作 | 是 | 否 | |
| 2 | 我不喜欢参加小组讨论 | 是 | 否 | |

| 3 | 与陌生人一起讨论时，我会放不开 | 是 | 否 | |
|---|---|---|---|---|
| 4 | 我喜欢与人一起分担一项工作 | 是 | 否 | |
| 5 | 我与周围人的关系很和谐 | 是 | 否 | |
| 6 | 我觉得自己要比别人缺少伙伴 | 是 | 否 | |
| 7 | 很少有人让我感到可以真正依赖 | 是 | 否 | |
| 8 | 我时常感到寂寞 | 是 | 否 | |
| 9 | 我相信大合作大成就，小合作小成就 | 是 | 否 | |
| 10 | 我感到自己不属于任何圈子中的一员 | 是 | 否 | |
| 11 | 我与任何人都很难亲密起来 | 是 | 否 | |
| 12 | 我的兴趣和想法与周围人不一样 | 是 | 否 | |
| 13 | 我常感到被人冷落 | 是 | 否 | |
| 14 | 没人很了解我 | 是 | 否 | |
| 15 | 在小组讨论时我感到紧张不安 | 是 | 否 | |
| 16 | 我善于把工作分解开让合适的人一起做 | 是 | 否 | |
| 17 | 我感到与别人隔开了 | 是 | 否 | |
| 18 | 我感到羞怯 | 是 | 否 | |
| 19 | 我要好的朋友很少 | 是 | 否 | |
| 20 | 我只喜欢与同我谈得来的人接近 | 是 | 否 | |
| 总计 | | | | |

评分规划及测试结果分析：

每题均有两个测试结果，即"是"和"否"。答"是"得1分，答"否"得0分。得分在12分以上表示合作能力亟待提高；8—11分表示一般；5—7分表示合作能力较好；4分以下表示合作能力非常好。

对希望提高合作能力者的建议：

1. 借鉴合作能力者的成功合作经验，总结合作失败的教训，为己所用。

2. 培养发现别人的优点，并能不吝赞赏，发挥其长处的能力。

3. 与合作者求同存异。

# 第二节　评估女性创业动机与资源

在了解了什么是企业及创办企业面临的挑战之后，新时代女性应该认真反思我能成为老板吗？我如何成功地创办一家企业？可以坦率地讲，到目前为止，世界上没有肯定答案。但我们从许多企业老板成功或失败的经历中，可以总结出一些共性的东西，即关键要素，如创业动机、经验和能力，以及创业资源等，这三点被称为创业的基本条件。

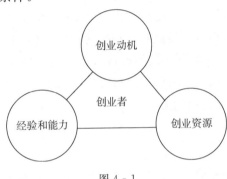

图 4 - 1

## 一、创业者动机评估

无论是女性创业者个人还是团队，要想成功创办企业，都需要具备强烈的创业愿望和坚定的创业动机。

### （一）创业者动机的分类

创业动机是指引起和维持个体从事创业活动，并使活动朝向某些目标的内部动力，它是鼓励和引导个体为实现创业成功而行动的内在力量，即"我为什么要去创办企业"与"我未来企业的发展目标是什么"。一般来说，动机越强烈，目标越明确，创业的成功率就越高。

女性创业是适宜的创业环境与做好创业准备的女性本人相结合的产物，但为什么会有部分女性朋友走上创业的道路？她们的动机有一定的特殊性，归纳起来主要有以下四种类型：

#### 1. 生存的需要

首先，由于社会环境、家庭环境及个人原因，在沉重的经济负担之下，一部分具有创业素质的女性会发现商机并且把握住机遇，开始走上创业的道路。

**2. 积累的需要**

按照奥尔德弗（Alderfer）的 ERG 理论，人的需求分为生存、相互关系和成长。这三种需求并不一定按照严格的由低向高的顺序发展，可以越级。女性朋友随着年龄的增长，对相互关系和成长的需要会逐渐强烈。一部分女性为了增加自己的实践经验、丰富自己的社会阅历，为了自己以后的发展或实现自己的某个目标做好经济上的准备，在条件成熟的情况下也会走上创业的道路。这个类型的创业者往往以锻炼为目的，承受失败的能力较强，同时由于压力较小，失败和半途而废的比例也比较高。

**3. 自我实现的需要**

新时代女性正处于创造能力的觉醒时期，对创新充满了渴望和憧憬。她们思维活跃、创新意识强烈，同时所受的约束和束缚较少，此外，女性处在创新创业的大环境中，她们往往更容易接触一些新的发明和学术上的新成果，或者她们中的一部分人本身拥有自主知识产权的科研成果。为了能早日成功实现自己的目标，她们中的一部分人改变了自己的成功观念，也开始了自己的创业生涯。

**（二）影响创业者动机的因素**

影响创业者动机的因素主要可以分为以下几类：

**1. 层次需求因素**

层次需求不同，创业动机也会有一定差异。在"基本需求"的驱使下，女性创业者会为了财富、尊严而创业。在一定层面上，积累了财富的人往往会相应地获得自我满足和他人的尊重，因此，创造财富是绝大多数女性创业者的直接目标。而"成长需求"则能够在很大程度上解释女性的创业意图："不服气"是一种不能实现自我的反思，"活出自我"是自我实现后的满足。

**2. 社会环境因素**

近年来，随着创新创业热度的升温，我国相继出台了不少优惠措施，比如建立专项基金、提供小额贷款等。不可否认的是，我国创业宏观政策环境还存在种种不利因素。有调查结果显示，有 85% 的女性认为"缺乏资金"是创业所面临的最大的困难，"没有好项目"所占的比重为 33.3%，"家里不支持创业"所占比重最低，仅为 7.5%。这些数据表明，资金扶持和创业指导不到位是阻碍创业的主要原因。此外，当女性创业者涉足服务类行业时人们的评价褒贬不一。因此，国家应从法规和政策、组织保障、文化氛围的营造等方面全方位地改善女性创业的社会环境。

**3. 地域因素**

据调查分析，女性自主创业者主要分布在东部和沿海发达地区与中、西部中等发达地区。经济成熟或高速发展的地区更能提供自主创业所需要的新的商机与发展点。中、西部中等发达地区包括安徽、广西、河北、河南、湖北、湖南、江西、内蒙古、山西、陕西、四川、云南、重庆;东部和沿海发达地区包括北京、福建、广东、江苏、山东、上海、天津、浙江;中、西部不发达地区包括甘肃、贵州、宁夏、青海、西藏和新疆;东部沿海中等发达地区包括海南、黑龙江、吉林、辽宁。其中,中西部中等发达地区的女性最具有创业的热情,在女性创业者中来自这些地区的人数是最多的。无论是哪一个地区的女性创业者,家乡对她们创业都具有特殊的吸引力,这和她们对家乡的环境更为熟悉、在家乡人脉更广泛有着密切的关系。

**4. 教育的影响**

创业教育的重要性在于,通过创业教育改变人们的传统意识与观念,人们会形成创业精神、创业意识和创业能力,从而将创业作为一种人生追求。如今伴随着创新创业教育的普及,女性群体接受创业教育的机会增加,直接促进了她们创业动机的产生。

据调研,一个人接受的创业教育越系统全面,他的创业能力越高,创业的勇气与决心越大,选择创业道路的可能性也就越大。

**5. 创业者素质因素**

创业成功的女性往往是这样的一群人:她们有敢问天下先的勇气,有百折不挠的毅力,有对事业和社会高度负责的态度;她们眼光独到,观察力敏锐,能够总揽全局,高瞻远瞩;她们储备了丰富的知识,具备了良好的技能,善于处理复杂的矛盾。优质的创业素质决定着创业动机的高境界。

> **案例分享**
>
> ### 烟台80后女生胆大心细的家政创业故事
>
> 家政服务业给我们的印象,似乎都是一些阿姨在做,放到一个80后女孩身上,大家首先想到的可能是80后这个群体太"娇气""不能吃苦"。韩女士来自山东烟台,她既不娇气也不怕吃苦,选择了家政保洁服务行业,成立了喜乐家政保洁有限公司。十几米高的倾斜铁架子她敢爬上去做清洁;二十层楼的玻璃她敢内外都清洁;为酒店打扫卫生时她能将床和柜子都搬开,清理出下面的脏物;冬天怕玻璃上结冰擦不干净,她主动询问业主家里是否有暖气……虽然在很多人眼中,这是一个"伺候人"的行业,但韩女士却"伺候"出了名堂。在韩女士眼中,干家政就四个字:胆大心细!凭着这四字秘诀,这位80后姑娘在烟台家政保洁界已经小有名气,拥有数十名专业保洁员,而且还成为烟台养老帮扶中心指定的家务服务公司。

## 二、创业者资源评估

女性创业者除了对自身动机进行评估之外，还需对创业资源进行评估。创业资源是新创企业成长过程中必需的资源，按照资源对企业成长的作用我们将其分为两大类，对于直接参与企业日常生产、经营活动的资源，我们称之为要素资源；对于未直接参与企业生产，但其存在可以极大地提高企业运营的有效性的资源，则称之为环境资源。

### （一）要素资源评估

#### 1. 场地资源

场地资源包括场地内部的基础设施建设、便捷的计算机通信系统、良好的物业管理和商务中心，以及周边方便的交通和生活配套设施等。

#### 2. 资金资源

资金资源包括及时的银行贷款和风险投资、各种政策性的低息或无偿扶持基金，以及写字楼或者孵化器所提供的便宜的租金等。

#### 3. 人才资源

人才资源包括高级科技人才和管理人才的引进、高水平专家顾问队伍的建设、合格员工的聘用等，还包括企业诊断、市场营销策划、制度化和正规化企业管理等人才。

#### 4. 科技资源

科技资源包括对口的研究所和高校科研力量的帮助、与企业产品相关的科技成果，以及进行产品开发时所需要用到的专业化的科技试验平台等。

### （二）环境资源评估

环境资源是指影响人类生存和发展的各种天然的和经过人工改造的自然因素的总体。包括：大气、水、海洋、土地、矿藏、森林、草原、野生生物、自然遗迹、人文遗迹、自然保护区、城市和乡村等。就创业所需的资源来说，环境资源基本包括政策资源、信息资源、文化资源、品牌资源等。

#### 1. 政策资源

政策资源包括允许个人从事科技创业活动，允许技术入股，支持海外与国内的高科技合作，为留学生回国创业解决户口、子女入学等后顾之忧，简化政府的办事手续等。

#### 2. 信息资源

信息资源包括及时的展览会宣传和推介信息、丰富的中介合作信息、良好的采购和销售渠道信息等。

### 3. 文化资源

文化资源包括高科技企业之间相互学习和交流的文化氛围、相互合作和支持的文化氛围，以及相互追赶和超越的文化氛围等。

### 4. 品牌资源

品牌资源包括借助优秀企业的品牌、借助科技园或孵化器的品牌，以及借助社会上有影响力的人士对企业的认可等。

■ 拓展阅读 ■--------------------

#### 评价一下自己的创业动机

根据提示，女性朋友们请完成下面的小测试。A 栏和 B 栏里各有一些陈述，其中，有一个更符合你的情况或想法。

如果 A 栏里的陈述符合你的情况或想法，请在 A 栏旁边的空格里填写"2"。

如果 B 栏里的陈述符合你的情况或想法，请在 B 栏旁边的空格里填写"2"。

在自我评价时要实事求是。这个测试只针对你个人，帮助你评价自己是否具有成功经营企业的动机。

1. 创办企业的动机

| A 组 | 得分 | B 组 | 得分 |
| --- | --- | --- | --- |
| 我有一份工作。 | | 我没有工作。 | |
| 我从自己干过的每一份工作中都学到了一些东西，我发现工作很有意思。 | | 我工作只是为了挣钱。工作没有什么乐趣，我对工作兴趣不大。 | |
| 我想让我的企业成为我的终身事业。 | | 我想创业，是因为没有其他选择。 | |
| 我想拥有一家企业，这样我能够为我的家庭提供更好的生活条件。 | | 我想创办企业，是因为我想取得成功，富人都有自己的企业。 | |
| 我坚信，我的成功与否更多地取决于我自己的努力。 | | 一个人不论做什么，要想成功，都需要其他人的大量帮助。 | |
| 总计 | | 总计 | |

2. 创办企业的主动性

| A 组 | 得分 | B 组 | 得分 |
| --- | --- | --- | --- |
| 我不惧怕问题，因为问题是生活的组成部分，我会想办法解决问题。 | | 我发现处理问题很难。我担心这些问题，或者干脆不想问题。 | |
| 当我遇到困难时，我会尽全力去克服。困难是我的挑战，我喜欢挑战。 | | 如果我有困难，我试图忘掉这些困难，或者等待困难自行消失。 | |

续 表

| 我不是等待事情的发生，而是努力促使事情的发生。 | | 我喜欢顺其自然并等待降临。 | |
| --- | --- | --- | --- |
| 我总是尝试做一些与众不同的事情。 | | 我只喜欢做擅长的事情。 | |
| 我认为所有的想法都会有所帮助，我寻求尽可能多的想法，看看这些想法是否行得通。 | | 人都有很多想法，但是你不可能做所有的事情，我愿意坚持自己的想法。 | |
| 总计 | | 总计 | |

### 3. 对企业的承诺

| A 组 | 得分 | B 组 | 得分 |
| --- | --- | --- | --- |
| 我在压力之下工作得很好。我喜欢挑战。 | | 我在压力之下工作得不好。我喜欢平静和轻松。 | |
| 我喜欢每天工作很长时间，不介意利用业余时间。 | | 我认为工作以外的时间很重要，一个人不应该工作时间太久。 | |
| 一旦需要做出决定，我能够尽快做出决定。 | | 我不愿意为了我的企业而减少与家人及朋友在一起的时间。 | |
| 如果必要的话，我可以把社会义务、休闲和业余爱好放在一边。 | | 我认为在社交活动、业余爱好及休息上多花时间是很重要的。 | |
| 我愿意非常努力地工作。 | | 我愿意工作并做必须做的事情。 | |
| 总计 | | 总计 | |

### 4. 坚韧不拔和应对危机的能力

| A 组 | 得分 | B 组 | 得分 |
| --- | --- | --- | --- |
| 即使面对极大的困难，我也不轻易放弃。 | | 如果存在很多困难，真的不值得为某一件事情去奋斗。 | |
| 我不会因挫折和失败沮丧太久。 | | 挫折和失败对我影响很大。 | |
| 我相信自己有能力扭转局势。 | | 一个人能够独立做的事情就那么多，命运和运气起很大作用。 | |
| 如果有人对我说不，我会泰然处之，我会尽最大努力改变他们的想法。 | | 如果有人对我说不，我通常会感到很糟糕，并选择放弃这件事情。 | |
| 遇到危机时，我能够保持冷静并找出最佳办法应对。 | | 遇到危机时，我会感到慌乱和紧张。 | |
| 总计 | | 总计 | |

5. 风险承担能力

| A 组 | 得分 | B 组 | 得分 |
|---|---|---|---|
| 我坚信，要在生活中前进我必须冒险。 | | 我不喜欢冒险，即便是有机会得到很大回报也是这样。 | |
| 我认为风险中蕴藏着机会。 | | 如果可以选择，我愿意以最稳妥的方式做事情。 | |
| 我只有在权衡利弊之后才会冒风险。 | | 如果我喜欢一个想法，我会不计利弊就去冒险。 | |
| 即使投资全部亏掉了，我也愿意接受这样的现实。 | | 我很难接受投资全部亏掉的现实。 | |
| 我清楚不是所有的事情都能够完全控制，哪怕是我具有控制权。 | | 我喜欢完全控制自己做事情。 | |
| 总计 | | 总计 | |

你的得分：将 A、B 栏的得分分别相加，相比较。

A 栏 6—10 分，证明你在这方面的能力较强，在"强"下面画"√"。

A 栏 0—4 分，证明你在这方面的能力不太强，在"不太强"下面画"√"。

B 栏 0—4 分，证明你在这方面的素质或能力有点弱，在"有点弱"下面画"×"。

B 栏 6—10 分，证明你在这方面的素质或能力是弱项，在"弱"下面画"×"。

A 栏得分高，说明你在组织和经营企业方面有可能取得成功。

| 个人素质/能力 | A | 6—10分 强 | 0—4分 不太强 | B | 0—4分 有点弱 | 6—10分 弱 |
|---|---|---|---|---|---|---|
| （1）创办企业的动机 | | | | | | |
| （2）创办企业的主动性 | | | | | | |
| （3）对企业的承诺 | | | | | | |
| （4）坚韧不拔和应对危机的能力 | | | | | | |
| （5）风险承担能力 | | | | | | |
| 总分 | | | | | | |

如果你在 A 栏里的总分达到 50 分或更高，说明你具有创办企业所应具备的各项个人素质。

如果你在 B 栏里的总分达到 50 分或更高，说明你需要对你的弱项加以改进，将弱项转化为强项。

# 第三节　提升女性创业能力与素质

## 一、创业者能力素质的测评

女性创业者能力素质是指结合女性创业者的心理素养与文化教育，在特定环境影响下形成的一种综合素质，包括女性创业者心理素质、技能素质和处事素质等。通过这些综合能力素质，女性创业者在创业过程中对自己有更清楚的认识，能适度降低创业过程中的风险，利于企业稳健运营。

### （一）女性创业者能力与素质

**1. 身体素质**

所谓身体素质是指身体健康，思路敏捷，精力旺盛。现代女性的创业与经营是艰苦而复杂的，一般创业者工作繁忙、时间长、压力大，都要经受超过常人的工作负荷和心理负担，如果身体不好，难以承担创业重任，身体素质的好坏在一定程度上决定了创业能够走多远。所以，女性创业者需要有良好的身体素质来做基础，每个女性创业者都应该培养自己某一项或几项运动的兴趣爱好，并且在锻炼的过程中还能拓展人脉，学会团队合作和提升领导力。

**2. 心理素质**

所谓心理素质是指创业者的心理条件，包括自我意识、性格、气质、情感等心理构成要素。作为新时代女性创业者，自我意识特征应为自信和自主，要具备成功欲望、自信、忍耐、眼界、冒险精神等特质。

（1）成功欲望被列在女性创业者素质的第一位，女性创业者需要打破现在的立足点，打破眼前的樊笼，才能够实现梦想。女性创业者的欲望伴随着强大的行为和冒险精神。因为有成功欲望而不甘心，从而走上创业的道路，最终成功，这是大多数白手起家的女性创业者走过的共同道路。

（2）自信和情商是女性创业者很强大的力量。女性成就事业就要有自信，有了自信才能产生勇气和毅力，困难才有可能被战胜，目标才可能实现。但是自信绝非自负，唯有建立在诚信和自强不息的基础之上才有意义。心理学上有很多技巧可以让人更加自信，但归根结底自信源自实力，只有自己的知识和能力达到了一定水平才能真正自信，因此女性需要在不断取得进步的过程中积累知识，提高能力。此外，情商和领导力有很大关系，提高情商有助于领导水平的提高。提高情商主要应从五个方面入手，即了解自我、自我管理、自我激励、辨别他人情绪、提高人际关系能力。

（3）忍耐是女性创业者必须具备的素质。古语有云"艰难困苦，玉汝于成"，女性创业者的肉体与精神经受折磨是其成功路上的必修课，创业者一定要有一种坚韧不拔、宠辱不惊的定力与意志，如果没有，那么一辈子给别人打工，做一个打工仔，或许是更合适的选择。

（4）眼界决定了女性创业者的创业思路。女性创业者必须见多识广、开阔眼界。一般而言，创业者的创业思路有几个共同来源：一是职业；二是阅读；三是行路；四是交友。

（5）创业需要胆量，需要冒险。冒险精神是创业家精神的一个重要组成部分。女性创业者一定要分清冒险与冒进的区别，无知的冒进就是鲁莽和愚蠢，其行为就变得毫无意义了，并且惹人耻笑。而冒险可以得到她们想要的东西，并且这个东西值得她们为之努力。

## 案例分享

### 创业者的"成功欲望"

王女士自筹资金20万元，从2000年开始创业，从一个小小的美容店做起，现在已经拥有40多家美容院，2家化妆品厂和1所美容美发职业培训学校，并在全国建立了200余家连锁加盟店，个人资产超亿元。王女士认为"一个人的梦想有多大，她的事业就会有多大"，所谓梦想，不过是成功欲望的别称。

### 3. 知识素质

创业者的知识素质对创业起着举足轻重的作用。女性创业者要做出正确决策，在创业过程中能进行创造性思维，同时，必须具有一专多能的知识结构，掌握广博的知识。具体来说，女性创业者应该具备综合知识、行业知识和商业知识这三类知识。综合知识是建立良好社会关系的基础，行业知识则是选择创业机会的基础，商业知识能够指导企业如何进行经营管理。

（1）综合知识

在商务交往中有一个现象，人与人之间的非正式沟通比正式沟通花的时间还要长，大约占到了70%，话题知识的掌握就直接决定了这大部分时间的沟通效果。女性创业者有必要对一些沟通话题有兴趣，而且要有涵养，如子女教育、健康、时尚科技、历史文化、休闲旅游、体育运动、投资理财等。综合知识的学习需要积累，女性创业者可以从自己最感兴趣的内容入手拓展综合知识。

（2）行业知识

女性创业者必须对所要进入的行业有相当深入的了解，这是寻找和把握创业机会的关键。女性在创业之前，应全面了解市场的需求情况，了解此行业的发展历程、现状、前沿趋势与竞争格局，尤其要从消费者的角度来理解行业知识，了解行业内的成功案例、相关的产品服务，以及技术知识等。

（3）商业知识

创业团队有必要掌握市场营销、财务管理、法律、决策、谈判与商务礼仪等涉及商务方面的基础知识，这是经营管理中需要掌握的技能。女性创业者学习商业知识的途径有：首先从书本中学习，其次向成功企业家学习，最后从实践中学习。

**4. 能力素质**

女性创业者至少应具有如下能力：创新能力、沟通能力、学习能力和领导能力。

（1）创新能力

创新是创业者发掘机会，再将机会转化成市场概念的过程。创新能力是女性创业者必备的素质能力。女性创业者需要不断训练自己的创新思维，越早开始越好，从生活小事开始，不间断地训练，培养自己的创新思维能力和思考的习惯。

（2）沟通能力

创业是一个交流沟通的过程，对于女性创业者来讲，无论是你的员工、客户、上游供应链还是投资人，有效的沟通可以达到事半功倍的效果。沟通能力包括表达能力、争辩能力、倾听能力和设计能力（形象设计、动作设计、环境设计）。沟通能力看起来是外在的东西，而实际上是个人素质的重要体现，它关系着一个人的知识、能力和品德。沟通过程包括沟通主体、沟通客体、沟通介体、沟通环境和沟通渠道。沟通技巧有以下几点：

悉心倾听：不打断对方，眼睛不躲闪，全神贯注地用心来听。

勇敢讲出：坦白讲出自己的内心感受、想法和期望。

不能口出恶言：恶言伤人，就是所谓的"祸从口出"。

理性沟通：有情绪时避免沟通。

敢于认错：勇于承担责任。

要有耐心，也要有智慧。

（3）学习能力

人类社会已经进入了知识经济时代，新技术、新产品的生命周期越来越短，人们创造的知识总量也越来越多，知识与技术的更新越来越快。因此女性创业者需要快速地学习、不断地学习，才能跟上知识潮流的步伐并力争引领潮头。

创业的道路上充满了未知，没有完全的经验可以照搬，女性创业者只有从书本上与实践中不断地学习、思考，才能成长起来。虽然大部分女性在学校学习了很多年，但不代表她们真正具备了学习的能力，因为女性创业者需要的学习能力比一般的学习更具有"针对性"，如能够把所学内容灵活重组或运用创造性思维解决实际生活中遇到的问题。

（4）领导能力

创业团队一定要有一个灵魂人物，女性创业者作为灵魂人物，必须指引方向、凝聚人心和协调团队成员。所以，女性创业者需要具备和谐的领导能力。领导能力可以理解为一系列行为的组合，这些行为将激励人们追随领导人去要去的地方。在组织中各个层次我们都可以看到领导力，这是企业有序经营的核心。女性创业者在企业创建初期的管理通常是不规范的，需要创业团队不计较个人得失地付出，这就需要领袖人物来引领和激励大家共同前行，众志成城克服创业过程中的种种困难。

当然，这并不是说女性创业者必须完全具备以上这些素质才能去创业，但其本人要有不断提高自身素质的自觉性和实际行动。提高素质，一靠学习，二靠改造。要想成为一个创业者，就要做一个终身学习者和自我改造者。

## （二）基于创业者核心素质模型的测评

基于女性创业者相应的能力与素质要求，我们选取 15 项要素作为评价指标，测试女性创业者的综合素质，并制定女性创业者素质自我测评表。在填写测评表时，女性可以独立完成，但对于一些不太明确的评价，也可以参考他人意见。在表 4-1 中，1—5 表示对某项能力水平的评价等级，分数越高说明越符合某项素质。同时表中有两次测评，建议测评者先进行第一次测评，在学习和实践后，再进行第二次测评，然后可观察两次测评有无变化。

表 4-1　女性创业者素质自我测评表

| 能力要素 | 释义 | 评分 | | | | | 第一次评分 | 第二次评分 |
|---|---|---|---|---|---|---|---|---|
| 成功欲望 | 希望通过自己的努力实现创业目标，并且在这个过程中积极主动 | 1 | 2 | 3 | 4 | 5 | | |
| 竞争意识 | 主动接受挑战，并在竞争过程中保持公平、公正 | 1 | 2 | 3 | 4 | 5 | | |
| 冒险意识 | 敢闯敢拼，勇于冒险，不畏惧失败与风险 | 1 | 2 | 3 | 4 | 5 | | |
| 持之以恒 | 在明确自己的目标后，坚持不懈，砥砺前行 | 1 | 2 | 3 | 4 | 5 | | |

续　表

| | | | | | | | | |
|---|---|---|---|---|---|---|---|---|
| 沟通技巧 | 掌握人际交往过程中的沟通技巧，能够很快让别人清楚了解自己想要表达的东西，说话有吸引力 | 1 | 2 | 3 | 4 | 5 | | |
| 领导力 | 对自己和员工有清楚的认识和定位，既可以管理好自己，又可以管理好团队 | 1 | 2 | 3 | 4 | 5 | | |
| 洞察力 | 善于发现事物的闪光点，往往能够获取别人忽略的信息 | 1 | 2 | 3 | 4 | 5 | | |
| 创新力 | 能够在自己的创业项目中加入创新元素，大胆组合，迸发出别样的特点 | 1 | 2 | 3 | 4 | 5 | | |
| 组织力 | 办事逻辑清晰，对企业中的团队组织活动可以做到良好、高效 | 1 | 2 | 3 | 4 | 5 | | |
| 应变力 | 处理事务时能够保持清醒的头脑，随机应变 | 1 | 2 | 3 | 4 | 5 | | |
| 诚实守信 | 保持应有的职业道德与职业操守，真诚待人，实事求是 | 1 | 2 | 3 | 4 | 5 | | |
| 正直自信 | 品行端正，并且能够保持积极自信的态度，在遇到挫折时，依旧相信自己，相信自己的团队 | 1 | 2 | 3 | 4 | 5 | | |
| 知识储备 | 具备良好的知识储备，包括书本知识与实践知识。具备一定的社会阅历与社会分析能力 | 1 | 2 | 3 | 4 | 5 | | |
| 建立企业文化 | 有自己完整健康的世界观、人生观、价值观。能够形成优秀的企业文化，并带领团队不断深化完善 | 1 | 2 | 3 | 4 | 5 | | |
| 人际网络 | 有广泛的人际交往圈，喜欢并擅长结识新的朋友。同时又能为新朋友留下好的印象 | 1 | 2 | 3 | 4 | 5 | | |
| 合计 | | | | | | | | |

测评总结与改进方案：

1. 我已经具备的素质：……

2. 我仍不具备的素质：……

3. 提高方案：……

## 二、创业者能力素质的提升

女性创业者的能力素质，有一些是与生俱来的，但更多的是通过后天的学习和培养形成的。创业的过程，不仅是奋斗拼搏的过程，同样也是学习和培养的过程，女性朋友可以从书中学习理论，可以从失败中反思总结，可以从别人的经历中学习经验，还可以从摸爬滚打的实践中自我总结。慢慢地积累，最后由量变到质变，从一个青涩的创业者慢慢成长为一个准备充足的创业者。

### （一）培养女性创业者的健康心理

创业过程可以说是一次充满新奇的大冒险，在这次冒险中，有赢有输，有起有伏，只有调整好心理状态，才有可能完成冒险，登顶夺旗。如何培养一个女性创业者健康的心理素质，可以尝试从以下三方面入手。

#### 1. 树立企业家精神

所谓育才先育人，育人先育德。良好的品德，包括诚实守信、勤俭节约、善良勇敢、有所担当等，这些都作为优质的意识形态，推动着人类的发展和社会的进步。德与才是相辅相成的，缺一不可。女性创业者的个人形象和品质是创业行为的精神核心，其包括两个大的方面，即对自己的管理和对员工的管理。对于自身而言，创业者的意志、信念、人格都是自我形象的展现。正直诚信、不屈不挠、坚韧执着、敢于担当都是人格魅力的具体表现，这些精神会随着创业者注入企业文化中，为企业的发展带来更多生机。

个人形象是可以传染的，领导者的工作作风与为人处世态度也会影响员工的工作热情及工作信心。好的女性创业者懂得引导、管理、爱护、尊重员工，与员工并肩作战，让员工感觉温暖，这才是一个团队的基本构成。

#### 2. 清楚认识自己

古往今来，无数的典故告诉我们，没有人是生来的将才，也没有人是生来的士兵。同样，对创业者而言，没有天生的创业者。每一位成功的创业者都要经历种种磨难和考验，这是他们的必经之路。识时务者为俊杰，不是一定要赚多少钱就是成功，也不是赔掉多少钱就是失败。成功的创业者，能分辨形势，能看清自己，懂得把握分寸。只要清楚地认识自己的能力，无关家境、背景，在能力范围内尽力而为，就是一个成功的创业者。

**案例分享**

### 制作手工艺品创业

韩女士大学就读动漫设计专业，毕业一年换数次工作后，她毅然选择走自己的路，实现自己的理想。韩女士辞职创业，开店、制作手工艺品，每天都会像守着"孩子"似的守着自己的店，有朋友、顾客光顾便招待，无则做做手工，弄些小玩意，虽然目前生意不是特别好，但她觉得很满足，她说能做自己喜欢的事儿，这就是一种幸福。

### 3. 管理好自己的情绪

在生活中，适时地培养、调度、调控自己的情绪，有助于更好地掌控和把握情绪。在企业经营过程中，创业者遇事而无法自持，做出情急之下的错误判断，这样既是对自己不负责，也是对员工和客户不负责，同时，也是对竞争对手不负责。

### （二）提升女性创业者的领导能力

创业者的领导能力是一家企业能否有立足之地的重要因素，创业者对自身的管理及对员工的领导都是领导能力的体现。培养女性创业者领导能力应着重从以下几方面入手。

### 1. 提高学习能力

学习是不断使人进步的过程。在企业创立的过程中，新时代女性需掌握专业技术、人才培养，以及经营管理等相关知识。这并不仅仅是简单的几摞书的问题，而是创业者思考与实践的过程。马克思说，实践是检验真理的唯一标准。理论知识可以在你面临选择与困难时为你提供思路，但若不加以实践运用，终是纸上谈兵。

### 2. 提高把握机遇的能力

把握机遇的能力素质也是一位合格的女性创业者应具备的，对创业而言，好的创业项目遇到恰当的机遇，小企业会成长为具有竞争力的大企业。但机遇有时候往往也代表着挑战，没有把握好分寸，挑战失败，也会使企业走下坡路。女性创业者可以从以下四个方面提高把握机遇的能力：

（1）产生兴趣；

（2）敏锐的洞察力；

（3）立足实际，解放思想，勇于创新；

（4）出现机遇，审时度势，牢牢把握。

**案例分享**

#### 专注儿童早教产业创业

在这个"孩子是未来的一切"的年代，很多创业者都努力在儿童才艺培养方面占据属于自己的市场。家长们都急切地希望自己的小孩在才艺方面有一技之长。毕业于音乐学院的杨女士抓住机遇，成立才艺培训机构，她希望自己的服务质量能够让孩子们真正掌握一门才艺。该才艺培训机构专注服务2—6岁幼儿和7—12岁的少年音乐启蒙和基础音乐教育。该才艺培训机构课程体系完整，有专业的音乐师资力量和完善周到的教学服务，保障每一位学员学有所成。

**【分析与提示】**

不同的人往往对机遇有着不同的理解，就像硬币的两面，在很多人看来是深渊的机遇，却被一些人认为是天堂；或者某些看起来不错的机遇，背后却是重重陷阱。因此，对待机遇，女性朋友们要结合自身的能力，听取他人意见，保持客观理性的态度，抓住适合自己的机遇，努力奋斗，实现价值。

### 3. 提高信息收集及分析能力

互联网的普及和大数据的广泛运用，早已使我们的社会变为信息化社会。信息量之大，信息价值之高也是前所未有的。信息对社会的政治、经济、文化格局都产生了极为深远的影响，同时也与我们每个人的生活息息相关。因而对信息的准确处理也成为女性创业者的一门必修课。

（1）要求女性创业者树立正确的"三观"，不要贪图蝇头小利，不要相信天上掉馅饼的故事。

（2）做出决定前，多咨询或者进行实地考察，听取他人意见，避免上当受骗。

（3）在进行信息处理时，需掌握一些必要的信息处理工具。女性创业者必须要清楚企业的账面信息与实际财务状况，除此之外，要对所从事行业的专业知识信息有一定了解。例如，从事装修行业，要对各种涂料的好坏、适用情况有所掌握；从事摄影行业，要对不同的相机、镜头，以及图片色彩的处理有所掌握。

### （三）增强女性创业者的交际能力

交际能力是一个创业者综合能力的外在表现，也在日常事务的处理中显得越来越重要。良好的交际能力，不仅可以使女性创业者得到更多的理解，也会使她们形成健康的心理，树立正确的人生观、价值观和世界观。女性创业者交际能力的提升可从下述方法着手。

### 1. 读书，听讲

读书和学习，对不同阶段、不同领域的人都会产生作用，都会使他们对问题的判断和处理产生新的理解与认识。尤其对女性创业者来说，掌握说话的技巧，往往会获得更多的机会。

### 2. 积极参加活动

女性创业者应积极主动参加晚宴、交流会等聚会。在这些聚会中，尝试结识各类前辈或朋友，多听取他人的意见和见解，开阔眼界、拓宽思路，从别人的学习、实践经历中吸取精华，择其善者而从之，其不善者而改之。

### 3. 大胆尝试，主动交流，向别人介绍你的想法

学习、读书、听讲座、听取他人意见只是提升交际能力的输入过程，但一个人交际能力的展现最终要落在输出渠道上。对此，最好的办法就是多说，只有不断锻炼，大胆尝试，让别人了解你的想法，才能真正提升自我，从而完善创业过程。

总之，女性创业者既是公司的创始人，也是企业的领导者。当企业面临决策时，一方面要听取智囊团的意见，另一方面，也要学会独立思考，有自己的见

解，不能对员工、顾客完全听之任之，要有自己的判断。这就要求女性创业者在创业过程中有意识地培养、锻炼自己。一时失误并不可怕，关键是能从失误或失败中吸取教训，久而久之，不仅能提高自己的洞察力，也有助于企业的发展。

■ 拓展阅读 ■------------------------

### 互联网女性创业精英冯女士的创业人生

女性天生的细腻、责任心、吃苦耐劳、含蓄、韧性使得她们的管理风格更人性化、情感化。比如，女性重视沟通，能给员工更多的尊重、包容和事业发展空间，使公司氛围更和睦，大家像一家人一样。

如果把创业者分为精英、极客、闷声发财几种类型，冯女士是一个典型的精英创业者，她选择了最具挑战性的领域——垂直电商品牌。

在成为创业者之前，她拥有厚厚一摞金领履历：在世界最大航空电子公司罗克韦尔·科林斯公司（Rockwell Collins）负责亚太区营销，在麦肯锡北京办公室帮 MSN、联想等做策略咨询，在 eBay 主管全球 13 个网站的产品开发……2008 年应 DFJ 董事总经理 Hope Chen 邀请回国加入酷 6 做战略、产品、融资副总。

在 2006 年还在硅谷的时候，她就盯上了中国的电商市场，并推荐给许多 VC 朋友关注。等到自己创业时，电商成了她的不二之选。在中国做电商的大约有三种人：第一种做商场，比如价格战里硝烟弥漫的综合或垂直 B2C 平台；第二种卖货，比如各平台下的分销、导购；第三种做品牌，比如"淘品牌"。前两种人中擅长抢用户的互联网人居多，后一种人以传统行业、淘宝大店为主。按照常理，冯女士积攒了这么多互联网经验，该去做平台或服务，但她却逆向思维，既然懂互联网、愿意且有能力用互联网方法做品牌的人少，这对她来说就是一个机会。

当然，这不是全部的判断依据。首先，她认为做综合平台的时机已经过去了，而烧钱的垂直平台她不愿意做，加之长期从事虚拟经济已感到厌倦，希望接接地气，所以就选垂直领域做品牌。再者，她对时尚和生活品质高度重视，对家居、生活用品非常痴迷。回国生活后，她发现自己的需求在国内市场得不到满足。

经过调研，她发现家纺是一个超过一万亿的大市场，高度分散，前十大品牌市场占有率有限，最大一家年销售才 20 多个亿，用户对品牌认知度不高。互联网在行业中的进程不像服装那么快，做电商的几乎都还是传统品牌，意味着市场、电商两个角度都有机会。

"家纺是非常亲肤、贴身的东西，好的面料和差的面料盖在身上的感觉完全不同，只要尝试过你就会知道，品味上去了就很难下来。而且，家纺的好坏只有自己知道，不像穿在外面的衣服能秀名牌给别人看。中国的家纺品质与欧美相比有一定差距，但随着中国人生活水平、消费能力的提高，人们对内在感受的追求一定会有所提升。"以自己的体会现身说法的她坦言看好家纺在消费升级中的空间，并表示自己想做的，就是借助互联网抹去渠道成本，直接面对消费者，让中国消费者以能负担得起的、合理的价格，享受到与欧美同等品质的生活。

目前，冯女士创办的家纺企业主要销售渠道是京东、天猫、1号店等B2C平台，针对各大平台受众在年龄、地域、客单价等方面的差异上线不同的产品。该企业没有主推自己的网站，已经开始布局线下，但网站和线下的功能更多的是展示，让用户看到或者体验到，不作为主力销售渠道。与创业初期相比，冯女士创办的家纺企业已经有了3000万销售额，增长率达300%。

以下是对冯女士进行的关于女性创业的一段采访：

Q：女性创业者相对于男性来说，优势和劣势各是什么？

A：不同行业表现不一样。我做的是主要由女性消费的家居用品，也就是说我同时是从业者和消费者，能更感性、更准确地把握品牌调性和产品品质、设计。但另一方面，女性相对谨慎保守，有时会过分追求完美拉长生产周期，这在一定程度上限制了产能。

Q：女性创业者的领导力是什么？

A：女性天生的细腻、责任心、吃苦耐劳、含蓄、韧性等特质使得她们的管理风格更人性化、情感化。比如，女性重视沟通，给员工更多的尊重、包容和事业发展空间，使公司的氛围更和睦，大家像一家人一样。

Q：你愿意找什么样的男性搭档？

A：理性、逻辑思维清晰、有执行力。不过，我们公司女性员工比较多，因为女性天然地对家居用品更有感觉。

Q：目前最大的瓶颈是什么？

A：电商品牌经营和营销人才相对不足，需要根据企业自身特点从头培养。我们需要更多懂互联网、懂零售、懂品牌、懂营销的复合型人才。

# 第五章 新时代女性创业风险的评估与规避

本章导读

创业是充满风险的，女性创业者对可能出现和遇到的风险的认识不足，这是一个普遍的现象。

通过学习女性创业风险的概念、来源、共同特征、种类等内容，女性可以掌握创业风险的相关知识、树立创业风险意识，减少在创业中出现风险的概率，提高风险的防范意识，从而减少女性创业者在创业过程中遇到的风险。通过学习识别创业风险、准备创业计划风险、获取创业资源风险、经营初创企业的风险及女性创业风险的识别方法等内容，女性可以正确预测创业风险，并科学地评估创业风险，从而从容地面对创业风险。通过学习防范创业风险的途径、防范创业风险的方法等内容，女性可以掌握预防及规避创业风险的途径和方法，学会分析风险、评估风险、预防风险，从而巧妙地规避风险。

## 名人名言

1. 好的木材并不在顺境中生长，风越强，树越壮。

——马里欧特

2. 创业者的眼前往往只有两条路——一条是概率为10%的存活之路，还有一条是将近90%的淘汰归途。

——本·霍洛维茨

3. 不要控制失败的风险，而应控制失败的成本。

——罗伯特 A.库珀

# 第一节　认识女性创业风险

## 一、女性创业风险的内涵

### （一）女性创业风险

**1. 风险的定义**

风险，从词源学上看，可以追溯到拉丁语"Rescum"，意思是"在海上遭遇损失或伤害的可能性"或"应避免的东西"。相传在远古时期，以打鱼为生的渔民们在每次出海前都要祈祷，希望得到神灵的庇佑，保佑自己在出海时能够风平浪静、满载而归。他们在长期捕捞活动中，深深地体会到"风"给他们带来的危险，既无法避免，又无法预测。他们清楚地意识到在出海打鱼的生活中，"风"即意味着"险"，因此有了"风险"一词。

从广义来理解，风险是指在特定的客观条件下、特定时期内，某一事件其实际结果于预期结果的变动程度，变动程度越大，风险越大；反之，则越小。从狭义来理解，风险是指可能发生损失的不确定性，强调可能存在损失，而这种损失是不确定的。中国的汉语词典，将风险解释为"可能发生的危险"。

**2. 女性创业风险的定义**

女性创业风险是指女性创业者在企业创业过程中存在的风险。创业环境的不确定性、创业机会与创业企业的复杂性，女性创业者、创业团队与创业投资者的能力与实力的有限性，可能导致创业活动与预期目标相偏离。

> **案例分享**
>
> **当老板不易**
>
> 许女士一门心思想做老板。经过 7 年的努力工作和省吃俭用积攒了一笔资金，其中的 10 万元做了注册资金，5 万元作为流动资金。她认为，个人创业必须有丰富的工作经验。所以在过去的工作中，她总是分内分外的事全都抢着干，从不计报酬，尤其是经营方面的事，她更是竖着耳朵听，就是为了多学点本事，为自己开公司做准备。另外，她认为个人创业必须有一个好的项目。她选择了一个当时的朝阳项目——房地产租赁咨询。
>
> 2009 年底在办齐所有手续后，门店终于开张了，她勤勤恳恳努力工作，但她怎么也没想到，最初的 3 个月几乎没有生意，直到第 6 个月才稍有收入，可生意很不稳定，半年来，她赔了 3 万元。她开始动摇了，觉得自己是在靠天吃饭、靠运气吃饭，她不想再这样干下去了，在第 7 个月她关掉了公司。

### （二）女性创业风险的来源

未知的创业环境，复杂的创业活动，创业者、创业团队与创业投资者个人素质的有限性，是创业风险的根本来源。外部市场与技术环境的不定期变化，如国家政策法律法规的变化或市场供求的变化等都是创业风险的可能来源。在创业的过程中会有一些缺口，而在宏观政策的背景下，这些缺口就成了创业风险的直接来源。

女性创业者在创业时需要承担必然的风险。1775年，法国著名的经济学家Richard Cantillon首次将创业者与人们经济活动中需要承担的必然风险紧密地联系在一起，他指出："创业即代表承担风险。"创业风险存在的程度依不同领域而定，一般来说，风险主要来源于资金、资源、管理、技术、竞争、客户流失和家庭等几个方面。

**1. 资金方面**

金钱是一个创业者或是一个初创公司的血液，如果没有资金流动，就会牵扯到很多项目无法正常运转。创业者可以证明其构想的可行性，但往往没有足够的资金使其实现商品化，从而给创业带来一定的风险。对于女性创业者来说，在资金方面有两种可能性。在资金充足的情况下，创业不一定能够成功；在资金有缺口的情况下，创业成功的可能性会更低。创业者可以证明其构想的可行性，但往往没有足够的资金将其变为创业现实，或在创业过程中因资金断裂而影响企业运行，从而给创业带来一定的风险，这也致使很多创业者视钱财为失败之源的原因。就像ofo共享单车，当初斥巨资生产出上千万辆单车，最后因为没有找到正确的盈利点，而导致资金周转困难，继而撤出共享单车行业。

**2. 资源方面**

资源与创业者之间的关系，就如画笔与画家之间的关系。没有了画笔，画家即使有了构思也无从实现。创业也是如此，资源是创业的必备条件，合理的资源选择是创业能否成功的一个关键点。创业资源的种类也有很多，如人力资源、物质资源、关系网络等，女性创业者如果没有所需的资源，创业公司将很难发展壮大，创业也就无从谈起。在大多数情况下，女性创业者不一定也不可能拥有所需的全部资源，这就形成了资源风险。如果没有整合好这些资源，创业者没有能力应对相应的资源风险，就可能让创业公司处于一种不利的局面，要么创业无法起步，要么在创业中受制于人。

**3. 管理方面**

有人曾这样说过：创业者并不一定是出色的企业家，但一定要具备出色的管理才能。在企业中，如果管理不好，很容易出现战略发展、内部管控、对外融资、产品决策等方面的失误。从某种程度上讲，管理的程度决定了创业者事业的高度，而管理的水平也决定了创业企业的发展水平。创业活动主要有两种情况：一是创业者利用新技术进行创新，创业者可能是某技术领域的专业人才，但却不一定具备专业的管理才能，从而形成管理风险；二是创业者往往有一些"奇思妙想"，这些"奇思妙想"可能是新的商业点子，但创业者在企业发展规划上不具备出色的管理才能，从而形成管理风险。

**4. 技术方面**

在高新技术领域，创业者和投资者要面临技术不确定性的风险，科技型企业要想做好，确实很难。例如，在生物医药行业，一个完整的新药开发过程，一般包括基础研究、临床前研究、临床研究、新药生产申请和生产投放，共五个阶段。根据美国 Tufts 大学的经济学家估计，开发一个新药，从实验室研究到获得 FDA 批准，需要 $10-15$ 年时间。新药研发工作是探索性工作，研究人员是科学的先锋，他们的失败多于成功，在 $5000-10000$ 种候选化合物中，只有 250 种能进入临床前研究实验，5 种进入临床试验，1 种被 FDA 批准，整个过程的成功概率并不高。对于创业者来说，来自技术不确定性的风险是初创企业难以逾越的鸿沟。

**（三）创业风险的共同特征**

创业的路上充满了机遇和挑战。要想战胜风险，必须要学会认识风险，风险具有以下共同特征。

1. 不确定性。管理学家德鲁克把企业家定义为在面临不确定性因素时还必须做出决策的人。在创业过程中，因为创业环境的不确定性，某些因素是在不断地发展变化的，甚至是难以预料的，因此造成了创业风险的不确定性。

2. 客观性。创业本身就是一个识别风险和应对风险的过程，风险的出现是不以人的意志为转移的，所以创业风险的存在是客观的。

3. 相对性。随着影响创业因素的变化，创业风险的大小、性质和程度也会发生变化。例如，如何获得投资者的青睐？产品卖给哪些用户？如何管理好自己的员工？这些问题解决方法会因为对象的变化而变化，没有统一的标准答案。

4. 相关性。创业者面临的创业风险与其创业行为及决策是密不可分的。同一创业者所采取的决策或策略不同，所面临的风险也不同。

## 二、女性创业风险的种类

女性创业者在创业过程中所面临的风险主要来自自身和社会环境，具体包括以下因素。

### （一）心态风险

创业心态是指在创业时要以健康的心态对待创业，要找准自己的位置，合理地规划，不要被做大做强冲昏头脑，要发挥技术企业的优势，做精做深，做得持久。只有健康的创业心态才能够让企业脚踏实地地向前发展。在创业过程中，心态的积极与消极会对创业的成败产生重大的影响。女性创业者既要在工作上有大量的时间投入，又要生儿育女，面临着时间和精力的双重挑战。因而，女性创业者不可避免会出现各种情绪问题。另外，有些女性创业者心理承受能力和自我调节能力较差，在创业受挫后会产生挫败感，不能正确认识自己的创业优势，甚至把自身的长处看成短处，在创业竞争中信心不足，自我设限，错失许多机会，严重影响了创业的结果。

### （二）项目风险

创业项目选择风险是指在创业初期因选择的创业项目不当，导致企业无法盈利而难以生存的风险。受到女性创业者关注的创业项目有教育、设计工作室、网页制作、自媒体运营等。此外，快餐、零售等连锁加盟店也是女性创业者很热衷的创业项目。女性创业者如果没有进行市场调查，容易盲目选择项目，看到别人干什么自己也跟着模仿，缺乏针对自己特长及条件的调查分析，企业形态选择盲目。例如，加盟连锁经营型创业模式虽可以直接享受知名品牌的影响，复制他人的成功经验，并能获得资源支持，降低经营成本，但也存在着虚假宣传、交纳高额加盟费，甚至以合法形式掩盖非法目的等不良现象，女性创业者一旦被天花乱坠的宣传语所迷惑，没有收集资料，也不进行实地考察和市场分析，更不考虑自己的实际情况，就盲目选择加盟连锁创业模式，那么企业所面临的风险就会很大，从而影响创业的成功。

### （三）资金风险

资金风险是指因资金不能适时供应而导致创业失败的可能性。新创企业资金缺乏是最为普遍的问题，如果创业者不能及时解决这个问题，非常容易造成创业夭折。例如，2016年，乐视还是一家600多亿元市值的上市公司，所有成员热火朝天地打造乐视生态。但2016年年底的资金链问题，成为落下的第一块多米诺骨牌，随后乐视便开启了崩塌之路。这一危机将乐视体育、乐视网等乐视系公司均卷入漩涡。2017年年初，融创中国为乐视投入150亿元，尝试进行挽救，但效果甚微。随后，乐视的关键词里似乎只剩下"讨债"和"员工离职"。2017年4月到7月之间，乐视经历了"挪用13亿资金"危机、乐视网停牌、总经理辞职、大规模裁员、多家银行申请财产保全要求冻结乐视旗下公司存款、讨债的供应商云集等各类事件。可见，资金风险对于创业企业往往是致命的。因此，快速、高效地筹措到资金是成功的重要因素。新时代女性的创业资金除了寻找投资人外，更多的是靠家人、亲戚的帮助，融资渠道单一，资金来源不稳定，资金数额较小，使创业企业发展缺乏动力。因为创业过程中需要大量的资金投入，亲人的支持也只能够维持一段时间，创业之初资金的局限为后期企业发展埋下隐患，企业创办起来后，缺少发展资金会造成企业的现金流中断，不能支持企业的正常运作，使企业发展缺乏动力、停滞不前，甚至倒闭，从而造成创业失败。

### （四）技术风险

技术风险是指在企业技术创新过程中，因技术因素导致创业失败的可能性。

1. 技术成功的不确定性。创新技术从研究开发到实现产品化、产业化的过程中，任何一个环节的技术障碍，都将使产品创新前功尽弃，归于失败。很多创业企业，在技术产业化实施的过程中，屡试屡败，其中的原因是多方面的。当用血汗赚来的资金或以家产抵押来的创业资金将要耗尽，却还没有生产出合格的产品时，风险就极大。

2. 技术前景、技术寿命的不确定性。如果创业企业的技术创新不能够实现工业化，或不能在高技术寿命周期内迅速实现产业化，收回初始投资并取得利润，则必然造成创业的夭折。

3. 技术效果的不确定性。一项高技术产品即使能成功地开发和生产，但若达不到创业前所预期的效果，结果也会造成很大的损失甚至创业夭折。

### （五）市场风险

市场风险是指市场主体从事经济活动所面临的盈利或亏损的可能性和不确定性。

1. 市场需求量。如果产品的市场容量较小或者短期内不能为市场所接受，那么产品的市场价值就无法实现，投资就无法收回，从而造成创业夭折。

2. 市场接受需要时间。一个全新的产品，打开市场需要一定的过程与时间，如果创业企业缺乏雄厚的财力进行营销策划，产品为市场所接受的过程就会更长，因而不可避免地出现产品销售不畅，前期投入难以收回，从而给创业企业资金周转带来极大困难。

3. 市场价格。产品价格超出了市场的承受力，就很难为市场所接受，技术产品的商业化、产业化就无法实现，投资也就无法收回。当某种新产品逐渐被市场所接受和吸纳时，其高额的利润会吸引来众多的竞争者，可能会造成供大于求的局面，导致价格下跌，从而影响高新技术产品创新的投资回报。

4. 市场战略。一项好的高新技术产品，如果没有好的市场战略规划，在价格定位、用户选择、上市时机、市场区域划分等方面出现失误，就会给产品的市场开拓造成困难，甚至功亏一篑。

### （六）管理风险

1. 管理者风险。一个优秀的女性创业者，可以不具备精深的技术知识，但必须具备这样一些素质：具有强烈的创新精神与创业意识，不墨守成规、人云亦云；具有追求成就的强烈欲望，富有冒险精神、献身精神和忍耐力；具有敏锐的机会意识和高超的决策水平，善于发现机会、把握机会和利用机会；具有强烈的责任感和自信心，敢于在困境中奋斗、在低谷中崛起。某些创业者虽然技术出类拔萃，但理财、营销、沟通、管理等方面的能力有待提高。发达国家创业企业的成功经验之一，就是技术专家、管理专家、财务专家、营销专家的有机组合，形成团队的整体优势，从而为创业企业奠定坚实的组织基础。那种由技术所有者包揽一切、集众权于一身的家长式管理，往往因为管理水平、管理模式等方面的问题，导致创业夭折。

2. 决策风险。无论是政治、军事还是商业，因决策失误而造成失败的事例实在是太多了。女性创业者绝不可以根据自己的喜怒哀乐或不切合实际的个人偏好而做出决策，不进行科学的分析，而仅凭个人经验或运气的决策方式都可能导致创业失败。管理者决策水平的高低对创业企业的成败影响巨大，据美国兰德公司估计，在世界上破产倒闭的大企业中，有85％是因企业家决策失误造成的，中国的企业更是如此。

3. 组织和人力资源风险。组织和人力资源风险是指由创业企业的团队分歧、组织结构不合理、用人不当所带来的风险。创业企业的迅速发展如果不伴随着组织结构、用人机制的相应调整，往往会成为创业企业产生潜在危机的根源。现代企业越来越重视团队的力量。团队的力量越大，产生的风险也越大。一旦创业团队的核心成员在某些问题上产生分歧不能达到统一，就极有可能对企业造成强烈的冲击。事实上，做好团队的协作并非易事，特别是与股权、利益相关联时，很多初创时很好的伙伴都会闹得不欢而散。中国企业家调查系统第十届企业家成长与发展调查对3539位企业经营者的问卷调查结果表明：企业经营者最容易出现的问题中，"用人不当"仅次于排在第一位的"决策失误"。用人不当已经成为制约企业发展的重要因素。

**案例分享**

### 细节决定成败

穆女士是个时尚前卫的女孩，正是对自己的独到眼光特别自信，所以，在大学毕业后，学外语的穆女士没有急着找工作，而是开了一家时装店，自己当起了老板。20平方米的临街铺面经过精心装修，花钱不多但是很前卫。时装店开业的前三个月辛辛苦苦小赔，半年之后生意开始火爆，第九个月房东收回店面开始自己经营。说起自己当老板的经历，穆女士的脸上没有失败者的颓废和消极，"如果我的房东不那么狠，也许我的小店会很红火"。穆女士也认真地想过自己失败的原因，第一是自己找店铺的时候操之过急，没有认真考虑店铺的位置；第二是在租用店铺的时候，没有和房东订立合同，以至于在问题出现时，没有对自己有利的证据；第三就是在出现问题时，没有积极地想对策，而是用一种很消极的方式去解决，最后吃亏的还是自己。

### （七）法律风险

法律观念不强，维权意识淡薄。女性的创业经验不丰富，市场敏感度不强，法律观念薄弱，在创业开始时乃至整个过程中都有可能深陷法律陷阱，甚至对企业造成致命的打击。例如，个人合伙制企业投资者要承担无限连带责任，如果企业对他人的人身造成损害或对财产造成损失，企业不但以自身财产赔偿对方损失，在企业财产不足以赔偿对方损失时，投资合伙人还要以个人财产赔偿对对方造成的损失。所以，女性创业者选择合伙制企业模式时一定要慎重考虑。再有，女性创业者在与客户签订合同时不注意审查对方的主体资格，不调查、了解对方的信用、履行合同的能力，以及还债能力等情况，往往会造成合同无效、对方无力履行合同，甚至会有钱款或货物被骗等情况发生。在权利受到侵害时，女性创业者维权意识不强，往往不是通过法律途径解决，而是托人情、找关系私下解决，法律风险极大。

**1. 资金投入**

创业资金投入是创业的第一步，为此创业者一定要了解创业出资中的风险，加强防范。创业初期的法律风险主要体现为虚假出资的法律风险、抽逃出资的法律风险、资产评估不实的法律风险及资产评估不实的法律风险等。

**2. 劳动用工**

作为初创公司，除了合伙人之外，最重要的就是招揽人才。在与员工签署正式的劳动合同后，公司必须依法为员工购买五险一金。但是对于初创公司来说，公司可能连办公地点都不确定，很多事情考虑不周全，所以存在不正规的现象。为了避免法律风险，作为公司方，在雇佣人员时，应该及时签署正规的书面劳动合同，以及保密和知识产权转让协议；对于关键员工，还要签署竞业禁止协议。竞业禁止期限最长不得超过 2 年，公司需要向离职员工支付一定经济补偿金；公司应尽早开始为所有员工依法足额缴纳社会保险和公积金。

**3. 知识产权保护**

创业经营阶段应该在法律允许的范围内使用他人的知识产权。目前我国已经建立了一个比较完备的知识产权法律保护体系。主要包括《商标法》《著作权法》《专利法》等法律法规。女性创业者在创业之初可以利用专利先行公开的特点，合理利用现有专利给自己的企业提供技术开发的思路和可行性支持，同时又要保证不侵犯他人的专利权。

### 4. 合同法律风险

合同对于企业来说非常重要，企业通过合同交易的双方或多方的意思固定下来，供双方或多方遵循、执行。很多合同履行期限较长，在合同签订、履行过程中，很可能由于形势发生变化、各方对合同条款存在不同的理解，而发生纠纷或争议。书面形式订立的合同在双方发生争议时就可以作为证据使用。俗话说"口说无凭"，我国《合同法》规定，当事人订立合同可以采用书面形式、口头形式和其他形式。但是法律、行政法规规定能采用书面形式的，应当采用书面形式。合同风险是企业经营过程中的主要风险之一。合同法律风险指在合同订立、生效、履行、变更、转让、终止及违约责任的确定过程中，合同当事人一方或双方利益损害或损失的可能性。

■ 拓展阅读 ■--------------------
**《中华人民共和国合同法》（节选）**
第二章 合同的订立

**第九条** 当事人订立合同，应当具有相应的民事权利能力和民事行为能力。

当事人依法可以委托代理人订立合同。

**第十条** 当事人订立合同，有书面形式、口头形式和其他形式。

法律、行政法规规定采用书面形式的，应当采用书面形式。当事人约定采用书面形式的，应当采用书面形式。

**第十一条** 书面形式是指合同书、信件和数据电文（包括电报、电传、传真、电子数据交换和电子邮件）等可以有形地表现所载内容的形式。

**第十二条** 合同的内容由当事人约定，一般包括以下条款：

（一）当事人的名称或者姓名和住所；

（二）标的；

（三）数量；

（四）质量；

（五）价款或者报酬；

（六）履行期限、地点和方式；

（七）违约责任；

（八）解决争议的方法。

当事人可以参照各类合同的示范文本订立合同。

**第十三条** 当事人订立合同，采取要约、承诺方式。

**第十四条** 要约是希望和他人订立合同的意思表示，该意思表示应当符合下列规定：

（一）内容具体确定；

（二）表明经受要约人承诺，要约人即受该意思表示约束。

**第十五条** 要约邀请是希望他人向自己发出要约的意思表示。寄送的价目表、拍卖公告、招标公告、招股说明书、商业广告等为要约邀请。

商业广告的内容符合要约规定的，视为要约。

**第十六条** 要约到达受要约人时生效。

采用数据电文形式订立合同，收件人指定特定系统接收数据电文的，该数据电文进入该特定系统的时间，视为到达时间；

未指定特定系统的，该数据电文进入收件人的任何系统的首次时间，视为到达时间。

**第十七条** 要约可以撤回。撤回要约的通知应当在要约到达受要约人之前或者与要约同时到达受要约人。

**第十八条** 要约可以撤销。撤销要约的通知应当在受要约人发出承诺通知之前到达受要约人。

**第十九条** 有下列情形之一的，要约不得撤销：

（一）要约人确定了承诺期限或者以其他形式明示要约不可撤销；

（二）受要约人有理由认为要约是不可撤销的，并已经为履行合同作了准备工作。

**第二十条** 有下列情形之一的，要约失效：

（一）拒绝要约的通知到达要约人；

（二）要约人依法撤销要约；

（三）承诺期限届满，受要约人未作出承诺；

（四）受要约人对要约的内容作出实质性变更。

**第二十一条** 承诺是受要约人同意要约的意思表示。

**第二十二条** 承诺应当以通知的方式作出，但根据交易习惯或者要约表明可以通过行为作出承诺的除外。

**第二十三条** 承诺应当在要约确定的期限内到达要约人。

要约没有确定承诺期限的，承诺应当依照下列规定到达：

（一）要约以对话方式作出的，应当即时作出承诺，但当事人另有约定的除外；

（二）要约以非对话方式作出的，承诺应当在合理期限内到达。

**第二十四条** 要约以信件或者电报作出的，承诺期限自信件载明的日期或者电报交发之日开始计算。信件未载明日期的，自投寄该信件的邮戳日期开始计算。要约以电话、传真等快速通讯方式作出的，承诺期限自要约到达受要约人时开始计算。

**第二十五条** 承诺生效时合同成立。

**第二十六条** 承诺通知到达要约人时生效。承诺不需要通知的，根据交易习惯或者要约的要求作出承诺的行为时生效。

采用数据电文形式订立合同的，承诺到达的时间适用本法第十六条第二款的规定。

**第二十七条** 承诺可以撤回。撤回承诺的通知应当在承诺通知到达要约人之前或者与承诺通知同时到达要约人。

**第二十八条** 受要约人超过承诺期限发出承诺的，除要约人及时通知受要约人该承诺有效的以外，为新要约。

**第二十九条** 受要约人在承诺期限内发出承诺，按照通常情形能够及时到达要约人，但因其他原因承诺到达要约人时超过承诺期限的，除要约人及时通知受要约人因承诺超过期限不接受该承诺的以外，该承诺有效。

**第三十条** 承诺的内容应当与要约的内容一致。受要约人对要约的内容作出实质性变更的，为新要约。有关合同标的、数量、质量、价款或者报酬、履行期限、履行地点和方式、违约责任和解决争议方法等的变更，是对要约内容的实质性变更。

**第三十一条** 承诺对要约的内容作出非实质性变更的，除要约人及时表示反对或者要约表明承诺不得对要约的内容作出任何变更的以外，该承诺有效，合同的内容以承诺的内容为准。

**第三十二条** 当事人采用合同书形式订立合同的，自双方当事人签字或者盖章时合同成立。

**第三十三条** 当事人采用信件、数据电文等形式订立合同的，可以在合同成立之前要求签订确认书。签订确认书时合同成立。

**第三十四条** 承诺生效的地点为合同成立的地点。

采用数据电文形式订立合同的，收件人的主营业地为合同成立的地点；没有主营业地的，其经常居住地为合同成立的地点。当事人另有约定的，按照其约定。

**第三十五条** 当事人采用合同书形式订立合同的，双方当事人签字或者盖章的地点为合同成立的地点。

**第三十六条** 法律、行政法规规定或者当事人约定采用书面形式订立合同，当事人未采用书面形式但一方已经履行主要义务，对方接受的，该合同成立。

**第三十七条** 采用合同书形式订立合同，在签字或者盖章之前，当事人一方已经履行主要义务，对方接受的，该合同成立。

**第三十八条**　国家根据需要下达指令性任务或者国家订货任务的，有关法人、其他组织之间应当依照有关法律、行政法规规定的权利和义务订立合同。

**第三十九条**　采用格式条款订立合同的，提供格式条款的一方应当遵循公平原则确定当事人之间的权利和义务，并采取合理的方式提请对方注意免除或者限制其责任的条款，按照对方的要求，对该条款予以说明。

格式条款是当事人为了重复使用而预先拟定，并在订立合同时未与对方协商的条款。

**第四十条**　格式条款具有本法第五十二条和第五十三条规定情形的，或者提供格式条款一方免除其责任、加重对方责任、排除对方主要权利的，该条款无效。

**第四十一条**　对格式条款的理解发生争议的，应当按照通常理解予以解释。对格式条款有两种以上解释的，应当作出不利于提供格式条款一方的解释。格式条款和非格式条款不一致的，应当采用非格式条款。

**第四十二条**　当事人在订立合同过程中有下列情形之一，给对方造成损失的，应当承担损害赔偿责任：

（一）假借订立合同，恶意进行磋商；

（二）故意隐瞒与订立合同有关的重要事实或者提供虚假情况；

（三）有其他违背诚实信用原则的行为。

**第四十三条**　当事人在订立合同过程中知悉的商业秘密，无论合同是否成立，不得泄露或者不正当地使用。泄露或者不正当地使用该商业秘密给对方造成损失的，应当承担损害赔偿责任。

# 第二节　评估女性创业风险

## 一、女性创业风险的预测

### （一）识别创业机会风险

创业机会风险的识别是指在机会的识别过程中，各种主客观的因素使创业面临一开始方向就错误的风险。

创业机会产生于经济运行的不平衡。经济的不平衡就是供求的不平衡，需求与供给的变化都会打破原来的平衡，从而形成创业机会，近而能够为创业者提供创业机会。但是，需要明确以下三点：①机会是一个客观的变化。因为变化永远存在，所以创业机会也永远存在。②变化是可以被观察到的。不同的人对变化有着不同的敏感性，能觉察蛛丝马迹的人往往是最好的机会捕捉者。③变化被观察者判定为对自己有用，或者判断机会可以与自己的目标一致，他会将自己的能力与机会结合起来。可见，创业机会是一个基于客观变化的主观判断，而不仅仅是一个客观事实。在客观无法改变时，主观能力决定是否存在机会。从这个意义上说，创业机会的本质是人的洞察能力。或者说，变化常有，但机会却不经常有。

在市场经济浪潮中，海量的市场信息多得更是叫人难以琢磨，创业机会可谓无处不在、无时不在，下面我们主要介绍一下当前新时代女性创业机会的几种来源。

**1. 创业机会始于问题**

创业的根本目的是满足顾客需求。而顾客需求在没有满足前就是问题。寻找创业机会的一个重要途径是善于去发现和体会自己和他人在需求方面的问题或生活中的难处。例如，上海有一位大学毕业生发现远在郊区的本校师生往返市区交通十分不便，于是他创办了一家客运公司，这就是把问题转化为创业机会的成功案例。

**2. 创业机会始于变化**

创业机会大都产生于不断变化的市场环境，环境变化了，市场需求、市场结构必然发生变化。著名管理大师彼得·德鲁客将创业者定义为那些能"寻找变化，并积极反应，把它当作机会充分利用起来的人"。这种变化主要来自产业结构的变动、消费结构升级、城市化加速、人口思想观念的变化、政府政策的变化、人口结构的变化、居民收入水平提高、全球化趋势等诸方面。例如，居民收入水平提高，私人轿车的拥有量将不断增加，这就会产生汽车销售、修理、配件、清洁、装潢、二手车交易等诸多创业机会。

**3. 创业机会始于创造发明**

创造发明能够提供新产品、新服务，更好地满足顾客需求，同时也带来了创业机会，如随着电脑的诞生，电脑维修、软件开发、电脑操作培训、图文制作、信息服务、网上开店等创业机会随之而来，即使你不发明新的东西，你也能成为销售和推广新产品的人，从而获得商机。

**4. 创业机会始于竞争**

和竞争对手相比，如果你能弥补自身的缺陷和不足，这也将成为你的创业机会。看看你周围的公司，你能比他们更快、更可靠、更便宜地提供产品或服务吗？你能做得更好吗？若能，你也许就找到了机会。

**5. 创业机会始于新知识、新技术的产生**

创业机会始于新知识、新技术的产生。例如，随着健康知识的普及和技术的进步，围绕"水"就有许多创业机会，上海有不少创业者加盟"都市清泉"而走上了创业之路。

### （二）准备创业计划风险

准备创业计划风险是指创业计划的准备与撰写过程带来的风险。创业计划制订过程中各种不确定因素与制订者自身能力的限制也会给创业活动带来风险。创业计划中的风险分析非常重要，风险分析是对工程建设项目投资决策或企业生产经营决策可能造成的失误和带来的经济损失所进行的估计，包括风险识别、风险估计、风险管理策略、风险解决和风险监督等。

一份好的创业计划书是获得贷款和投资的关键。如何吸引投资者，特别是风险投资家参与创业者的投资项目，一份高品质且内容丰富的创业计划书将会使投资者更快、更好地了解投资项目，将会使投资者对项目有信心、有热情，动员、促进投资者参与该项目，最终达到为项目筹集资金的目的。

创业计划书是争取风险投资的敲门砖。投资者每天会接收很多创业计划书，创业计划书的质量和专业性就成了企业寻求投资的关键点。企业家在争取获得风险投资之初应该将创业计划书的制作列为头等大事。

案例分享

#### 两个月就关门的杂货店

刘女士一直想自己做老板，看到邻居在小区里开了一个食品杂货店收益一直不错，颇为心动。于是，刘女士租了小区内一个库房做店面，筹集了一万多元钱做启动资金，进了一些货品，开了一家食品杂货店。但是经营了两个月，刘女士的食品杂货店就撑不住了，不得已关门。为什么同样是食品杂货店，邻居可以干得红红火火，刘女士的店就经营惨淡呢？原来，她店面的位置在小区边缘，而且营业时间不固定，由着她的性子，很多居民都不愿意绕道过去，所以生意不红火。刘女士整日愁眉不展，这样苦苦支撑了两个月之后，最终关门。

### （三）获取创业资源风险

获取创业资源风险是指企业存在资源缺口，无法获得所需的关键资源，或虽然获得了，但获得成本较高。创业资源是新创企业创立和运营的必要条件，按内容分类，创业资源包括人力资源、财务资源、物质资源、技术资源、组织资源、信息资源；按利用方式分类，创业资源包括直接资源、间接资源；按投入时间顺序分类，创业资源包括初创投入资源、创业生成资源。在创业初期，创业机会相对重要，而在企业发展后期，如何开发和获取更广阔领域的资源成为企业制胜的关键，从而给创业活动带来一定的风险。

### （四）经营初创企业风险

经营初创企业的风险主要包括企业运营、人才流失、财务等各方面的经营过程中存在的风险。

1. 运营风险。企业老板（既是投资者又是经营者），或者企业所聘请的经理人员不善于运营所产生的风险。创业者们往往缺乏运营经验，无法建立一套合理、灵活且高效的制度，经常犯了错误才去找原因，这就会浪费大量的时间和精力。例如，用人不当，未了解员工的优势就将其安排在了不擅长的岗位，造成不必要的内部消耗。有时候，创业者一个人经营整个企业是很难顾全所有的，但他又不愿意去委派他人；创业者不敢大胆采用有效的领导和管理模式，不论什么样的工作，都亲自上阵，认为"只有我才能做好"，对下属缺乏信任。在创业的过程中，很多创业者都重视员工的忠诚度，而不是员工的利益与归属感。当员工提出利益要求时，创业者认为其是不忠诚的，这会影响有效的沟通甚至合作，尤其是在小公司。利益是任何员工生存和成长的根本物质基础。

2. 人才流失风险。因为企业自身的原因，或者竞争对手的原因，使企业有人才大量外流的风险。企业的生存和发展，说到底还是人才在起作用。在那些依靠某种技术或发明专利人才创业的企业中，拥有或掌握某些关键技术的业务骨干的持续流失是这些企业最终失败的难以跨越的风险。企业管理者应懂得"得人心者得天下"这一亘古不变的规律。首先，企业既要关心人才的物质需求，也要关心人才的精神需求；其次，管理者要严格要求自己，把自己放在跟大家平等的位置上，办事公道，廉洁高效，才能让人心悦诚服；最后，把人才与企业的利益紧密联系起来，企业发展了，人才才能得到可观的收益，这样，大家就会为了一个共同的目标奋斗，人才流失的风险也就大大降低了。

3. 财务风险。在企业经营过程中，因为种种原因，导致企业经营管理不善，资金短缺，周转困难，会造成一定的损失，严重的会出现破产倒闭的风险。创业实践证明，一些企业虽然开始有好的项目、产品、平台等，但发展到关键时期，往往因为资金紧缺而严重影响业务的进一步拓展，甚至影响与利益相关者、合作者的供应链关系，错失良机而不得不草草收场。

创业容易，守业难。大部分初创公司都是因为公司财务的不规范而夭折。对于创业者来说，除了尽心去打磨产品、维系客户外，财务方面的风险也是创业者们不能小看的关键因素。许多创业者在开始时并不重视财务方面的工作，创业过程中常被财务问题所困扰，如创业团队因财务问题不再信任对方，最终解散公司。

## 二、女性创业风险的识别方法

### (一) 生产流程分析法

生产流程分析法是对企业整个生产经营过程进行全面分析,对其中各个环节逐项分析可能遭遇的风险,找出各种潜在的风险因素。该种方法强调根据不同的流程,对每一阶段和环节逐个进行调查分析,找出风险存在的原因。每个阶段和环节可使分析逐步深化,并且随着分析的深化,分析的对象和范围也随之精化。虽然每个步骤所要达到的目的各不相同,但是它们是彼此紧密联系的,而且从整体上看,前一步骤是后一步骤的必要前提。

### (二) 风险专家调查列举法

风险专家调查列举法可以利用两种形式进行风险识别:①保险险种一览表。企业可以根据保险公司或者专门保险刊物的保险险种一览表选择适合本企业需要的险种。这种方法仅仅对可保风险进行识别,对不可保风险则无能为力。②委托保险人或者保险咨询服务机构对本企业的风险管理进行调查设计,找出各种财产和责任存在的风险。

风险管理人员对该企业、单位可能面临的风险逐一列出,并根据不同的标准进行分类。专家所涉及的面应尽可能广泛些,有一定的代表性。一般的分类标准为:直接或间接、财务或非财务、政治性或经济性等。

### (三) 资产财务状况分析法

资产财务状况分析法,即按照企业的资产负债表、利润表和现金流量表等财务报表所提供的财务资料风险,管理人员经过实际的调查研究,对企业财务状况进行分析,发现其潜在风险,包括资产本身可能遭受的风险,因遭受风险引起的生产中断所致的损失,以及其他连带的人身和财务损失。

### (四) 分解分析法

分解分析法指将一个复杂的事物分解为多个比较简单的事物,将大系统分解为具体的组成要素,从中分析可能存在的风险及潜在损失的威胁。例如,可将汇率风险分解为汇率变化率、利率变化率、收益率等影响因素,然后对每一种影响因素做进一步的分析。

### (五) 失误树分析法

失误树分析法是以图解表示的方法来调查损失发生前种种失误事件的情况,或对各种引起事故的原因进行分解分析,具体判断哪些失误最可能导致损失风险发生。

失误树的分析程序归纳如下:

1. 系统定义:定义分析范围及分析边界;定义起始条件;定义顶端事件。

2. 系统逻辑模型建构：依据设计资讯、操作逻辑，由危害辨认重大故障后果，即顶端事件演绎其所有可能的发生原因，以建立失误树。

3. 共同原因失误模式分析。

4. 定性分析：布林代数化简，找出最小分割集合。

5. 由失误率资料库搜集基本事件失误率。

6. 依照制程条件、环境因素等修正基本事件失误率。

7. 建立失误率资料库/资料档。

8. 定量分析。

9. MCS 排序、相对重要性分析。

## 案例分享

### 一个小女孩的创业之路

钟女士，浙江财经学院金融系 2003 届毕业生。她在大四时和两位志同道合的朋友一起注册了杭州天齐计算机网络某公司。公司 2003 年 2 月开张营业，主营业务包括小型数码产品、网络工程和针对直接客户的办公耗材销售。她主要负责的是小型数码产品的销售。

#### 创办：一波三折

在上大学的时候，钟女士想得最多的不是毕业后自己出来开公司。大一时她决心考研；大二、大三时，她一心想出国，连目的地都找好了——澳大利亚。说到创办公司，得从她上大四时的一次实习说起。

当时她在杭州颐高数码城的一家电脑公司实习。除了老本行财务外，她的工作还涉及电脑产品的销售。从那时起，她对 IT 行业的兴趣与日俱增。后来她又在一家金融单位实习，和之前在 IT 业的经历相比，这里的工作每天重复单调，闷头工作显然不是钟女士想要的，她想趁年轻出去闯一闯。就这样，她下定决心和朋友一起把公司注册下来。

#### 开局：四面出击

公司办起来了，麻烦也接踵而至。第一个难关就是缺少客户，刚开始只能靠亲戚和熟人介绍，没有客户，公司就成了无源之水。钟女士意识到不能坐在家里干等业务上门，她开始主动出击，到省内的金华、丽水、宁波等地的电脑城推销自己的产品，也推销自己的公司。

万事开头难。人家第一眼见到她都以为来的是总经理秘书，没想到这么秀气、这么年轻的女孩居然会是公司的一把手，这让客户心里多少有些疑问。钟女士始终相信诚信终能够打动客户。每到一地，她都认真地去走访客户，和他们聊天，回来后时常给他们发 E-mail、发传真。对于本地的客户，她会时常打个电话或是亲自上门去问候，顺便了解一下客户近期的需求。

公司实行送货上门。她说："东西再小，天气再热，只要客户需要，我们都会送货上门。"

发展：盈利来得比预想的早

客户有了，但"天齐网络"扮演的仍是一个中间商的角色，能够分得的利润可以说是微乎其微。钟女士开始想着如何向代理商发展，且积极寻找这样的机会。成功总是偏爱有准备的人，当下的钟女士已经是好几个产品的浙江省总代理了。随着公司业务的发展，4月份公司开始实现盈利，跟他们最初定下的第一年不亏本、第二年在第一年基础上有发展相比，他们已经成功了。但成功的同时也有失意。在运营上打诚信牌，允许客户赊账，有时不能得到回报，公司遇到了客户欠款卷货逃跑的情况。货不见了，钱也没了，钟女士除了生气，别无他法，或许这是创业过程必须交的一笔学费吧。

回忆创业之初，她觉得承受了很大的精神压力，毕竟这么大的投资，虽然爸妈很支持自己的事业，可就算到了当下，老妈仍时常在她耳边唠叨：找个稳定的工作，安安稳稳的多好！万一不成功的话……其实钟女士自己也早想过放弃，可转念一想，年轻就是最大的资本。一旦失败，大不了从头再来。年轻没有失败！

**【分析与提示】**

走创业之路的女性毕竟不多，取得创业成功的女性更是少之又少，可以说她们是市场经济的幸运儿，但又有谁知道她们经历了多少艰难坎坷，挥洒了多少汗水！创业不仅需要智慧和实力，也需要勇气和毅力，毕竟不是每个人都能承受创业失败的压力的。

# 第三节　防范女性创业风险

## 一、防范创业风险的途径

因为条件所限及经验欠缺，创业群体规避风险的能力严重不足。创业者的心理恐惧在很大程度上来自对创业风险的不可预知和不可掌控。创业者如果能够做好风险控制，降低风险指数，创业信心就会大增。创业者可以通过以下几个途径来控制风险。

### （一）进行风险分析

创业者在创业前必须考虑家庭的一切日常开支，考虑到一旦创业失败所导致的收入来源中断的风险，并正确地分析。创业者也可以提前做好应对措施。例如，留部分资金做后备资金，以便日后东山再起，给自己吃颗"定心丸"，这样就不用总是为了投入全部资金而日夜担心资金的亏损问题。

### （二）认真评估风险

创业者通过客观分析风险来预测风险来临所造成的损害程度。例如，收不回贷款对企业的影响，资金周转出现问题所造成的后果。

### （三）预防风险

创业者应尽量采取措施降低风险发生的可能性。例如，制订周密的收款计划，对客户信用进行严密评估；加强安保措施，将现金收入及时存入银行等，做好这些工作能有效地减少甚至避免风险。

### （四）建立良好的人际关系网

人际关系是一种无形的资本，对创业者来说至关重要。在创业之初，创业者就要考虑一下自己的社会关系，着眼朋友多、人际关系好的项目进行创业。这样能获得畅通的办事渠道、及时的信息来源，创业成功的概率也就高一些。例如，有朋友做服装批发，创业者就可以考虑开个服装批发档口或服装店，从朋友那里获得的经验与帮助可以让创业者少走很多弯路。有了这样的关系网，创业者的恐惧心理也会相应降低。

### （五）制订详细的创业计划

克服创业恐惧心理需要的不仅仅是勇气，更需要创业者具有冷静、沉着、理智的心态。创业者在创业之前就要制订详细的创业计划，创业计划要写下创业者对创业项目的未来展望、市场分析、开展项目所需的资金、人员、分析自己的客户群、如何打开局面等。有了这些准备，创业者才会对自己信心十足，大胆尝试自己的创业梦想。

## 二、防范创业风险的方法

### （一）防范创业风险的对策

女性创业虽存在诸多风险，但机遇和挑战并存，唯有冷静地分析风险，勇敢地面对挑战，女性创业者才能防范风险，克服困难，走向创业成功的道路。针对女性创业过程中遇到的风险，我们可以从以下几个方面加以管控。

#### 1. 调整心态，做好创业准备

对自己充分了解是新时代女性进行创业的前提。女性在创业时要对自己的个性特征、特长等有充分的了解，选择适合自己个性特征、符合个人兴趣爱好的项目进行创业，同时创业者要掌握广博的知识，具有一专多能的知识结构，这样才能进行创造性思维，做出正确的创业决策。女性在创业前还要积累一些有关市场开发、企业运营方面的经验，通过在企业打工或者实习、参加创业培训、接受专业指导来积累创业知识，提高创业成功率。女性创业者还应当锻炼受挫能力，遇到挫折后应放下心理包袱，仔细寻找失利的原因，属于主观原因的，要适当调整自己的动机、追求和行为，避免下次出现同样的错误；属于客观或社会因素中自己无能为力的因素的，也不要过于自责、自卑或固执，应坦然面对，灵活处理，争取新的机会。创业者面对失败要振作起来，使自己始终保持昂扬的斗志和必胜的信心，直至创业成功。

　　另外，女性创业者缺乏创业经验，在创业过程中遇到问题容易出现不同程度的心理问题。如果创业者自我调节能力较差，创业受挫后进行错误归因，使自己不能正确认识自己的优劣势，甚至把自己的长处看成短处，错失很多机会，最终影响创业的成功。

**案例分享**

　　张女士生于一个富裕的家庭。在大学读书时，她没有住进大学的集体宿舍，而是入住由父母出钱租的单间学生公寓，过着令人美慕的生活。大学毕业后，张女士没有像很多同学那样挤考公务员的独木桥，而是立志闯世界。因为张女士酷爱读书，在父母的支持下，她开了一家小书店。挑铺位、装修及领取营业执照等，已令她筋疲力尽，身子像散了架似的。最令她头痛的是跟风进了一批曾经畅销的几种书，却积压了下来。书店开在居民区，而她进的多是阳春白雪的书，生意可以用惨淡来形容。

　　几经折腾，她有点儿沉不住气了，"关门不干"的念头常常冒出来，做生意的父母对张女士情绪上的波动是看在心里的，他们不想让女儿半途而废，鼓励她坚持下去，即使学个经验也好，而且给了她一颗定心丸——资金上尽力支持。于是张女士的干劲又来了，经过一段时间的观察和调查，她把书包扎起来放一边，来了个大转变，经营影碟出租，这次生意很好，每天顾客盈门。这时她才体会到创业之难，除了资金外，还需要调整好自己的心态。

**2. 审时度势，创业应有选择地量力而行**

　　创业路途充满艰辛，绝不是一蹴而就的。因此，创业应找到合适的切入点，选择合适的时机、合适的项目和合适的规模来进行。女性创业者大多创业经验不足，可以选择起点低、启动资金少的项目进行创业。

　　女性创业要选择一种适合自己的企业法律形态。创业者选择个体工商户、合伙制企业的形态模式时，虽没有最低注册资本的要求，但创业者或投资人要对企业承担无限连带责任，企业如果经营不善欠下债务，股东要对企业的债务承担继续偿还的责任；创业时如果设立的是有限责任公司，公司具备法人资格，能够独立承担法律责任，如果公司资不抵债宣告破产，对公司不能清偿的债务，股东仅以其出资额承担法律责任，超出的部分不承担法律责任。同时，有些人为的因素可能会导致合伙人之间、股东之间因经营理念、利益分割，甚至性格上发生冲突。因此，创业者在选择企业法律形态时，应注意选择志同道合、善于沟通，以企业利益为重的合作者，这是非常重要的。

**3. 充分利用优惠政策，迈出创业坚实的第一步**

近年来，相关部门陆续出台了许多优惠政策，鼓励和支持"草根"创业、毕业生创业等。女性创业者一定要充分了解这些优惠政策，并把它们充分运用到自己的创业实践中。具体来说，相关部门要对这些优惠政策的具体实施办法及操作进行指引，以方便创业者操作实施，使党和政府支持"草根"创业的优惠政策，成为帮助女性创业者创业的阳光、雨露，使新时代女性迈出创业坚实的第一步。

**4. 多渠道融资，降低创业资金风险**

虽然女性创业融资渠道相对较少，但社会相关各方仍能为创业提供资金。政府为创业者提供个人创业担保贷款，各经办金融机构对符合条件的个人发放的创业担保贷款最高额度为 10 万元，对符合条件的借款人合伙创业或组织起来共同创业的，贷款额度可按照人均不超过 10 万元，总额度最高不超过 60 万元确定贷款规模；还可以得到各类创业基金的资金支持。同时，由中国社会福利教育基金会发起的中国大学生创业基金、由共青团中央发起的中国青年创业就业基金、由社会知名人士郑泽等人发起的中国大学生西部创业基金等，都可以帮助创业者解决部分创业资金短缺的问题。女性创业者还可以引入风险投资。虽然风险投资风险高，但回报也高。风险投资者比较关注创业管理团队的构成、管理者的素质、创业者自身持续奋斗的精神等，具有良好的创业团队、独一无二的技术支撑、光明的市场前景的创业项目，有可能得到风险投资家的青睐，从而获得创业资金。

**5. 树立团队意识，与他人合作共赢**

新东方教育集团总裁说过，创业除了自己成功，还要与别人一起成功。一个人的能力是有限的，创业定要抛弃单打独斗、孤军奋战的个人英雄主义思想，牢固树立团队合作共赢的理念。新时代女性创业应建立一个由各方面专才组成的合作团队，大家有共同的理想，能有效地使技术创新与经济管理互补，保证团队形成最大合力，在市场竞争中取胜，推动企业发展，取得创业成功。

**案例分享**

## 天行健公司的跌落

李女士凭借其发明的高杆喷雾器和防撬锁专利，被武汉世博公司看重，世博公司为她提供了 10 万元的创业风险金，李女士出任新成立的天行健公司的董事长，成为"中国女大学生创业第一人"。有了好的技术和项目，也得到了风险投资，创业公司是否就能一帆风顺呢？

天行健公司的创业更加体现出初创企业的经验不足问题。在公司的实际运作中，李女士和世博公司矛盾重重，不懂得合作共赢，从股权纠纷到融资渠道和产品开发的分歧，终于导致李女士和投资公司合作破裂。仅仅一年时间，天行健公司账面只剩 100 多元，最终公司宣告倒闭。

（摘选自《创新创业典型案例集》，李时椿、常建坤主编）

### 6. 重法治淡人情， 在法律规则中稳步发展

市场经济是法治经济，从企业的产生到发展必须在法律框架下进行，符合法律规定。虽然中国人很重视人情、关系，但要想使企业稳步发展，把企业做大做强，女性创业者从开始就应该依法办事，淡化人情，让法律成为女性创业成功的基石。具体来说，女性创业者在创业之初选择企业形态时要慎重，合伙制企业一定要制定合伙章程，明确合伙人之间的权利、义务及盈利或亏损的分配方式，最好找专业法律人士审查把关；企业形态最好选择有限责任公司的模式，分清公司责任和个人责任，降低个人风险。

### （二）创业风险监控管理办法

公司在运营中会遇到一些问题给公司的运营带来危险，对风险采取的最好的方法就是避免，可以通过建立一个风险缓解计划来达到，具体的问题具体解决。例如，频繁的人员流动被标注为一个风险，基于以往的历史和管理经验，人员流动的概率为 70%，对项目成本及进度有严重的影响。为了缓解这个风险，公司管理者必须建立一个策略来降低人员流动。可能采取的策略如下：

1. 与现有人员一起探讨人员流动的原因，如恶劣的工作条件、低报酬、竞争激烈等。

2. 对公司进行良好的组织，使每一个开发活动的信息都能被广泛传播和交流。

3. 对所有工作进行详细复审，使所有相关人员都熟悉该项工作。

4. 对每一个关键的技术人员都指定一个后备人员。

随着公司的发展，风险监控活动开始进行。公司管理者监控某些因素，这些因素可以提供风险是否正在变高或变低的指示。结合上面的内容，公司管理者应

该监控下列因素：①公司成员对公司压力的一般态度；②公司的凝聚力；③公司组成人员彼此之间的关系；④与报酬和利益相关的潜在问题；⑤在公司内及公司外工作的可能性。

除了监控上述因素之外，公司管理者还应该监控风险缓解步骤的效力，确保把风险降到最低，把损失降到最小。

■ **拓展阅读** ■------------------

### 美国安然公司（Enron）为什么会出事

安然是美国最大的石油和天然气企业之一，当年的营业收入超过 1000 亿美元，雇佣员工 2 万人，是美国《财富 500 强》中的第七大企业。

但就在 2001 年年末，安然宣布第三季度有 6.4 亿美元的亏损，美国证监会进行调查，发现安然以表外（投资合伙）形式，隐瞒了 5 亿美元的债务，亦发现该公司在 1997 年以来虚报利润 5.8 亿美元。

同时，安然的股价暴跌，由 2001 年年初的 80 美元跌至 80 美分。同年 12 月，安然申请破产保护令，但在之前 10 个月内，公司却因为股票价格超过预期目标而向董事及高级管理人员发放了 3.2 亿美元的红利。

安然事件发生后，在对其分析调查时发觉：安然的董事会及审计委员会均采取不干预（"hands-off"）监控模式，没有对安然的管理层实施有效的监督，包括没有查问他们所采用"投资合伙"的创新的会计方法。事件发生之后，部分董事表示不太了解安然的财务状况，也不太了解其他期货及期权的业务。

因为安然重视短期的业绩指标，管理层的薪酬亦与股票表现挂钩，所以诱发了管理层利用创新的会计方法和做假，以赢取丰厚的奖金和红利。虽然安然引用了非常先进的风险量化方法监控期货风险，但是营运风险的内部控制形同虚设，管理高层常常藐视或推翻公司制定的内控制度。这是最终导致安然倒闭的重要因素。

------------------------------■

# 第六章　新时代女性与创业实施

# 第一节　制订创业计划书

## 一、创业计划书的主要内容

创业计划书也称商业计划书，是采用规范、通用的文本格式形成的创业项目可行性报告，是全面介绍公司和项目运作情况，阐述产品市场及竞争、风险等未来发展前景和融资要求的书面材料。

创业计划书是对与创业项目有关的所有事项进行总体安排的文件，是女性创业者在企业成立之前就已经准备好的一份书面材料，用来描述创办一个新的风险企业时所有的内部和外部要素，又叫商业计划书。一份创业计划书应该能够有理有据地说明企业的发展目标，实现目标的时间、方式及所需资源。创业计划书从企业内部的人员、制度、管理，以及企业的产品、营销、市场等各个方面对即将创建的企业进行可行性分析，包括商业前景展望，人员、资金、物资等各种资源的整合，以及经营思想、战略的确定等，是为创业项目制订的一份完整、具体、深入的行动指南。创业计划书通常是各项职能，如市场营销计划、生产和销售计划、财务计划、人力资源计划等的集成，同时也是提出创业的前三年内所有中期和短期决策制定的方针。

著名投资家 Eugene Kleiner 说："如果你想踏踏实实地做一份工作的话，写一份创业计划，它能迫使你进行系统的思考。有些创业听起来很棒，但是当你把所有的细节和数据写下来的时候，自己就崩溃了。"创业计划书是整个创业过程的灵魂，在这份白纸黑字的计划书中，详细记载着有关创业的一切内容，包括创业的种类、资金规划、阶段目标、财务预估、营销策略、可能的风险及评估、内部管理规划等，在创业的过程中，这些都是不可或缺的因素。一份制作规范且专业的计划书等于一张考究的名片。对于初创的风险企业来说，计划书的作用尤为重要，一个酝酿中的项目，往往很模糊，通过制订创业计划书，把正反理由都书写下来，然后再逐条推敲，创业者就能对这一项目有更清晰的认识。

可以这样说，创业计划书首先是把计划中要创立的企业推销给创业者自己。其次，把计划中的风险企业推销给风险投资家，计划书的主要作用之一就是筹集资金。一般来说，一份完整的创业计划书应该包括以下几个部分。

**（一）计划摘要**

计划摘要是在创业计划书的最前面，它浓缩了创业计划书的精华。计划摘要涵盖了计划的要点，以求一目了然，以便读者能在最短的时间内评审计划并做出判断。计划摘要一般包括以下内容：公司介绍；主要产品和业务范围；市场概貌；营销策略；销售计划；生产管理计划；管理者及其组织；财务计划；资金需求状况；等等。计划摘要尽量简明、生动，要特别详细说明自身企业的不同之处，以及企业获取成功的市场因素。

在计划摘要中，创业者必须回答下列问题：

1. 企业所属的行业，企业经营的性质范围。

2. 企业主要产品的内容。

3. 企业的市场在哪里，谁是企业的顾客，他们有哪些需求。

4. 企业的合伙人、投资人是谁。

5. 企业的竞争对手是谁，竞争对手对企业的发展有何影响。

### （二）产品与服务

产品与服务的介绍是创业计划书中必不可少的一项内容。在进行投资项目评估时，投资人最关心的问题之一就是风险企业的产品、技术或服务能否解决，以及在多大程度上能解决现实生活中的问题，或者风险企业的产品或服务能否帮助顾客节约开支，增加收入。通常，产品与服务的介绍应包括以下内容：产品的概念、性能及特征；主要产品介绍；产品的市场竞争力；产品的研究和开发过程；发展新产品的计划和成本分析；产品的市场前景预测；产品的品牌和专利。创业计划书的这一部分内容的说明要准确、通俗易懂，使非专业人员的投资者也能明白。同时，产品介绍要附上产品原型、照片或其他介绍。

一般，产品（服务）介绍必须回答以下问题：

1. 顾客希望企业的产品与服务能解决什么问题，顾客能从企业的产品与服务中获得什么好处。

2. 企业的产品与服务和竞争对手的产品与服务相比有哪些优缺点，顾客为什么会选择本企业的产品与服务。

3. 企业对自己的产品与服务采取何种保护措施，企业拥有哪些专利、许可证，或与已申请专利的厂家达成了哪些协议。

4. 为什么企业的产品与服务定价可以使企业获取足够的利润，为什么用户会大批量地购买企业的产品与服务。

5. 企业采用何种方式方法改进产品与服务的质量、性能，企业对发展新产品与服务有哪些计划等。

### （三）人员及组织结构

有了产品与服务之后，女性创业者下一步要做的就是组成一支有战斗力的管理队伍。企业管理得好坏，直接决定了企业经营风险的大小。高素质的管理人员和良好的组织结构则是管理好企业的重要保证。因此，风险投资家会特别注重对管理队伍的评估。企业的管理人员应该是互补的，而且要具有团队精神。一个企业必须具有负责产品设计与开发、市场营销、生产作业管理、企业理财等各方面的专门人才。在创业计划书中，还应对公司结构做简要介绍，具体包括：公司的组织机构图，各部门的功能与责任，各部门的负责人及主要成员，公司的报酬体系，公司的股东名单，等等。比如：经营管理团队的背景资料、专长与经营理念，说明拥有的成功经营经验与优势的组织管理能力，公司的组织结构，以及未来组织结构的可能演变。人力资源发展计划，包括各功能部门人才需求计划、公司薪资结构、员工分红与认股权利、招募培训人才的计划等。

### (四) 市场预测

企业在进行市场拓展时，首先就要进行市场预测。如果预测的结果并不乐观，或者预测的可信度让人怀疑，那么投资者就要承担更大的风险，这对多数风险投资家来说都是不可接受的。在创业计划书中，市场预测应包括以下内容：市场现状综述、竞争厂商概览、目标顾客和目标市场、本企业的市场地位、市场区隔和特征等。

首先，市场预测要对市场需求进行预测，其中包括：

1. 市场是否存在对这种产品或服务的需求。

2. 需求程度是否可以给企业带来所期望的利润。

3. 新的市场规模有多大。

4. 需求发展的未来趋向及其状态如何。

5. 影响需求的因素都有哪些。

其次，市场预测还要包括对市场竞争的情况、企业所面对的竞争格局进行分析，包括：

1. 市场中主要的竞争者有哪些。

2. 是否存在有利于本企业产品的市场空当。

3. 本企业预计的市场占有率是多少。

4. 本企业进入市场会引起竞争者怎样的反应。

5. 这些反应对企业会有什么影响。

### (五) 营销策略

要把企业产品做好，更重要的还是要拥有市场，这样才能创造利润。因此，营销是企业经营中最富有挑战性的环节。影响营销策略的主要因素有：消费者的特点、产品的特性、企业自身的状况、市场环境方面的因素、市场机构和营销渠道的选择、营销队伍和管理、促销计划和广告策略、价格决策。

对创业企业来说，产品和企业的知名度低很难进入其他企业已经稳定的销售渠道中去，因此企业不得不暂时采取高成本低效益的营销策略。

营销计划应包括：

1. 说明现在与未来 5 年的营销策略，包括销售和促销的方式、销售网络的分布、产品定位策略。

2. 说明销售计划与广告的各项成本。

### (六) 制造计划

创业计划书中的制造计划应包括以下内容：产品制造和技术设备现状；新产品投产计划；技术提升和设备更新的要求；质量控制和质量改进计划。在寻求资金的过程中，为了增大企业在投资前的评估价值，女性企业家应尽量使制造计划更加详细、可靠。

一般来说，制造计划应回答以下问题：

1. 企业生产制造所需的厂房、设备情况如何。
2. 供货者的前置期和资源的需求量。
3. 生产周期标准的制订，以及生产作业计划的编制。
4. 怎样保证新产品在进入规模生产时的稳定性和可靠性。
5. 物料需求计划及其保证措施。
6. 设备的引进和安装情况，谁是供应商。
7. 生产线的设计与产品组装是怎样的。
8. 质量控制的方法是怎样的。

### （七）财务计划

财务计划是将市场机会转化为财务指标的实施方案，要使潜在投资者明确创业者怎样来满足各项资金需求，维持适当的流动性，保证债务的偿付，并获得良好的投资回报。编制财务计划需要花费较多的精力，一般包括以下内容：商业计划书的条件假设、预计的资产负债表、预计的损益表、现金收支分析、资金的来源和使用。

财务计划中要详述财务需求，预测资金来源和支出，展示收入、成本和利润计划。这一部分应该包括过去3—5年的或能够得到的更长时间的历史财务报表；预计的未来3—5年的财务报表。一份好的财务计划对评估创业企业所需的资金数量，提高创业企业取得资金的可能性是十分关键的。

要完成财务规划，必须明确下列问题：

1. 产品在每一个时期的生产量有多大。
2. 什么时候开始产品线扩张。
3. 每件产品的生产费用是多少。
4. 每件产品的定价是多少。
5. 使用什么分销渠道，所预期的成本和利润是什么。
6. 需要雇用哪几种类型的人。
7. 雇用开始的时间和工资预算的数额。

## 二、制订创业计划书的步骤

创业计划书的作用是不断发展的。创业计划书发展至今，已经由单纯地面向投资者转变为具有企业向外部推销宣传自己的工具和企业加强管理的依据等方面的作用。因此，如何制订和撰写商业计划书要根据具体情况而定，下面我们主要介绍一下制订商业计划书的一般过程。

### （一）明确创业目标

女性创业者一旦有了灵感的触动，不要急匆匆地就去做，还应该有耐心地花费一点儿时间将你想做的事情考虑清楚，这就是明确创业目标。需要回答以下几个问题：

1. 你将经营什么？这不是容易回答的问题。回答该问题的方法多种多样。产品定义，列出你提供的产品或服务；技术定义，强调你的技术能力；市场定义，按你当前和潜在的顾客限定你的经营；概念性定义，使人们能判断出你经营的是什么，并向什么方向发展。

2. 你的经营理念是什么？这是你生产、经营的基本哲理和观念。

3. 你的产品和服务是什么？

4. 你的顾客是谁？你当前的顾客基础和你选择要服务的目标市场能进一步帮助你弄准经营定义。

5. 顾客为什么从我们这里买？每一种经营都有很多的竞争者，而且你的顾客和潜在顾客对产品和服务有广泛的选择余地。

6. 是什么使我们的企业同我们的竞争对手区别开来？什么是你的不寻常的经营特色？按照你的市场眼光，如果你能把自己与竞争对手区分开来，你就抓住了强大的优势。

下面的创业轮廓图将帮助你明确自己的创业目标。注意，这个"轮廓图"并不是实实在在的图，而是用文字形式表现出来的一个"企业轮廓"。

---

1. 企业名称及建立的日期：＿＿＿＿＿＿＿＿＿＿＿＿

2. 企业形式为：

□个体　□有限责任公司　□股份有限公司

3. 我的顾客主要是：

□个人　□团体　□公共机关　□其他

4. 目前的产品和服务包括（简述）：＿＿＿＿＿＿＿＿＿＿＿＿

5. 我的 5 个最主要的竞争对手是：

① ＿＿＿＿＿＿＿＿＿＿＿＿＿＿＿＿＿＿＿＿＿＿＿＿＿＿＿＿＿

② ＿＿＿＿＿＿＿＿＿＿＿＿＿＿＿＿＿＿＿＿＿＿＿＿＿＿＿＿＿

③ ＿＿＿＿＿＿＿＿＿＿＿＿＿＿＿＿＿＿＿＿＿＿＿＿＿＿＿＿＿

④ ＿＿＿＿＿＿＿＿＿＿＿＿＿＿＿＿＿＿＿＿＿＿＿＿＿＿＿＿＿

⑤ ＿＿＿＿＿＿＿＿＿＿＿＿＿＿＿＿＿＿＿＿＿＿＿＿＿＿＿＿＿

6. 可能的竞争来自：

□其他公司　□技术　□行业人员

7. 我的竞争地位：

□弱　□较弱　□平均水平　□较强　□强

---

8. 对我的产品或服务的需要在：□ 递增　　□ 递减

9. 我可能引进的产品或服务是：_____

10. 我可能进入的市场是：_____

11. 本企业与众不同的是：_____

12. 当前企业最大的营销障碍是：_____

13. 我最大的营销机会是：_____

14. 我的总体经营目标和增长计划是：_____

创业轮廓图一旦完成，下一步就是写出任务陈述书。

根据填好的经营定义单，标出其中的关键词，把它们记在下列分类中你认为应该属于的那一类中，写出对你经营最重要的单一目标，再把结果简化成一两句话，就得到一份精确反映你经营目的的报告。下面是一份任务陈述书的示例。

顾客：企业小老板。

产品或服务：税务与管理咨询。

市场：本地（半径 3000 米内）。

经济目标：赚钱、利润、稳定的收入基础。

信念、价值和理想：独立，关心团体，要形成区别，创造好生活。

特殊能力：帮助企业小老板使其总收入最大化，保持低成本运用信息。

对雇员的关心：提供合理的报酬与利益，使他们在工作中有自由，尽量减少监督。

任务陈述：为本地企业小老板提供税务与管理咨询服务，帮助他们成长，为我们的雇员提供有益的工作环境。

### （二）创业项目分析

虽然你已经考虑和写下了你创办企业的构想，但是你还需要对它进行分析，进一步了解其可行性和风险。你需要知道创办的企业是否具有竞争力和盈利能力。我们知道企业是以盈利为基本目的的。企业要成功，首先，销售要成功，也就是说先要做好市场（这基本是外部的）；其次，要控制成本（这基本是内部的）。

### 1. 内部分析：优势和弱点

SWOT 分析法从观察内部的优势与弱点开始，如表 6 - 1 所示。优势是指你的企业的长处，如你的产品比竞争对手的好，你的商店的位置非常有利或你的员工的技术水平很高等。弱点是指你的企业的劣势所在，如你的产品比竞争对手贵，你没有足够的资金按自己的愿望做广告或你无法像竞争对手那样提供综合性的系列服务等。

表 6 - 1　内部分析：优势与弱点

| 因　素 | 优　势 | 弱　点 |
|---|---|---|
| 1. 获利能力 | | |
| 2. 销售与市场营销 | | |
| 3. 质量 | | |
| 4. 顾客服务 | | |
| 5. 生产力 | | |
| 6. 财力 | | |
| 7. 财务管理 | | |
| 8. 运行 | | |
| 9. 生产与分配 | | |
| 10. 员工的发展 | | |
| 11. 其他 | | |

**2. 外部分析：　机会和威胁**

考察企业运行所处的外部环境。机会是指周边地区存在的对企业有利的事情，如你想制作的产品是否越来越流行；附近没有和你类似的商店；潜在顾客的数量将上升，因为附近正在建许多新的住宅小区等。

威胁是指周边地区存在的对你企业不利的事情，如在该地区有生产同样产品的其他企业，原材料上涨将导致你出售的商品价格上升，或者你不知道你的产品还能流行多久等。

这些因素是你不可控制的，但如果知道它们将怎样影响你，你可以预先采取防备行动。可以制订分析表格，如表 6 - 2 所示。

表 6 - 2　外部分析：机会与威胁

| 因　素 | 机　会 | 威　胁 |
|---|---|---|
| 1. 当前顾客 | 增长趋势——大量的 | |
| 2. 潜在顾客 | 当前很多小企业等待服务 | 得到新顾客费用贵 |
| 3. 竞争 | | 强手如林，大公司也在试图进入 |
| 4. 技术 | 开发程序（很专业化的）提高生产力；争取得到"更好的"客户群；教人们使用税务程序 | |
| 5. 政治气候 | | |

续　表

| 6. 政府及其管理机关 | 总有新税种和法令 | |
|---|---|---|
| 7. 法律 | 鼓励大学生创业的地方法规和优惠政策 | |
| 8. 经济环境 | 局部改善 | |
| 9. 其他 | | |

### 3. 风险分析

任何一个营业中的企业每天都面临着一定的风险，小企业自然也不例外。风险可定义为损害、伤害或损失的机会。对于刚刚创业的小企业来说，这种损失相当严重。小企业虽然"船小好掉头"，但由于它"本小根基浅"，故只能"顺水"，不能"逆水"。所以，大学生在创办企业时就应该充分预估各种可能的风险，并制定出风险应付对策，把风险损失限制在企业所能承受的最小范围内。

创业风险主要有以下几个方面：

（1）技术风险。研制的产品原型能否变成合格成品，形成批量生产；产品的技术寿命是否会缩短，提早退出市场；专门支持的配套技术是否成熟等。如美国的 TRITIUM 公司在风险资本的帮助下于 1998 年年初开始进军免费网络服务领域，采取类似网络零点公司的技术。但 TRITIUM 公司一时无法解决在技术上遇到的难题，即廉价带宽技术问题，在挣扎了半年之后，后劲不足，终于支撑不住，只好宣布无限期停业。

（2）管理风险。创业的大学生大多是专业技术人员，他们在专业技术上各有特长，并对技术研发情有独钟，但他们对管理的细节不感兴趣，也不在行。因此可能出现诸如决策风险、组织风险和生产风险等问题。建议学生们适当找合作伙伴，取长补短，形成团队。另外，关键人员的流失也会给企业带来致命的危险。如你开办一家餐厅，那么餐厅生意好坏很大程度上取决于厨师的厨艺。因此，你应该想办法雇请厨艺好的师傅并能长期留用他。

（3）市场风险。从新产品推出到被顾客完全接受这段时间是否会拖得过长，市场接受力有多大，潜在进入者的竞争威胁等都属于市场风险。企业可能因为生产成本高、缺乏强大的销售系统，或新产品用户的转换成本过高而常常处于不利地位，严重的还可能危及企业的生存。

（4）外部环境变化所带来的风险。外部环境，如国家的产业政策、经济发展趋势都在随时发生变化，对企业经营会带来一定的风险。另外，一些突发事件或自然灾害也会带来很大的风险，如美国发生"9·11"事件，给中国的小型出口企业就带来了相当大的打击。创业者应当多研究国家的产业政策，尽量避开那些政策限制性行业。经济条件允许的时候企业管理者应当尽量为企业的财产购买保险，或加入一些互助性的组织，以降低突发事件带来的风险。

### （三）立项——制订行动计划

从你的灵感触发构想，到进一步明确你的想法，到进行 SWOT 分析，以及各种风险预测，你需要绞尽脑汁，付出千辛万苦，但你还要做一下全面的回顾和总结，问自己几个问题：是否有克服不了的困难？是否有规避不了的风险？如果投入的钱都赔光了，你能不能承受这个后果？将你的想法同一位经验丰富的老师或长者进行交流，征求他人的意见，然后制订切实可行的行动计划。

■ **拓展阅读** ■-------------------

#### 梦想照进现实——撰写创业计划书

创业计划书是创业者叩响投资者大门的"敲门砖"，一份优秀的创业计划书往往会使创业者达到事半功倍的效果。有志于创业的年轻朋友们，请你们牛刀小试，模拟撰写一份创业计划书，提前感受一下创业梦想照进现实的快乐吧！

下面是制订创业计划书的基本步骤：

第一阶段——经验学习。

第二阶段——创业构思。

第三阶段——市场调研。

第四阶段——方案起草。

创作者写好创业方案全文，加上封面，并将整个创业要点抽出来写成提要，然后要按下列顺序将全套创业方案排列起来：①市场机遇与谋略；②经营管理；③财务预算；④其他有直接关系的信息和材料，如企业创始人、潜在投资人，甚至家庭成员和配偶。

第五阶段——最后修饰阶段。

第六阶段——检查。

创业计划书

企 业 名 称：_____

创作者姓名：_____

日　　　期：_____

通 信 地 址：_____

邮 政 编 码：_____

电　　　话：_____

传　　　真：_____

电 子 邮 件：_____

## 目录

### 一、企业概况

| 主要经营范围： |
| --- |

| 企业类型： | | | |
| --- | --- | --- | --- |
| ☐生产制造 | ☐零售 | ☐批发 | ☐服务 |
| ☐农业 | ☐新型产业 | ☐传统产业 | ☐其他 |

### 二、创业者的个人计划

### 三、市场评估

| 目标顾客描述： |
| --- |
| 以往的相关经验（包括时间）： |
| 市场容量或本企业预计市场占有率： |
| 教育背景、所学习的相关课程（包括时间）： |

### 四、市场营销计划

| 1. 产品 | |
| --- | --- |
| 产品或服务 | 主要特征 |
|  |  |
|  |  |

续 表

| 2. 价格 | | | |
|---|---|---|---|
| 产品或服务 | 成本价 | 销售价 | 市场价 |
| | | | |
| | | | |
| 折扣销售 | | | |
| 赊账销售 | | | |

| 3. 地点 |
|---|
| (1) 选址细节 |

| 地址 | 面积（平方米） | 租金或建筑成本 |
|---|---|---|
| | | |
| | | |

| (2) 选址的主要原因 |
|---|
| 4. 广告 |
| 5. 公共关系 |
| 6. 营业推广 |

......

# 第二节　创办新企业

## 一、新企业设立方式与法律形式的选择

女性自主创业，必须依法成立企业，并进行正常的生产经营活动才能实现盈利的目的。企业是指依法设立的以盈利为目的的、从事生产经营和服务活动的自主经营、自负盈亏的经济实体。按照有关法律规定，目前我国企业有三种基本组织形式：个人独资企业、合伙企业、公司企业。个人创业者一般采取个人独资企业和合伙企业的形式。

### （一）个人独资企业

**1. 概念界定**

《中华人民共和国个人独资企业法》于2000年1月1日颁布实施，其中界定的个人独资企业，是指依照本法在中国境内设立，由一个自然人投资，财产为投资者个人所有，投资人以其个人财产对企业债务承担无限责任的经营实体。

**2. 设立条件**

个人独资企业应当具备下列五个条件：

（1）投资人为一个自然人。

（2）有合法的企业名称。

（3）有投资人申报的出资。

（4）有固定的生产经营场所和必要的生产经营条件。

（5）有必要的从业人员。

**3. 个人独资企业的优势**

（1）无最低注册资本金的限制。不规定注册资本最低限度是国际上的通行做法。《中华人民共和国个人独资企业法》中没有规定注册资本最低限度既是与国际接轨的重大突破，也符合知识经济时代的要求。

（2）无投资人民事行为能力资格的限制。《中华人民共和国个人独资企业法》中取消了对个人独资企业投资主体行为能力资格的限制，也取消了私营企业转让时办理注销登记的限制，使企业设立、转让和解散等行为手续非常简便，仅需向登记机关登记即可。

（3）没有最低从业人员限额。《中华人民共和国私营企业暂行条例》规定私营企业必须有8人以上的从业人员，《中华人民共和国个人独资企业法》规定，设立个人独资企业须有必要的从业人员，但取消了雇工8人的限制。

（4）有利于充分独立自主经营。个人独资企业制约因素较少，经营方式灵活性强，利润归企业主所有，不需要与其他人进行再分配，能极大地调动企业主的积极性与主动性，使企业主努力为获得个人成功而奋斗。

**4. 个人独资企业的劣势**

（1）承担无限责任，经营风险较大。

（2）难以扩大经营规模。

个人独资企业因其操作和结构比较简单，创业起始阶段规模不大，一般先从个人独资企业做起，待条件成熟时再进一步发展或改组为公司企业模式。

### （二）合伙企业

**1. 概念界定**

《中华人民共和国合伙企业法》（2006 年修订）界定合伙企业，是指自然人、法人和其他组织依照本法在中国境内设立的普通合伙企业和有限合伙企业。

**2. 设立条件**

设立合伙企业，应当具备下列五个条件：

（1）有二个以上合伙人。合伙人为自然人的，应当具有完全民事行为能力。

（2）有书面合伙协议。

（3）有合伙人认缴或者实际缴付的出资。

（4）有合伙企业名称和生产经营场所。

（5）法律、行政法规规定的其他条件。

**3. 合伙企业的优势**

（1）无最低注册资本金的限制。设立门槛较低，适宜创业初期实力有限的企业。

（2）出资人较多，扩大了资本来源和企业信用度，有利于从外部获得资本。

（3）能够发挥团队作用。相比个人独资企业，合伙企业合伙人具有不同专长和经验，可以各尽所能、各尽其才，增强企业的管理水平，从而有利于企业的规模发展。

**4. 合伙企业的劣势**

⑴ 承担无限责任。当合伙企业以其财产清偿合伙企业债务时，其不足的部分，由各合伙人用其在合伙企业以外的个人财产承担无限连带清偿责任。

（2）合伙关系较难处理，对冲突的协调任务重。在合伙企业存续期间，如果有一个合伙人有意向合伙人以外的人转让其在合伙企业中的全部或部分财产份额时，必须经过其他合伙人的一致同意。而且，合伙协议的修改或补充需经全体合伙人协商一致。

**5. 合伙协议**

合伙协议是合伙企业成立的依据，是各合伙人权利和义务的依据，也是合伙人产生争议后所采取的解决办法的基本依据。因此，创办合伙企业必须订立合法、有效、规范、全面的合伙协议。合伙协议包括以下几个方面。

（1）必须以书面形式订立，必要时可请中间人证明或公证部门公证。

（2）必须经过全体合伙人签名、盖章。未经合伙人签名、盖章的合伙协议是无效的。

（3）必须载明法律规定的合伙有关事项。协议中应载明的事项主要有：合伙企业的名称和主要经营场所的地点；合伙目的和合伙经营范围；合伙人的姓名或者名称住所；合伙人的出资方式、数额和缴付期限；利润分配、亏损分担方式；

合伙事务的执行；入伙与退伙；争议解决办法；合伙企业的解散与清算；违约责任。

（4）必须明确违约责任和产生争议时的解决办法。中国有句古话："丑话说在前头。"创业企业会面临各种复杂局面，亏损、失败或破产都是难免的，合伙协议对可能的违约责任、可能的争议要尽可能充分考虑，便于创业过程中协调处理。

### （三）公司企业

**1. 概念界定**

按照《中华人民共和国公司法》的规定，公司是指依照本法在中国境内设立的有限责任公司和股份有限公司。

有限责任公司的股东以其认缴的出资额为限对公司承担责任。

股份有限公司的股东以其认购的股份为限对公司承担责任。

**2. 设立条件**

设立有限责任公司应具备以下五个条件：

（1）股东符合法定人数；

（2）有符合公司章程规定的全体股东认缴的出资额；

（3）股东共同制定公司章程；

（4）有公司名称，建立符合有限责任公司要求的组织机构；

（5）有公司住所。

设立股份有限公司可以采取发起设立或募集设立的方式，设立股份有限公司应当具备以下六个条件。

①发起人符合法定人数；

②有符合公司章程规定的全体发起人认购的股本总额或募集的实收股本总额；

③股份发行、筹办事项符合法律规定；

④发起人制订公司章程，采用募集方式设立的经创立大会通过；

⑤有公司名称，建立符合股份有限公司要求的组织机构；

⑥有公司住所。

**3. 公司企业的优势**

（1）股东只对公司承担有限责任，股东的风险较低。股东还可以通过自由转让股票而转移风险。

（2）公司的所有权与经营管理权分离。公司企业具有产权清晰、权责明确、管理科学的特征，可以聘任专职的经理人员管理公司，有利于提高管理水平。这种形式成为现代企业制度的主要组织形式。

（3）社会信誉度高，有利于融资，有利于扩大企业规模。

**4. 公司企业的劣势**

（1）公司设立的程序比较复杂，创办费用高，政府对公司的限制也较多，法律法规的要求也较严格。股份有限公司因为注册资本高，且须经省级政府的批准，不为一般的创业者所采用。

（2）按照相关法律要求，股份有限公司需要定期披露经营信息，公开财务数据，容易造成公司商业机密的外泄。

综上所述，个人独资企业和合伙企业因创业者需承担无限责任，股份有限公司又因注册资本要求较高，创业者较少采用这三种企业形式；有限责任公司以其综合优势成为绝大多数创业者乐于采用的组织形式。各种企业组织形式的利弊及运作方式见表 6 - 3。

表 6 - 3　不同企业组织形态比较

| 项目 | 个人独资企业 | 合伙企业 | 公司企业 |
|---|---|---|---|
| 法律依据 | 个人独资企业法（2000 年 1 月 1 日起施行） | 合伙企业法（2007 年 6 月 1 日起施行） | 公司法（2018 年 10 月 26 日起施行） |
| 法律基础 | 无章程或协议 | 合伙协议 | 公司章程 |
| 法律地位 | 非法人经营主体 | 非法人营利性组织 | 企业法人 |
| 责任形式 | 无限责任 | 无线连带责任 | 有限责任 |
| 投资者 | 完全民事行为能力的自然人，法律、行政法规禁止从事营利性活动的人除外 | 完全民事行为能力的自然人，法律、行政法规禁止从事营利性活动的人除外 | 无特别要求法人、自然人皆可 |
| 注册资本 | 投资者申报 | 协议约定 | 有资金门槛 |
| 出资 | 投资者申报 | 约定：货币、实物、土地使用权、知识产权或者其他财务权利、劳务 | 法定：货币、实物、工业产权、非专利技术、土地使用权 |
| 出资评估 | 投资者申报 | 可协商确定或评估 | 必须委托评估机构 |
| 章程或协议生效条件 | 无 | 合伙人签章 | 公司成立 |
| 财产权性质 | 投资者个人所有 | 合伙人共同所有 | 法人财产权 |
| 财产管理使用 | 投资者 | 全体合伙人 | 公司机关 |

续　表

| 出资转让 | 可继承 | 一致同意 | 股东过半数同意 |
|---|---|---|---|
| 经营主体 | 投资者或委托人 | 合伙人共同经营 | 股东不一定参与经营 |
| 事务决定权 | 投资者个人 | 全体合伙人或服从约定 | 股东会 |
| 事务执行 | 投资者或委托人 | 合伙人权利同等 | 公司机关（一般股东无权代表） |
| 利亏分担 | 投资者个人 | 约定或均分 | 投资比例 |
| 解散程序 | 注销 | 注销 | 注销后并公告 |
| 解散后义务 | 无 | 5 年内承担责任 | 无 |

## 二、新企业的选址策略

### （一）企业选址的影响因素

企业选址是关系到新企业成败的至关重要的因素，也是创业初期便涉及的几个问题之一。企业选址要解决两个基本问题：一是选择一个独特的地区；二是在该地区选择一个独特的地点。影响企业选址的主要因素可划分为市场因素、商圈因素、交通因素、物业因素、所在区域因素、个人因素、价格因素。

**1. 市场因素**

从顾客角度看，创业者要考虑经营地是否接近顾客、周围的顾客是否有足够的购买力、所售的商品是否吸引这一带的顾客群。对于零售业和服务业来说，店铺的客流量和客流的购买力决定着企业的业务量。

**2. 商圈因素**

创业者为公司选址时需要对特定商圈进行特定分析，如车站附近是往来旅客集中的地区，适合发展餐饮、食品、生活用品；商业区是居民购物、聊天、休闲的理想场所，除了适宜开设大型综合商场外，特色鲜明的专卖店也很有市场；影剧院、公园名胜附近，适合经营餐饮、食品、娱乐、生活用品等；在居民区，凡能给家庭生活提供独特服务的生意，都能获得较好的发展；在市郊地段，不妨考虑为驾车者提供生活、休息、娱乐和维修车辆等服务。

**3. 交通因素**

交通因素是指交通是否方便、停车是否方便、货物运输是否方便、乘车来去是否方便。便利的交通不仅对制造型企业很重要，对于服务型、零售型、批发型企业也至关重要。

**4. 物业因素**

在租用店铺前，创业者应首先了解地段或房屋规划的用途与自己的经营项目是否相符；该物业是否有合法权证；还应考虑该物业的历史、空置待租的原因、坐落地段的声誉与形象等，是不是环境污染区，有没有治安问题，是不是容易拆迁等。

**5. 所在区域因素**

所在区域因素指的是经营业务最好能得到所在区域政府的支持，至少不能与当地的政策背道而驰。

**6. 个人因素**

有一些创业者往往容易过多地关注个人因素，如喜欢选择在自己的住所附近经营，这种做法可能会令创业者丧失更好的机会或因经营受到局限，购买力无法突破。

**7. 价格因素**

创业者在购买商铺或租赁商铺时，要充分考虑价格因素。在租房时，通常租金的支付方式是押一付三，就是你需要一次性支出 4 个月的房租。这时，你既要考虑启动资金够不够，又要考虑在生意只投入未产出利润期间你的储备金是否充足。同时，还要对这个场地的销售额做出初步的预算，看你的盈利是否可以满足租金和管理费用的支出。如果营业额足够大，就算租金贵，也可以租用；但是，如果此地没有生意，就算再便宜也不要租用。

总之，创业者选址切忌盲听、盲信、盲从，缺少调查和评估的选址难以找到符合条件的经营场所。因而，选址不能一味求快，创业者应该多对有意向的地段进行多方面的考察，权衡各个因素的优劣，从长远角度考虑，为自己店铺日后的经营打下良好的基础。

### （二）关于零售店铺选址的几点建议

中国人经商最讲究"天时、地利、人和"，对于做终端零售的经营者来说，店铺位置的好坏是能否盈利的关键。如何选择好的店铺位置是店铺经营者所面临的首要问题，女性创业者如果不经过认真而科学的选择，就仓促或者盲目开店的话，很容易遭受失败的打击。这里，我们对零售商铺的选址提出以下几点建议。

**1. 要根据自己店铺的经营定位进行选址**

店铺选定位置之前，首先要明确自己的经营范围和经营定位。如果经营的是日化、副食等快速消费品，就要选择在居民区或社区附近；如果经营的是家具、电器等耐用消费品，就要选择在主要是中、高阶层消费群体的区域。简单地讲，就是要选择能够接近较多目标消费群体的地方。通常情况下，大多数店铺选择在人流量比较大的街区，特别是当地商业活动比较频繁、商业设施比较密集的成熟商圈。

**2. 要尽量避免在受交通管制的街道选址**

城市为了便于交通管理，在一些主要街道会设置交通管制，如单向通行、限制车辆种类、限制通行时间等，店铺选址应该避免这些地方，也尽量不要在道路中间设有隔离栏的街道开店，因为这样会限制对面的人流过来，即使你的店铺招牌做得再惹眼，对面的顾客也只能"望店兴叹"。交通方便是选择店铺位置的条件之一，店铺附近最好有公交车站点，以及为出租车提供的上、下车站等。另外，店铺门前或附近应该有便于停放车辆的停车场或空地，这样会更方便顾客购物。

**3. 要选择居民聚集、人口集中的地区**

人气旺盛的地区基本上都有利于开设店铺，尤其是开设超市、便利店、干洗店这样的店铺。城市新开发的地区，刚开始居民较少、人口稀零，如果又缺乏较多流动人口的话，是不适宜开设店铺的。虽然有时候在新建地区开店，可以货卖独家，但往往由于顾客较少，难以支撑店铺的日常运营。

**4. 要事先了解店铺所在地的政府规划**

随着城市的快速发展，旧城改造是经营中可能遇到的问题，开设店铺首先要调查和了解当地的城市规划情况，避免在容易拆迁的"危险"地区开设店铺。在租赁房屋肘，还要调查了解该房屋的使用情况，如建筑质量、房屋业主是否拥有产权或其他债务上的纠纷等。忽视这些细节往往会导致店铺的夭折，给自己带来巨大的损失。

**5. 要注意店铺所在街道的特点和街道客流的方向与分类**

一条街道会因为交通条件、历史文化、所处位置不同，而形成自己的特点。创业者要选择交通通畅、往来车辆和人流较多的街道，避免在一条"死胡同"里开店。店铺的坐落和朝向也是十分重要的，店铺门面要尽量宽阔，朝北要注意冬季避风，朝西要注意夏季遮阳等。同样一条街道的两侧，行人的走向习惯，客流量不一定相同，要细心观察客流的方向，在客流较多的一侧选址。长途汽车站、火车站和城市的交通主干道，虽然人流也很大，但客流速度较快，滞留时间较短，很多人的注意力不在购物上。在这些地方开店，要根据自己的经营需要慎重选择。

**6. 要选择同类店铺比较聚集的街区或专业市场**

"货比三家"是很多人经常采取的购物方式，选择同类店铺集中的街区，更容易招揽到较多的目标消费群体。不要担心竞争激烈，同类店铺聚集有助于提高相同目标消费群体的关注。电子市场、花卉市场、建材市场等专业化程度较高的市场或商场，也是开设店铺的不错选择。需要注意的是，选择专业市场或商场开店，要考察这些市场和商场的管理水平、规模大小、在当地的影响力等因素。对规模较小、开业时间较短、管理水平差的专业市场或商场，要谨慎入驻。

### 三、新企业的注册登记

公司设立手续如下：应先向工商部门办理名称预行核准登记，核准后工商部门再审核你申请的具体经营范围是否需前置审批，如不需前置审批则直接向工商部门办理设立手续，如确需前置审批的，则需要获得有关部门的前置审批后方可向工商部门办理设立手续。

#### （一）企业名称预先核准

新企业若想设立有限责任公司，应当由全体股东指定的代表或者共同委托的代理人向工商登记机关申请名称预先核准。工商部门对核准的企业名称发给《企业名称预先核准通知书》。

有限责任公司名称应由以下四部分构成：行政区划、字号（商号）、所属行业或经营特点、组织形式。如：北京洪恩教育科技有限公司，就是区划（北京）＋字号（洪恩）＋行业（教育科技）＋组织形式（有限公司）。这里需注意：①行政经营项目基本吻合。公司名称中的行业部分如需使用"科技""高新科技""技术""高新技术"的，则该公司相应经营范围中从事技术开发、咨询、服务的行业门类必须要有两个（含两个）以上。②公司名称应符合国家有关名称管理的规定，不重名（包括近似）、不侵权、不反动、不迷信、不"黄色"、不用最高比较级（比如"最优食品有限公司"就不行）。

#### （二）前置审批

如需要前置审批的，申请人还应持工商部门核发的《企业名称预先核准通知书》到相关主管行政部门进行前置审批。如想办一个家教中心，则需到教育部门审批；如想开办一家音像店，则需到新闻出版局审批。

#### （三）开业登记

**1. 开业登记应具备的条件：**

（1）股东符合法定人数；

（2）股东出资达到法定资本最低限额；

（3）股东共同制定公司章程；

（4）有公司名称，建立符合有限责任公司要求的组织机构；

（5）有固定的生产经营场所和必要的生产经营条件。

**2. 开业登记应提交的材料：**

（1）公司董事长签署的《公司设立登记申请书》；

（2）全体股东共同签署的公司章程；

（3）具有法定资格的验资机构出具的验资证明；

（4）由全体股东共同签署的《确认书》（包括公司董事、监事、经理的委派、选举或者聘用证明，以及公司法定代表人的任职文件）；

（5）公司法定代表人的身份证复印件；

（6）公司驻所证明；

（7）公司名称预先核准登记时提交的所有材料（股东的资格证明、股东委托书、《公司名称预先核准申请书》《企业名称预先核准通知书》）；

（8）其他需提交的文件：法律、行政法规规定设立有限责任公司必须报经审批的，还应当提交有关的批准文件；涉及前置审批项目或其他特殊情况的，则应提供有关部门的批准意见；如属分期出资的，还应提交承诺书。

**3. 几点说明：**

（1）材料填报应使用钢笔、毛笔或签字笔工整地书写。

（2）文件、证件上要求本人签字的，必须由本人亲笔签署，不能以私章替代；凡未注明可提供复印件的，必须提供原件；注明可提供复印件的，申请人提交时需出示相应的原件供工商登记机关进行核对，如确有特殊原因不能出示进行核对的，应在复印件上注明"本复印件与原件一致"并加盖该单位印章。

（3）注册资本的有关规定，有限责任公司股东可以用货币出资，也可以用实物、工业产权、非专利技术、土地使用权作价出资，但对作为出资的实物、工业产权、非专利技术或土地使用权必须进行评估作价，并且以工业产权、非专利技术作价出资的金额不得超过公司注册资本的 20%（国家对采用高新技术成果有特别规定的除外）。以货币出资的，应将货币出资额足额存入准备设立的公司在银行开设的临时账户。地方另有优惠政策的，从其规定。如在浙江省，依浙政办〔2000〕2 号文件精神，公司制小企业可分期出资，其规定为：允许公司制小企业注册资本分期注入。设立公司制小企业，注册资本在 50 万元以下、一次性注入有困难的，可分期到位，但首期出资额须达到注册资本的 10% 以上，且最低不少于 3 万元；1 年内实缴注册资本须追加至 50% 以上，3 年内全部到位。注册资本到位前，企业按注册资本总额承担责任，企业股东按照出资比例承担连带责任。

■ *拓展阅读* ■------------------------

### 企业申请登记的必备条件

1. 有自己的名称、组织机构和组织章程；

2. 有固定的经营场所和必要设施；

3. 有符合国家规定并与其生产经营和服务规模相适应的资金数额；

4. 有与其生产经营和服务的规模适应的从业人员；

5. 有符合法律、政策规定的经营范围。

申请人需要向登记主管机关提交的文件、证件包括：身份证明、场地使用证明、物资证明等法律要求的各种文件和证明。

其他注意事项：国家和有关部门对一些特殊行业企业开办有特殊的审批规定，大概有 12 大类 75 个项目需要前置审批。如食品生产经营的企业需要提供卫生防疫部门发给的《卫生许可证》等。申请人在登记时可咨询有关主管审批机关。

# 第三节　新企业的运营与管理

任何公司在创业期，其管理体制都要讲究简单和务实。公司主要抓好人和财两个方面，例如制作一本员工手册，规定道德准则、考勤制度、奖惩条例、薪资方案等制度，这方面有许多样本可以参考，并根据公司自身特点有针对性地选择重要的方面去制定。在财务方面，公司更多是以降低资金风险和降低成本为主，合理配置生产要素，争取取得最好的经济效益。一般来说，报销制度、现金流量、预算、核算和控制成本等方面是公司首先要考虑的。

## 一、规章制度

俗话说："国有国法，家有家规。"严格贯彻执行规章制度可以使企业经营有条不紊，有章可循，使企业日常工作更加科学化、制度化，进而提高企业在社会上的地位，增强经营活力。一个初创企业可以根据经营方向、性质等情况建立一套务实的、简单的公司运作管理基本制度，并随着公司的发展不断修改和补充规章制度。常见的小企业规章制度有：财务管理制度、质量检查制度、物品与原材料进出制度、考勤制度、各种岗位责任制度、工资与劳保福利制度、业务学习与技能培训制度等。公司在制定各项规章制度时，必须遵循：符合国家政策法规；符合企业实际需求，具有可操作性，要公平合理，奖罚分明。在管理制度的实施过程中应该做到以下几点：

1. 应该明确目标陈述，并达成共识。至少是核心成员坐下来讨论公司的目标陈述，虽然创业者在创业前期就讨论过多次了，但这次应该将目标清晰和明确起来，有了目标，才有方向和共同的愿景，这种共识能大大减少管理和运作上的摩擦。

2. 女性管理者应该强调管理行为和文化上的风格。企业在创业期规模较小，许多问题都可以直截了当地进行沟通，大家都应遵循开诚布公，实事求是的行为原则。通俗一点说，就是什么事都可以摆到桌面上来讲，千万别藏着掖着，更要避免形成一些不良的小圈子。

3. 女性管理者在公司内部应形成一个管理团队，便于一些管理解决方案的最终确定。所以内部班子非常重要，即使很小也无所谓，关键是要随时沟通，定期交换意见，经常讨论诸如产品研发、竞争对手、内部效率、财务状况等与公司经营策略相关的问题。

4. 女性管理者应该制定并尽量遵守既定的管理制度。前面我们已提到，规章制度对于企业来说至关重要，规章虽然简单务实，但必须强调人人遵守，不能有特权，也不能朝令夕改，当公司发展到一定程度并初具实力时，就要意识到自身能力上的缺陷，应尽可能聘请一些管理方面的专业人士来共同完成大业。

管理者不只是各项规章制度的制定者，而且要严格要求自己，以身作则，带头遵守各项规章制度，使制度发挥应有的作用。

## 二、人力资源管理

### （一）人力资源规划

人力资源规划是指通过对人力资源需求和供给的预测，制订人力资源补充计划、晋升计划、人员配置与挑战计划、培训开发计划，以及酬薪计划等。女性创业者在创业初期的人力资源规划，需要抓住几个核心要求：企业业务定位、企业规模、企业发展计划、人力资源运行模式等几个方面。女性创业者应该从业务开展的层面（包含技术、生产、营销等几个主要方面），以及企业整体运营来进行思考，同时结合企业的长远发展来进行规划。

从人力资源规划的角度而言，企业要建立一个比较完善的薪酬分配制度，即利益分配机制，这是一个最基本的游戏规则，先有规则再请人。当然，这里有个前提，就是要设什么部门，设什么岗位，这个岗位的职责是什么，请来的人需要完成哪些基本任务，这些问题都明确好了，再谈分配制度就是顺理成章的事了。人力资源规划需要考虑的一个重要因素就是企业业务规模的定位问题。这里有个提前预估，对企业生产能力和销售前景的合理预期是比较关键的，如果预估失准，要么会造成人力资源的浪费，要么会造成人员的紧缺。从整体而言，企业人力资源的规划肯定是受企业战略定位的影响的。受制于多方面的因素，很多新创办的企业开始是没有战略规划的，如果有战略规划，人力资源规划肯定是企业整体战略的一部分。

人力资源管理是企业管理的核心。正如美国企业管理协会在培训教材中所说的："所谓企业管理就是人力资源管理，人力资源管理就是企业管理的代名词。"

由此可见，西方企业把人力资源管理的重要性放在了前所未有的高度，这对创业企业更具现实意义。

■ *拓展阅读* ■----------------------

### 人力资源管理不可忽视

西方企业把人力资源管理的重要性放在了前所未有的高度，这对创业企业更具现实意义，理由是：

1. 从经济发展方面看，中国经济从 1997 年开始全面进入"微利时代"，社会产品过剩，企业利润大幅度下降，这样一个经济大背景要求创业企业的领导人必须以更高的胆略、更高的智慧、更灵活的企业发展战略去应对更复杂的局面。

2. 从高科技快速发展方面看，以电脑和互联网为代表的当代重大技术进步正在进一步推动着生产力的发展，今后有技术专长和创新能力的人将成为企业劳动力的主体，而传统的劳动力总量将明显减少，创业企业要实现由劳动密集型向技术密集型转变，进而向知识密集型转变，当务之急是加强员工培训，提升员工素质。

3. 从社会行为方面看，社会商业机会大量增加，个人不在依附于企业，员工的生存空间越来越大，所受的各种束缚越来越少，对企业的归属感越来越低。

科学的人力资源管理有助于塑造一种被员工认可的积极向上的企业文化，增强企业凝聚力。

4. 从社会发展趋势看，知识经济的出现使企业里人的劳动中将含有更多的脑力工作，体力工作含量减少，更需要人具有创造性并掌握一定的技术知识。如果创业企业科技人才相对较少，就需要在人力资源管理体制上有所创新，吸引有较高素质的人才群体来支撑企业，从而打造一支充满活力、团结一致的高效率团队，提高企业的综合素质和竞争力。

----------------------------------------■

### （二）组织设计原则

企业的存在和发展与企业的组织是分不开的，企业发展目标的实现必须通过有效的组织形式来保证，企业的经营管理职能必须通过统一的组织与组织程序来实现。

**1. 组织明确原则**

组织的存在是为了完成组织目标，组织的结构、体系、过程、文化等均是为完成组织目标服务的。组织的运行首先必须给大家指明一个行动方向，让不同的部门、不同的员工为同一个目标而努力奋斗。

**2. 效率原则**

创业的目标是追求利润，效率原则是衡量组织结构的基础。企业经营者应首先把企业的各项事务确定下来，针对不同的事物确定不同的岗位，然后选择合适的人员。这样根据实际需要来确定岗位和人员可以尽可能地精简机构，减少企业开支，降低企业生产成本，增强企业在市场上的竞争能力。

**3. 独立原则**

独立原则就是组织中的各部门要分工明晰，权责清楚。权责一旦清晰，就要尊重这些权责的所属，不是仅停留在书面上，而是在具体的业务开展中都要做到这一点，要尊重部门的独立性。

**4. 组织层级简单原则**

本着效率原则，管理层级应尽量缩减。企业一般设四个层级：总裁—部门经理—部门主管——一般员工。指令下达或者报告审批如果需要经过很多程序才能最终实现，这样效率就会很低，甚至会出现指令失真的情况。相反，企业的管理层级偏少，则不利于员工职业的发展，但是，这个问题不一定要通过企业管理层级的设置来解决，可以从企业业务的发展空间来进行拓展，以及在薪酬福利等方面进行调整。

**5. 淡化家族色彩原则**

创业企业中家族经营较为普遍，家族成员固然可靠忠诚，但有很大的弊端，如果家族成员的知识、才干不足的话会限制企业的进一步发展。创业企业在人员的配备中必须本着"任人唯贤"的指导思想，以专业、知识、能力、经验为标准，淡化家族色彩。

**■ 拓展阅读 ■-------------------**

被誉为"组织理论之父"的韦伯认为，理想的行政组织网络有六个特点：

1. 组织中的人员应有固定的和正式的职责，并依法行使职权；

2. 组织的结构是一层层控制的体系；

3. 组织中成员的关系只有对事的关系，而无对人的关系；

4. 成员的选用要人尽其才；

5. 组织中有专业分工和技术训练；

6. 成员的工资和升迁要有稳定的制度。

## 三、企业的薪酬管理

企业管理者应明确各项工作所需的人员应具备的技能和学历，以及工作的难易程度等，从而判断每项工作的相对价值，以此作为薪酬管理的依据，制定公平合理的薪酬政策。

企业的薪酬管理一直困扰着很多企业领导，如果没有一套非常适合本企业的薪酬管理制度，企业领导人或者人事负责人往往会伤透脑筋。企业必须建立一套科学实用的薪酬管理体系。初创企业如何处理薪酬问题呢？

## （一）判断岗位价值

公司成立之初，虽然规模小，但女性企业家依然要明确每个岗位的要求。建议首先应该确定各岗位的价值：如胜任该岗位的条件——学历、工作经验、技能要求等；基本职责——工作内容、应负的责任、享受的权利等；基本职位晋升途径——薪资增长、职位提升、知识培训；等等。这样企业首先有了一个可以衡量各个岗位的数据化的比较图，再形成各岗位的价值比，根据价值比确定各岗位的基本薪酬，并根据企业预算及对各个岗位的期盼值，设立每个岗位的加薪频率与幅度。

## （二）了解市场行情

看市场行情不仅仅要看薪资总额，更要看薪资的组成部分、薪资的稳定性、薪资所涵盖的岗位要求。企业只有了解市场薪酬行情才可以轻松应对每一个应聘者的薪资谈判。企业根据薪资行情结合企业自身的定位才能找到最适合自己企业的员工。企业了解市场行情的途径大致有：对搜索来的应聘资料进行分析；在人才中介机构中寻找数据；了解专业人才网站的薪资行情；等等。

## （三）薪酬的周全性

我们可以把员工分为投资型、契约型与利用型。投资型员工可以被视为企业的合作伙伴，应注重与其长期合作及风险分担，可采用赠予股份与让其投资少部分风险金结合的方式，以满足其各方面的薪酬要求；契约型员工主要指确实有能力，但很"现实"的那部分员工，企业完全可以将员工对企业提出的要求与企业对员工的要求结合起来，并通过合约的方式确立双方的权利与义务，兑现违约责任；利用型员工，企业要求员工根据企业的制度来执行，并根据员工的动态及企业要求灵活调整制度，使企业与员工都满意。

## （四）薪资谈判方式

一般企业在招聘时采取一对一的谈判方式，有以下策略参考：

### 1. 投标法

企业的招聘人员首先要把应聘岗位的人员集中起来，让每个应聘者说出自己的应聘动机、自我介绍、薪资要求、工作承诺、自身优缺点等，评委在旁观察打分。然后把基本符合要求的应聘者留下来进入复试。复试采取模拟岗位情景的方式，让应聘者说出初试时与其他应聘者的比较结果等，招聘人员最后决定录用人选及薪资谈判。

### 2. 意外法

招聘人员和应聘者在薪资谈判临近尾声时休息一下，再回到谈判桌时招聘人员告诉应聘者：你确实不错，经过我们研究决定，在刚才确定的初步薪资的基础上，我们主动给你加××钱，那是对你的信任及业绩期盼奖，希望你努力。

### 3. 分析法

招聘人员与应聘者一起探讨他进入公司后可能产生的作用、业绩及公司主动配给他的资源，如政策、培训机会、晋升机会等，在双方相互认同及愉快的氛围中再谈薪资问题，一般比较顺利。

### 4. 选择法

招聘人员对应聘者提出的薪资要求不置可否。招聘人员拿出三种或更多种方案供应聘者选择，以双方认同的方案为基准，调整薪资方案及要求标准。

## 四、财务管理

资金是企业运转的血脉，是企业发展的原动力。财务管理的对象是企业、资金及其循环过程，包括筹资、融资和投资决策一级资本预算、安排合理的资本结构等问题。这些问题关系着企业的生存和发展，奠定了财务管理在企业管理中的重要地位。财务管理的对象是资金的循环和周转，其内容主要有以下几个方面。

### （一）筹资管理

筹资管理制是企业为了满足投资的需要，筹资和集中所需要的资金的过程。企业筹资的渠道主要有两种：一是债务资金，如银行贷款，利用商业信用发行商业票据，融资租赁等；二是自有资金，如吸收直接投资，发行股票，利用留存收益等。

### （二）流动资产管理

资产是指过去的交易所形成的，并由企业控制的资源，该资源会给企业带来经济利益。资产按其流动性可以划分为流动资产、固定资产、无形资产及其他资产。流动资产是指可以在一年或超过一年的营业周期内变现或耗用的资产。按变现的能力可分为现金、银行存款、应收票据、应收账款、预付账款、存货、设备等。其中流动资金管理就是要解决公司日常运营所使用的资金的问题，包括日常经营中的付款，偿还短期债务和偿还长期债务等，这对创业企业的生存是极其重要的。

### （三）投资管理

投资管理是企业将筹措的资金投入使用的过程，这部分内容主要包括投资分析和投资决策。对于创业企业来讲，投资管理主要是在创业初期做好投资分析和相应的投资决策。常见的投资分析方法有净现值法、现值指数法、回收期法、内部收益率法等。

### (四) 利润分配

利润分配指企业对收入和利润进行分配的过程。创业企业利润分配主要有两个去向：一是流出，具体表现为支付给股东股利和支付债权投资者的利息；二是留在企业用于企业的发展壮大，包括盈余公积金和未分配利润。因此，创业企业利润分配就是要解决企业利润分配的去向和比例问题，并要保持两者之间的动态平衡。

■ 拓展阅读 ■-----------------------

### 加强财务管理，实现价值最大化

面对市场环境的不断变化，企业的财务管理部门应有高素质的财会人员，加强财务管理基础工作，健全财务管理制度。

一、加强内部管理

1. 提高认识，强化资金管理。资金的使用周转涉及企业内部的方方面面。企业经营者应懂得管好、用好、控制好资金不仅是财务部门的职责，也是企业各部门、各生产经营环节的职责。所以企业经营者要层层落实，各部门积极配合，共同为企业资金的管理做出努力。

2. 提高资金的使用效率。首先，有效规划资金的来源和合理使用资金；其次，准确预测资金回流和支付的时间；最后，合理地进行资金分配，流动资产的占用应做到合理。

3. 加强企业内部资产安全的管理。建立健全财产物资管理的内部控制制度，在物资采购、领用、销售及产品管理上建立规范的操作程序，企业要定期检查盘点，堵住漏洞，保护企业资产的安全。

4. 加强对存货和应收账款的管理。加强存货管理，压缩过时的库存物资，避免不合理的资金占用，并以科学的方法确保存货资金的最佳结构。加强应收账款管理，对赊销客户的信用进行调查评定，定期核对应收账款，制定完善的收款管理办法，避免死账、呆账的发生。

二、加强资金回收管理

应收账款是造成资金回收风险的重要方面，有必要降低它的成本。应收账款的成本有：机会成本、应收账管理成本、坏账损失成本。应收账款加速现金流出，它虽是企业生产的利润，然而未使企业的现金增加，反而还会使企业运用有限的流动资金垫付未实现的利润开支，加速现金流出。因此，对应收账款的管理应从以下几方面强化：一是建立稳定的信用政策；二是确定客户的资信等级，评估企业的偿债能力；三是确定合理的应收账款比例；四是建立销售责任制；五是密切关心企业要账人员回收账款动态，避免私人暂时留存，用于个人获益。

三、建立严谨的财务内部控制制度

首先，要建立健全内控体系；其次，责权利结合，实行责任追究制度；再次，提高和规范会计人员的业务水平，规范会计工作秩序；然后，加强内部审计控制；最后，企业负责人必须高度重视内部控制，并自觉接受监督。

## 五、营销管理

营销管理首先要解决的是基本策略问题，也就是要进入新市场所必须解决的产品、价格、分销和促销四大基本问题。产品策略，即要注重开发的功能，要求产品有独特的卖点，把产品的功能诉求放在第一位。价格策略，依据不同的市场定位，制定不同的价格策略，产品的定价依据是企业的品牌战略，注重品牌的含金量。分销策略，企业并不直接面对消费者，而是注重经销商的培养和销售网络的建立，企业与消费者的联系是通过经销商建立起来的。促销策略，即包括品牌宣传（广告）、公关、促销等一系列的营销行为。下面重点介绍一下价格策略与促销策略。

### （一）价格策略

价格策略是指企业制定的销售给消费者的商品价格，具体包括价目表中的价格、折扣、折让、支付期限和信用条件等内容。定价问题也是营销的关键问题，价格竞争一直是企业竞争的最有效手段，从汽车到洗衣粉无不需要进行价格竞争。根据产品的定位确定合理的定价策略，一般我们常用的方法为成本导向定价法。

**1. 成本导向定价法**

成本导向定价法是以产品单位成本为基本依据，再加上预期利润来确定价格的定价方法。

**2. 成本定价的技巧**

（1）非整数法

其实定价有很多技巧，譬如使用"非整数法"，这种把商品零售价格定成带有零头结尾的非整数的做法，销售专家们称之为"非整数价格"。这是一种极能激发消费者购买欲望的价格。这种策略的出发点是让消费者在心理上总是存在零头价格比整数价格低的感觉。也就是产品计划定价 2 元，你可以定 1.99 元，价格低了一分钱，但却会给顾客价格低很多的感觉。对于高档商品、耐用商品等宜采用整数定价策略，给顾客一种"一分钱一分货"的感觉，以树立品牌的形象。

（2）弧形数字法

"8"与"发"虽毫不相干，但消费者喜欢以其结尾的价格。满足消费者的心理需求总是对的。据国外市场调查所得出的市场定价流程图发现，在生意兴隆的商场、超级市场中商品定价时所用的数字，按其使用的频率排序，由多到少依次是5、8、0、3、6、9、2、4、7、1。这种现象不是偶然出现的，究其原因是顾客消费心理的作用。带有弧形线条的数字，如5、8、0、3、6等似乎不带有刺激感，易为顾客接受；而不带有弧形线条的数字，如1、7、4等就不大受欢迎。所以，在商场、超级市场商品销售价格中，8、5等数字最常出现，而1、4、7则出现次数少得多。我们在价格的数字应用上，应结合中国国情。很多人喜欢"8"这个数字，并认为它会给自己带来发财的好运；"4"字因与"死"同音，被人忌讳；"7"字，人们一般感觉不舒心；"6"字、"9"字，因中国老百姓有"六六大顺""九九长久"的说法，所以比较受欢迎。

（3）应时调整法

企业在市场竞争中，应时时关注供求的变化。德国韦德蒙德城的奥斯登零售公司，经销任何商品都很成功。例如，奥斯登刚推出1万套内衣外穿的时装时，定价超过普通内衣价格的4.5—6.2倍，但照样销售很旺。这是因为这种时装一反过去内外有别的穿着特色，顾客感到新鲜，有极强的吸引力。可是到1988年5月，当德国各大城市相继大批推出这种内衣外穿时装时，奥斯登却将价格一下骤降到只略高于普通内衣的价格，同样一销而光。这样，又过了8个月，当内衣外穿时装已经不那么吸引人时，奥斯登又以"成本价"出售，每套时装的价格还不到普通内衣价格的60%，这种过时衣服在奥斯登还是十分畅销。

（4）顾客定价法

自古以来，总是卖主开价，买主还价，能否倒过来，先由买主开价呢？例如，餐馆的饭菜价格，从来都是由店主决定的，顾客只能按菜谱点菜，按价计款。但在美国的匹兹堡市却有一家"米利奥家庭餐馆"，在餐馆的菜单上，只有菜名，没有菜价。顾客根据自己对饭菜的满足程度付款，无论多少，餐馆都无异议，如顾客不满意，可以分文不付。但事实上，绝大多数顾客都能合理付款，甚至多付款。当然，也有付款少的，甚至有狼吞虎咽一顿之后，分文不给，扬长而去的，但那毕竟只是极少数。目前来讲，让顾客自行定价在我国已不算新事物。有些城市已出现了这样的餐馆，但经营后发现并不成功。看来，使用这种方式还须注意销售条件和销售对象。

（5）特高价法

独一无二的产品才能卖出独一无二的价格。特高价法即在新商品开始投放市场时，把价格定得大大高于成本，使企业在短期内能获得大量利润，以后再根据市场形势的变化来调整价格。某地有一家商店进了少量中高档女外套，进价580元一件。该商店的经营者见这种外套用料、做工都很好，色彩、款式也很新颖，在本地市场上还没有出现过，于是定出1280元一件的高价，居然很快就销完了。如果你推出的产品很受欢迎，而市场上只有你一家，就可卖出较高的价。不过这种形势一般不会持续太久。畅销的东西，别人也可群起而仿之，因此，要保持较高售价，就必须不断推出独特的产品。

（6）价格分割法

没有什么东西能比顾客对价格更敏感的了，因为价格即代表他兜里的金钱，要让顾客感受到你只从他兜里掏了很少很少一部分，而非一大把。价格分割是一种心理策略。卖方定价时，采用这种技巧，能使买方有价格便宜感。价格分割包括下面两种形式：其一是用较小的单位报价。例如，茶叶每公斤10元报成每50克0.5元，大米每吨1000元报成每公斤1元，等等。巴黎地铁的广告是："只需付30法郎，就有200万旅客能看到您的广告。"其二是用较小的单位进行比较。例如，"每天少抽一支烟，每日就可订一份报纸。""使用这种电冰箱平均每天0.2元电费，只够吃一根冰棍！"

（7）明码一口价法

讨价还价是一件挺烦人的事。于是很多商店采用一口价法，绝不讲价，干脆简单。这样的定价方法虽然简单，但是很容易流失客户。

（8）高标低走法

有的企业制定了统一的销售价格和批发价格，然后通过返利的方式给予经销商返利，通过这样的方式，稳定和激励经销商。商店里则采用高标价，然后通过与消费者的讨价还价，最后在低价以上任何价位成交。

（二）促销策略

促销就是营销者向消费者传递有关本企业及产品的各种信息，说服或吸引消费者购买其产品，以达到扩大销售量的目的。促销实质上是一种沟通活动，即营销者（信息提供者或发送者）发出作为刺激消费的各种信息，把信息传递给一个或更多的目标对象，即信息接收者，如听众、观众、读者、消费者或用户等，以影响其态度和行为。

**1. 促销的类型**

市场锋线上，销售促进（SP，sales promotion）的对象是井然有序的。对制造商而言，其促销的对象有三个，即批发商、零促销售商、消费者；对批发商而言，其促销的对象有两个，即零售商、消费者；对零售商而言，其促销的对象只有一个，即消费者。由此可知，不同的市场主体有着不同的促销目标，同时，也构成了不同层次的促销类型。促销的类型可分为三种：

一级 SP：制造商对批发商的促销；制造商对零售商的促销；制造商对消费者的促销；批发商对零售商的促销；批发商对消费者的促销；零售商对消费者的促销。特点：单层次促销。

二级 SP：制造商对批发商对零售商的促销；制造商对零售商对消费者的促销；制造商对批发商对消费者的促销；批发商对零售商对消费者的促销。特点：双层次促销。

三级 SP：制造商对批发商对零售商对消费者的促销。特点：三层次促销。

**2. 促销的方法**

（1）广告——向你的顾客提供产品信息，让他们有兴趣购买你的产品。你可以通过报纸、广播或电视做广告。海报、小册子、名牌、价格表和名片也是给你的企业和产品做广告的方法。

（2）营业推广——当顾客来到你的企业或以其他方式与你接触时，你要想方设法让他们买你的产品，促销的手段很多，例如，你可以用醒目的陈列、展示、竞赛活动吸引顾客，也可以用买一赠一的方式刺激顾客的购买欲。

（3）公共关系——企业多做一些公益活动来树立形象和口碑，提高顾客对品牌的认识和忠诚度，比如小型赞助、媒体文章、演讲，也可以义务地举办一些社区活动来达到效果。

（4）人员推销——派企业的人员进行面对面销售，有时是最有效的促销方式，也可以上门做销售推广，组织一些销售会议或举办博览会、交易会等活动来推广产品。

促销很费钱，但奏效的促销方法可以使你的产品很快占领市场。为达到促销的目的，企业经营者要充分考虑本企业的具体情况，然后再选择对你的企业奏效的促销方式。一般要考虑以下几个要素：

（1）产品类型——直接面向消费者的企业，选择广告促销的比较多；生产批发工业品的企业，则往往选择人员推销。

（2）顾客认识——在顾客了解产品的阶段，广告与宣传有积极的作用；在顾客比较产品时，人员推销直截了当；顾客有购买意向的时候，营业推广和人员推广效果最为明显。

（3）产品生命周期——新产品上市，广告与公共关系能迅速辐射市场，建立产品知名度；在产品成熟阶段，营业推广、人员推销是最重要的促销手段；产品衰退阶段，广告宣传已经不重要，营业推广可以节约成本。

**案例分享**

| ××店周年庆促销活动 | |
|---|---|
| 活动原因 | 3月15日，××店迎来五周年庆典，为回馈客户，扩大销售，特举办主题为"让我们重逢"大型促销活动。 |
| 活动主题 | 让我们重逢 |
| 活动内容 | 1. 客人凭借五年内任何一款服装，带来本店，即可获赠价值300元的购物券一张。此券消费888元以上时可当现金使用。VIP折上折。<br>2. 未有往年服装的客人，凭借店庆DM宣传单来店，尝试给自己搭配一套服装，并拍照留存，即可获赠200元赠券，此券在消费666元以上时可当现金使用。VIP折上折。 |
| 活动流程 | 1. 提前15天进行短信传播。<br>2. 印制周年庆DM单，对本店时尚传播的历史进行回顾及展示。<br>3. 印制周年庆赠券200元和300元版本。<br>4. 店铺店庆期间进行气氛布置，通过DP点的设置和KT版的图示，重点突出本店五年来的时尚传播历史和使命。同时，在店庆期间选择一些时尚愉悦的曲目，进行播放。<br>5. 导购进行发型妆容的重整，店庆期间可以戏剧化一些。 |

# 第七章 新时代成功女性创业典型案例解析

## 本章导读

本章介绍了新时代互联网经济迅速发展的大背景下，第一产业、第二产业，以及第三产业中女性创业者的优势，讲述了新时代成功女性创业者的创业历程。通过学习本章内容，读者可以了解新时代女性创业者在不同产业领域应该如何抓住机遇，将自己的创业项目不断做大做强。

## 名人名言

不要让第一次（或前五次）否定阻止你。

——布雷克里

# 第一节　三大产业中女性创业者的优势

## 一、第一产业

第一产业主要指生产食材，以及其他一些生物材料的产业，包括种植业、林业、畜牧业、水产养殖业等直接以自然物为生产对象的产业。

女性在第一产业创业具有其独特的优势。首先，女性具有勤劳、细致、顾家等特质，这些特质是进行种植业、林业、畜牧业、水产养殖业等第一产业必备的素质。这些女性独有的特质让新时代女性创业者比男性创业者更容易在第一产业开展创新创业活动。其次，随着工业化、城镇化的不断推进，男性不断融入第二、第三产业，特别是在农村，在知识、经验等方面具有优势的男性逐渐退出农林牧渔等第一产业，这给女性留下更广阔的空间。如今，随着社会的飞速发展，新时代女性创业者也逐渐撑起了半边天，拥有了与男性同等的能力和地位。

## 二、第二产业

第二产业指利用自然界和第一产业提供的基本材料进行加工处理，包括制造业、采掘业、建筑业和公共工程、水电油气、医药制造等。

就业难、创业难一直是社会关注的焦点，女性作为传统的弱势群体，女性就业、女性创业是值得探讨的问题。受生理因素的影响，女性的用工成本高于男性，用人单位受传统的第二产业用工经验的影响，在招工时"招男不招女"。在第二产业女性创业者更少。

然而，随着我国经济、文化的发展，新时代女性的能力越来越强，地位越来越高。在第二产业，新时代女性创业者细腻、坚韧的特质让其比男性创业者更容易创业成功。

## 三、第三产业

第三产业的划分是世界上较为常用的产业结构分类，但各国的划分不尽一致。根据《国民经济行业分类》（GB/T 4754－2011），我国第三产业即服务业，是指除第一产业、第二产业以外的其他行业。

第三产业包括：交通运输、仓储和邮政业，信息传输、计算机服务和软件业，批发和零售业，住宿和餐饮业，金融业，房地产业，租赁和商务服务业，科学研究、技术服务和地质勘查业，水利、环境和公共设施管理业，居民服务和其他服务业，教育、卫生、社会保障和社会福利业，文化、体育和娱乐业，公共管理和社会组织国际组织等行业。

男性和女性没有特别大的差异，尤其是在第三产业中，甚至在某一些特殊领域，女性还会展现出更多的优势。第三产业中女性创业成功者要远远大于第一产业和第二产业，这就在于女性的先天素质更适合第三产业。女性细心、勤劳、感性思维、分散式思维等特质要比男性更适合互联网时代的服务业。

# 第二节 "果牧不忘"的快乐新农人华梦丽

## 一、创业历程

华梦丽是 1995 年出生的新一代，读的是园艺技术专业，毕业后她来到农村，加入家人创立的农场。3 年来，在她与团队的努力下，农场由原来的连年亏损，到年销售额近 900 万元，开创了体验式生态农业模式。她把 1080.5 亩的农场划分为 19 块 16 区，涉及农、林、牧、副、渔五大产业，含观光采摘、休闲垂钓、农家餐饮、果蔬配送、承包菜地、领养果牧、动物喂养、草坪农事活动等 12 个项目，进行项目化管理。她和她的团队打造了一个新的农业典范，她认为农业不是"面朝黄土背朝天"的辛苦活动，而是综合运用新技术、新品种和新思维发展起来的"高大上"的产业。她把农业当作一件"好玩""潮流"的事情来做。她就是句容市"果牧不忘"家庭农场的农场主华梦丽。在她身上，已经完全看不出 95 后的稚嫩，而是一个老手农场主的形象。

"好玩"是华梦丽的"果牧不忘"农场的重要特点。她指着一大片地说："这里是生猪领养的养殖区，这里种的是我们从日本引进的甜柿，远处那片是从台湾引进的黄桃……"她开创了句容创意农业的先河。同时，她开创了都市大学生扎根句容农村创业的先河，对促进当地经济转型起到了模范引领作用，多次受到省市表彰，其事迹也多次被媒体报道。2018 年 6 月她还被选举为中国共产主义青年团第十八次全国代表大会代表。

### （一）大学比赛见野心

现在，"宁要城市一张床，不要乡村一间房"的观念正在悄然改变。不少大学生在经历了长时间的徘徊、犹豫后，放弃对大城市的苦苦坚守，开始将就业的目光转向广阔的农村，华梦丽就是其中一名典型的扎根农村创业的大学生。

华梦丽是个地地道道的城里人。2009 年在南京经商的父亲赶着"去农村创业"的热潮，带着拆迁款，在江苏省句容市天王镇西溧村租下了 200 多亩地转型做起了农民。转型发展的父亲缺乏专业知识，循着"传统农业"的老路子，种瓜卖瓜、种豆卖豆，毫无创新意识和竞争力，更没有成熟的农业经营理念，农场每年都亏损。

回忆起父亲刚刚做农民那会儿，华梦丽记忆深刻。那时还在上高中的华梦丽节假日有门"必修课"，就是帮爸爸"卖水果"。她记得，不管走多少地方，不管价格有多低，水果的销量总是不尽如人意，爸爸紧皱着眉头，常常后悔不该来农村，被深深套了进去，无法退出。这些痛苦的经历，让华梦丽下定决心，一定要帮助爸爸改变现状，救活农场。2013年，抱着"帮助父亲收拾残局"的信念，华梦丽报考了江苏农林职业技术学院园艺专业，就是奔着毕业之后能把自家农场扭亏为盈的目标去的。

2013年12月，江苏省职业生涯规划大赛开赛，华梦丽一个人去参赛。她很快感受到一个人的"痛苦"。没有团队，没有成员，什么都是一个人做，别的还好说，但是比赛中有一个情景模拟的环节，她自己一个人根本无法完成，在校方的帮助下，她请来了四位小伙伴做外援，帮忙演一个模拟片段，后来大家索性组成团队一起参加创业大赛。整个团队不断磨合，不断完善，像齿轮一样，彼此推动，互相帮助。

他们选择的主题是亲子农场，大伙儿还给农场取了一个好听的名字——果牧不忘，因为涉及果蔬和畜牧产品，他们希望产品能让人"过目不忘"。他们将创业的构想做成了创业计划书，在与其他选手的现场答辩、与专业裁判的思想碰撞后，华梦丽获得了第一名的好成绩。后来这个五人小组就一直在一起了，直到今天。他们每人分别负责农林牧副渔的一个领域，大家各司其职，相互配合，共同为未来拼搏。

**（二）体验实践获殊荣**

比赛的获胜，既检验了华梦丽的能力，也给了她信心，激发了她的野心。围绕着农业技术项目，她和团队在不断地探索。毕业2年后，华梦丽先后参加了近10次省级、市级创业大赛，每一次参赛都能完善创业想法、发现一些创业项目的"金点子"，其中生猪领养的点子就是她们在参加创业大赛时打磨出来的。华梦丽说的生猪领养，就是农场提供野猪和生猪杂交生出的猪苗供人领养，领养后寄养在农场，领养人可实时查看小猪的喂养情况，"出栏"后，农场还可以帮助宰杀。"许多有孩子的家庭非常乐意领养小猪，这对她们来说，比买一头成年猪划算多了，还能让孩子参与喂养。"

与比赛相比，农场的经营更加辛苦。最初没有固定客源，农场经营相当艰难。她只能选择在超市、小区门口售卖，遇上"价格战"，连送货的油钱都要倒贴。

面对这些困难，她决定改变战略。她认为农场不应该只是一个生产基地，还可以是一个亲身下田种菜、体验农耕文化的"乐园"。她从乡村旅游的角度，开发了体验式农业、认养式农业项目，创办了亲子农场，让城市里的孩子在父母的带领下，来农场采摘水果蔬菜。这些新颖别致的项目吸引了更多的都市旅游者，农场成为他们回忆乡愁，体验农桑的地方。很快，越来越多的人走进农场来参观、来体验。

几经春秋，几许寒暑，通过他们不懈的努力，农场项目终出成效。2014 年 4 月，农场获得了金坛市农业农村局颁发的家庭农场认定证书，并进入名录；2013 年、2015 年农场连续获得两届常州市名优农产品称号；2013 年农场注册了商标"上阮"牌；2014 年他们参加了全国性的农村青年大赛，代表江苏省进入了全国大赛决赛，获得优秀项目证书。

做农业离不开"辛苦"两个字，农忙时他们每天凌晨 4 点就要起来摘水果，一直到晚上八九点。"工人休息了，我们还要再出门送货。因为接的团队比较多，有时还要带人参观。"尽管如此，团队没有人动摇。他们最大的希望是，把传统型农业模式转变成体验式服务型农业模式。

### （三）艰辛创业绽芳华

2016 年 6 月，华梦丽从江苏农林职业技术学院毕业后，也曾到南京的大集团做销售，拿着同龄人难以获得的高薪，坐在宽敞独立的办公室里，但是她并不快乐，忙碌枯燥的生活侵蚀着她对生活的激情。

她想到自己读大学的初衷，大学三年在农场的体验和实践，又想到大学生毕业后很少有人愿意到农村，她想这是"市场在城市，商机在农村"啊。青春岁月非常短暂，她不想留下遗憾。2016 年底，华梦丽做了一个让所有人大吃一惊的重要决定：回句容农村，回到父亲的农场去。

机会总是留给有准备的人，只有巧妙地利用各种有利条件，把握机遇，才能做出成绩。在国家大力支持和鼓励大学生自主创业政策的引导下，她积极响应政府号召，利用土地流转政策，盘活农村闲置土地，承包了 1080.5 亩土地，农林牧副渔都有。2017 年 1 月，她登记注册了句容市"果牧不忘"家庭农场，注册资金 100 万元。农场位于句容市天王镇现代农业产业园内，采用"农场＋公司＋合作社"的模式。

华梦丽说，干事业最重要的是要先人一步、快人一拍、高人一筹。多年的农场体验和实践，让她很懂得消费者的需求，从消费者的需求出发成为他们农场发展的新基调。在和团队成员认真分析后，华梦丽决定改变发展战略，让农场走绿色农业发展道路，以果树种植为主，以林业、水产养殖、粮食收购和农业观光服务为辅，初步形成种、养、游同步发展的农场雏形，以土地规模经营为牵动，农林牧副渔综合发展。

实施绿色农业需要做很多事情。万事开头难，问题数不胜数：基地选址没有着落、头期资金无法落实、技术员工没有到位。在众多的困难面前，华梦丽没有胆怯，和团队成员一起认真学习、分析，寻找各种机遇和可能。他们首先决定从无公害蔬菜入手，起初他们是拉着车去推销，慢慢地蔬菜逐步获得了各大超市的认可，销售渠道打开了，他们开始直接与超市对接。

随着一系列活动的推出，渐渐地，上门采摘的人变多了，他们现在基本不用送货了。2017 年度，农场销售额突破了 746.2 万元。农场先后被评为江苏省巾帼现代农业科技示范基地、镇江市巾帼现代农业科技示范基地、句容市现代农业科技示范基地。团队实施绿色农业发展战略，做到"自繁、自种、自销"，他们在自己的天地里"精耕细作"的同时还引进推广新品种 2 项，带动了 12 名大学生创业。

### （四）创意桃花节，苏芳迎宾来

华梦丽在农场种了 2 种稀缺水果，一种是台湾的黄桃，另一种是日本的甜柿。其实最初他们只引进了 100 棵台湾黄桃，农场通过嫁接等技术手段，把它们逐步变成了 300 亩的桃林。在桃林上，华梦丽做足了文章，充分发挥了"好玩"的创意。

2017 年，华梦丽举办了"桃花节"。她请来无人机团队，把 350 亩"世外桃源"拍成了几分钟短片。她没有像以前那样带着水果进城推销，而是把小短片和照片拷在 U 盘里，找到南京的几家有名的微信公众号，通过网络平台推荐"桃花节"。

没想到，短短一周时间的桃花节，居然来了四五千人。"桃花节"越来越有名气，2018 年游客数量超过 3 万人。来看桃花的游客纷纷留下电话，预订桃子，桃子也销售喜人。

桃花节的成功，让华梦丽有一种"苦尽甘来"的感觉，她觉得几年的努力没有白费。3 年来，在她与团队的努力下，农场终于由原来的连年亏损到 2017 年销售额近 900 万元。

华梦丽创业以来获得无数荣誉：2017 年 7 月获得镇江市创业大赛优秀项目奖；2017 年 10 月获得"创富镇江"一等奖；2017 年 11 月荣获句容市首届"十佳"新型职业农民称号；2017 年 12 月荣获句容市第三届"创业之星"称号；2018 年荣获镇江市乡村振兴典型人物称号；2017 年 12 月荣获江苏省乡土人才"三带"新秀称号；2017 年 12 月获得"创响江苏"优秀项目奖；2018 年 4 月获得江苏省青年双创大赛优秀项目奖；2018 年荣获江苏省"巾帼三农之星"称号。

"创业有起点，事业无终点"，华梦丽凭着创业激情和拼搏精神，在各级组织的帮助下，农场逐渐壮大，果牧不忘农场现在已形成了农产品种植、绿色食品蔬菜、花卉苗木园、生态畜禽等多元发展的产业化模式，不仅为农业增效、帮农民增收，还显著减少了农业方面的污染，有效防止了水土流失，保护了生态环境，获得了良好的社会效益，对农业产业园区内外起到示范作用。

如今，华梦丽每天早出晚归，从建棚到扣棚，再到育苗，直到最后的种植、收获。她整天蹲在大棚里，跟土地打交道，已成为一名地地道道的农民。但是她并不觉得这样的改变有什么不好，还经常对周围的人说："土地是咱农民的亲人，而农民是我的亲人，我一定要将基地做好，带领村民一起致富。"

### （五）学习奋进，知识创业造福未来

华梦丽说，在经营农场的过程中，总感觉自己的知识远远不能满足事业发展的需要，总觉得有太多的东西要学习。于是，她利用任何一点可以利用的时间，不断提升自我。她报名参加本科阶段学习，不肯错过任何一个知识点。她很快从南京农业大学现代农业管理专业毕业，获学士学位。

现在，任何一次有关农业知识的学习，她都要挤出时间去参加。省市农业部门和共青团组织举办的各种农业知识专题培训班、"青年创业系统知识"培训班，她几乎每次必到，还积极组织团队到其他农业基地参观，学习先进农业技术。她遇到难题就主动联系兄弟企业负责人和学院指导老师们一起商讨解决，成了整个农场最爱学习的人。每天，她都是农场最后一个熄灯的人，用她爸爸的话说，她现在学习的劲头超过了当年高考的时候。

### （六）源于兴农，致富回馈感恩乡村

回眸创业之路，她深深地感激家乡这片曾经养育过她的沃土，塑造了她坚持不懈的性格。同时，她更感激党和国家政策为她的创业提供广阔的空间，她将把这份感激之情化作今后人生发展的动力，并尽最大努力创造出更多的财富，回报家乡，回报社会。她自己虽然摆脱了创业初的困境，但她心中"让身边的乡亲们也能过上好日子"的愿望却越来越强烈。推荐村民就业，带动村民一起致富，仅靠她一人之力是远远不够的。因此，她极力联系兄弟企业，推荐村民们就业，为无技术、无经验的村民提供免费的就业培训，解决了相当大一部分村民的就业问题。她说："我以我的成功作为示范，把经验和理念传授于人，让大家一同致富是我理所应当的义务。"

农场现提供就业岗位 40 余个，实现了村民的就近就业，村民既能兼顾家庭，又能挣钱补贴家用。此举获得了村民的称赞，也为当地的稳定就业及经济建设做出了贡献，取得了骄人的业绩和良好的社会效益。

（选摘自《蔷薇花开——女性创业案例集》，胡桂兰等编著，机械工业出版社2019 年版）

## 二、华梦丽创业成功的原因和秘诀

### （一）国家第一产业领域创业形势与政策带来的机遇

当前，我国农业发展面临着资源环境制约加剧、市场竞争日趋激烈的严峻挑战，迫切需要加快转变发展方式、推进农业转型升级。

如今世界创意浪潮兴起，创意经济时代已经到来。近年来，我国各地通过发掘农业传统文化、拓展农业多种功能、培育特色优势产业、强化农业设施栽培、开展农业节庆活动、推广生态养殖与立体种养等现代农业模式与旅游观光功能有机结合，形成了一大批产业依托明显、规模层级较大、知名程度较高、带动能力较强的休闲观光农业园区。这些多层次、多类型、多形式的现代农业休闲观光园区，都按照农业多功能化的发展趋势，把特色精品农产品生产与发展休闲农业、创意农业很好地结合起来，使创意农业成为农业增效、农民增收的一个新亮点。

华梦丽领导的果牧不忘家庭农场走的就是创意农业的道路。华梦丽在自己的创业过程中不断拓展农业功能、整合资源、拉长产业链，把传统农业发展为融生产、生活、生态为一体的新型农业业态。华梦丽的创意农业不仅生产创意农副产品，而且创新农业发展模式。

## （二）作为成功新时代女性创业者——华梦丽的创新思维

华梦丽"玩"出农业"高大上"的背后，是思维模式的转变，是与时俱进，是用具有前瞻性的眼光去把握和发现市场机会的行动和执行力，是完全从消费者角度出发的行为，是农业的一次转型和升级，为农业的发展走出了一条新路。

华梦丽通过创意，通过团队的精心设计，相继"玩"出了桃花节、无人机、亲子乐园、有机蔬菜等富有趣味的项目和活动。尤其是桃花节，凡是参加过的顾客基本都购买了桃子，实现了产品延伸、功能延伸、市场延伸的统一。更重要的是，创意农业形成了竞争的差异化，差异化又带来产品的高附加值，最终实现新的竞争优势，形成核心竞争力。事实上，这个"玩"字的背后是精心的设计和策划，是创意，是基于对顾客的深度需求的发现和满足。创造性能给产品、产业带来新的附加值，是未来企业发展的重要因素。

## （三）新时代创业女性的能力与素质

要想成为新时代创业女性，需要具备身体素质、心理素质、知识素质、能力素质等。对于华梦丽而言，她一直在不断地提升自己各方面的素质。创业是最好的学习，通过创业，她发现了太多的问题，这些问题促使她不断去学习，完善自身的知识结构，又将学到的知识运用于实践，保障了农场的健康发展，完成了学习—实践—再学习—再实践的良性循环，实现了真正的知行合一。

华梦丽带领家庭农业走出困境靠的是转变了经营思路，从传统农业走向了生态农业，从传统种植到种植有机蔬菜、瓜果；从单纯地把农田作为种植基地到把农田作为展示体验的平台。她利用了互联网的效应，创造了有趣、好玩的农家体验活动，开办了具有创意的"桃花节"等活动，使农场最终走出了困境。华梦丽和她的团队坚持与时俱进，不断创新，带领农场人迈向创意农业的新征程。学无止境，在创业的过程中，华梦丽在不断地提升自己，给自己的人生画卷添上一笔又一笔绚丽的色彩。

# 第三节　互联网时代让世界亲密无间的 "有间全球购"创始人吴晓雨

## 一、创业历程

现在的时代，是历史上从未出现过的时代，经济转型、消费升级，互联网信息技术超越时空、逾越边界，以摧枯拉朽的力量改造着原有的社会、行业、商业形态。互联网的高效、透明，以新的形式赋予了商业公开、公平、公正，重新定义商业规则，为创新、创业提供了前所未有的历史机遇。网络赋能商家，企业、个人作为市场主体，都呈现出极大的活跃性。企业无论大与小，个人不分阶层、不分性别，一个个鲜活的创业历程由此拉开序幕。

有间全球购创始人吴晓雨就是互联网时代的一位女性创业者。她有着男孩一样的率直、爽朗的性格。她曾在传统企业做企划工作 8 年，第一次创业是原创电商品牌"果真了得"，在第二年销售额就达到 1100 万元；二次创业成立了河南有间电子商务有限公司，旗下主营的跨境进口零售商城"有间全球购"上线两年半的时间，估值 1 亿元。她受邀参加阿里巴巴"全球女性创业者大会"，先后担任河南省共青团电子商务就业创业部副主任、有赞河南商盟秘书长、郑州移动互联网联盟副理事长。成功的背后往往是创业者艰辛的心路历程，数倍于常人的勤奋和汗水。让我们走近互联网时代的创业者吴晓雨，看看她的创业故事。

### （一）美好的孩提时代

环境造就了世间万物，家庭环境赋予了我们最初的性格、习惯与态度，社会环境在不断地斧正和锤炼，塑造我们成长的能力、素养，并给予我们成长的能量，同时让我们在成长的过程中不断地认知自我、辨识环境、把握时机、量力而为。主人公吴晓雨的创业之路也就此开始了。

天真烂漫、无忧无虑是大家所共有的孩提记忆。相对殷实、宽容的家庭又给了 1985 年出生的吴晓雨更为优越的成长环境。不同于传统家庭对孩子课业学习上功利性的关注，她的父母在学习成绩上对孩子没有过分的要求，只要开心就好，尽量满足女儿阅读、画画等兴趣需求。她从小就涉猎童话故事、侦探小说、武侠小说等各类书籍，五年级开始学习画画，弹琴、书法也都有所接触，她的兴趣爱好很广泛。同时，经常出差的父亲时常带回来的新鲜事物、讯息也在无形地影响着她的成长。但她在学习上严重偏科，一方面她的语文作文成为范文被读遍各个班级，另一方面数学成绩不及格时有发生，甚至初中化学有考过 4 分的成绩，但这些并没有让父母约束她的自由成长。

尽管她的父母在孩子的学习和爱好上有宽容的一面，但是在做人做事方面要求十分严格：作为一名吴家的孩子，要为人真诚、品行端正、行为得体，养成良好的生活习惯。上学时，有一次因为和同学互赠贺卡，她遭到了父亲的斥责："小孩子，没有独立的经济收入，为什么要花父母的钱去买贺卡赠送朋友呢？难道不可以自己手工制作吗？这样不是更能代表心意吗？"此后的贺卡，要么是她制作的各种剪贴的美术作品，要么就是各类产品包装、标签磨制出来的小工艺品。小小的创意给她带来了无尽的快乐。

吴晓雨没有被传统家庭框框式的教育所束缚，她有广泛的兴趣爱好和对新鲜事物的感知，再加上她有良好的品行习惯，这些无疑都是她日后成功的基础。

### （二）纠结的求学之路

宽容的父母终究还是没有拗过执着的吴晓雨，考高中、上大学、回县城做一份稳定的工作，这些都不符合她个人的兴趣需求。于是，在她上初三时，父母就与学校协调，为其设置了独立的美术学习时间，半天正常课程，半天美术学习。也正是如此，2001 年她顺利地从县城进入郑州求学。

怀揣成为画家的天真梦想，带着"18 岁经济独立"的赌气式誓言，吴晓雨开启了她在郑州的求学之路。然而事与愿违，她并不适应校园的学习氛围。她在街头卖画，单薄的收入让她看不到未来的希望。于是，她由美术专业转为选修设计。她原本以为正确的转型会为未来打下坚实的基础，然而 2003 年暑假她在哥哥北京的设计公司实习的经历，又让她看到学校学习的知识还远远不够。于是，强烈的经济独立的念头驱使着她走向社会。

吴晓雨断然拒绝了哥哥给她安排的工作，果断地放弃了学校后两年的学习，步入社会。也许是幸运，也许是基于前期知识、能力的积累，她在求学期间就顺利地入职了一家公司的企划部门，提前进入职场。不错的工作、稳定的收入，她似乎找到了生活的落脚点，心理上获得了暂时的安宁。就这样，她一方面体验着高强度的工作、严苛的职场要求，忙得透不过气；另一方面，她与身处校园悠闲的同窗时常交流。强烈的生活反差，又激起她对未来的焦虑，难道这日复一日的忙碌生活就是自己的追求？

现实就是这么矛盾，看起来很美好，走近了却很残酷！这矛盾的背后不乏有年少的冲动、轻率、反复，谁又能知道盲目的坚持会换来怎样的结果呢？但不可否认的是，时间还是给坚毅的、善于思考的人沉淀下来了宝贵的收获。五年的学业留给吴晓雨的有对校园学习的质疑，也有对未来生活的焦虑，但也使她坚实的画画功底得以延续，提升了她对消费心理、汉语言文学的理解，更重要的是加深了她对现实生活的认知、对人生的思考。也许在懵懂的意识里，她所追求的不仅是应用的能力、称职的工作、稳定的收入、经济的独立，还有对各种新鲜事物的追求及对未来自由生活的无限遐想。总之，人们总是在生活中的否定之否定中不断地认知环境、认知自我、肯定自我，为未来的选择做更好的铺垫。

### （三）打工的七年

求学期间忙碌的企划工作改变了吴晓雨对工作的追求，也许找一份能营生、不忙碌、有双休、有自己时间的工作才是自己对未来的追求，她似乎慢慢明白了自己内心的诉求。

于是，她凭借自己原有的积累，顺利入职另一家公司从事企划工作。高度的责任感、独立的思考习惯、干练果断的工作作风，使她在工作中游刃有余。突出的工作能力不仅为她赢得了更多的时间，同时也使她顺利成为部门企划主管，国内上百个分部，在她的团队的带领下井然有序地开展工作。接着，她陆续成为公司一个个新项目的项目经理、开路先锋。但凡公司新项目上马，她便是当之无愧的先锋，理思路、定方案、梳理标准，一份份项目书、一份份工作标准手册，一切都在高速地运转着。项目在飞速发展的同时，她也在不断汲取着成长的能量，不断挖掘和拓展着她的知识储备和能力空间。

尽管如此忙碌，工作之余，吴晓雨依然挤出时间坚持着自己的爱好，画插画、写网络连载小说、玩格子铺、泡论坛。她每天都很忙碌，每天都面临着新的挑战，她认为愉悦内心、滋养心田、策划能力、管理能力，以及对新事物的理解能力与个人兴趣要同步发展。

### （四）"果真了得"

对于很多人而言，创业未必是骨子里面的基因，不过是人生节点的一个选择罢了。与创业成功密切相关的则是个人经验和能力的积累、优势资源的整合，以及机缘巧合。

2011年5月，吴晓雨的女儿即将出生，为了孩子，她辞职创业。她依托地方土特产资源优势，成立郑州果真商贸有限公司，创办了来自深山的原创电商品牌"果真了得"，以"老树核桃、野生土蜂蜜"为代表的各种山货、土特产为主打产品。

创业之初，她一边开网店，一边照顾女儿，十分辛苦。对网店运营一窍不通的她，开始一点一点摸索着自学。从美工、设计、客服到打包，这些都要从头学起。功夫不负有心人，店铺的生意渐渐有了起色，第一年的销售额就达到了十几万元。在她看来，小本创业初期，要最大可能地节省成本，老板最好做到事事亲力亲为，减少运营环节产生的成本。

发展到2013年，"果真了得"完成全网电商平台建设，涵盖了淘宝、天猫、京东、一号店、亚马逊中国、当当、苏宁易购等 11 个平台，当年销售额 1100 万元。

创业辛苦，乐在其中。令吴晓雨开心的不仅是业绩的突出，还有每天都有的新任务、新挑战，令她始终保持着创业的热情。她有了更多机会和外界交流互动，为更多的人所认知，被各种媒体采访报道，众多荣誉纷至沓来。

### （五）"有间全球购"

就像吴晓雨本人所说的，创业是有"瘾"的，一旦你体味过了创业的风险、挑战、收获与满足，再去选择做其他工作是怎么都调动不起来你的激情的。

2015 年，正是国家跨境电商政策频出的时期。蓬勃向上的入境电商形势，日益成熟的消费者网络购物观，再加上社交媒体微博、微信的活跃，吴晓雨毫不犹豫地投入到跨境电商的浪潮中。她凭借敏锐的嗅觉、雷厉风行的作风，依托有赞商城在微信、微博等社交媒体的开展，迅速建立了"有间全球购"网络销售平台，致力于建立专业的一体化跨境电商服务系统。公司刚成立就被估值 5000 万并获天使投资。"有我，世界亲密无间。"这是她公司名字的寓意。

凭借个人在业内多年的影响力，吴晓雨顺利地引进了天使投资。基于对市场的洞悉力，她选择从母婴、零食等类目开始。依托郑州的跨境电商优势，公司落户郑州港区，她创业的老部下也因为她二次创业再度回归。不足半年，"有间电商"迅速走上正轨。

创业注定是充满艰辛的，第二次创业也是如此。首先是招人问题，郑州电商人才缺乏，公司招的多是没有电商从业经验的员工，吴晓雨就亲自抓业务，一对一、精细化把控各项业务，从选品到活动执行，从页面设计到文案写作，商城运营的方方面面，她事无巨细，高标准把控质量，提出修改思路和修改细节，她自己对业务的精益求精也带动了员工业务能力的提升。经过他们的共同努力，团队日渐成长，慢慢成熟。

"有间全球购"商城主要是依托"有赞"微商城和微信渠道销售的内容电商。此时，微信内容电商属于新生事物，吴晓雨在摸索调整思路，以适应内容电商的发展趋势，同时拓展代运营业务，先后参与运营河南媒体化电商品牌民生乐购、河南机场集团捷易登机商城等 20 个项目，提供了深度运营服务，想方设法实现公司盈利。

其间，跨境电商经历了政策变动风波，正面清单的实施又让公司不得不在品类上做出调整。虽然创业历经艰辛，但是她的坚持和付出使团队度过了一个又一个难关。

历经风雨，终见彩虹。2017 年，微信内容电商的风口来了，吴晓雨带领的团队厚积薄发，"有间全球购"业绩实现几何倍数的增长。

经过两年多的发展，河南有间电子商务有限公司进入了快速发展期，形成了由运营、客服、美工、文案等部门构成的较为完善的组织架构。团队拥有 30 多人，业务上有自营商城、第三方供货、商城代运营、有赞微商城销售四大业务板块。"有间全球购"重新定位品牌为：全球生活榜样。商城品类全面扩充，致力于引领国人生活品质的提升。2017 年，公司估值 1 亿元。

（选摘自《蔷薇花开——女性创业案例集》，胡桂兰等编著，机械工业出版社2019 年版）

### （六）把握机遇，成就梦想

吴晓雨是在什么样的时代背景下完成首轮创业、开启二度创业的呢？

2010 年前后，国内商业环境在经历 B2B 电商近十年的洗礼，网络营销已被大部分企业所接受。与此同时，B2C 电商也经历了 1999－2003 年的萌芽期、2003－2008 年的成长期，淘宝、拍拍等网络经营环境逐日成熟，支付环境、快递物流环境不断得到优化，网络消费已经为大部分消费者所认可并且用户数量与日俱增，网络零售在国内进入爆发期。适逢天猫商城初期上线，零食干果类目电商刚刚起步，吴晓雨适时地以企业品牌资质入驻天猫，并且选择干果零食类目，实行团队化运营，既分享了网络消费者暴增的红利，也发挥了品牌、类目、团队的优势。再加上自身的货源优势、网络运营优势，可谓天时、地利、人和，尽享PC 电商风口上的商机，也就造就了"果真了得"的迅速成长。

2015 年，吴晓雨再度创业之际，正值国内跨境电商支持政策频出的时机，消费者网络购物观念成熟，对产品品质有着更高的追求，尤其是对国外产品的消费需求提升。与此同时，微博、微信等新媒体平台崛起带来的消费者网络消费习惯由以"物以类聚"的直白型需求向"人以群分"的内容型消费迁移。她又再次适时地转向以微信公众号、平台内容号为载体的内容营销平台，以"有赞"及地方 App 为载体，运营国外零食、母婴用品，"有间全球购"再次站在了移动电商前沿。

### （七）团队成就成功

从 2015 年创立"有间全球购"到目前为止，公司共计 30 余人，其中除了吴晓雨和一名联合创始人是 80 后以外，其他员工全部是 90 后，有的是她个人的忠实粉丝和演讲受众。在"有间全球购"，大部分员工都是从"小白"培养出来的；在"有间全球购"，不允许有办公室政治；在"有间全球购"，只要你有想法，有行动，就有你发挥的空间；在"有间全球购"，大家不仅是同事，更是亲人。

对于团队，吴晓雨有自己的深刻理解。她说传统意义上的团队管理与现代互联网、电商团队的运营管理是有着明显差别的。传统企业团队不好带，互联网电商团队更不好带。显然团队管理的原理一样，但电商企业服务的客户群体与传统企业不一样，电商企业员工主体与传统企业也不一样。互联网消费者以年轻人居多，电商企业客户更偏年轻化，员工主体同样偏年轻化。在目前的电商公司里，80 后群体尤其是 90 后群体占多数。很多传统企业之所以电商运营得不好，关键问题就在于公司行使经营决策权的是 70 后乃至 60 后，他们中很多人不了解现代互联网群体的消费需求，却又以一种固有的、引以为豪的经验操纵着经营方向，而真正了解消费者的 80 后和 90 后群体有想法却得不到施展。管理者想利用好 80 后和 90 后这批骨干员工，却又觉得这批员工没有忠诚度，没有责任心，没有吃苦耐劳的意志，难以担当重任。这就是鲜明的时代差别，对传统的团队管理方式提出了挑战。

### （八）"分享"是创业源源不断的动力

初创"果真了得"源于分享。2009 年，吴晓雨来到男友的老家——灵宝市朱阳镇犁牛河村。小山村的交通非常不便，生活很清苦，但这里有着许多原生态的山货珍品。她看到村里的乡亲们把百年老树上的核桃打下来，用最原始的方法去皮，在山泉水里清洗，然后晾晒。这种原生态的劳作过程立刻让她感受到一种返璞归真的愉悦，让她有了"这么好的东西应该让更多的人了解、品尝"的想法，于是便有了"果真了得"，也让她始终坚持只做"森林食品搬运者"和与大家"共享清新美味"的理念。

"我希望能帮助想做跨境销售的品牌商和生产商。"这是吴晓雨二次创业选做跨境电商的动机之一。2015 年，她和合伙人成立有间电商公司，致力于建立专业的一体化跨境电商服务系统，跨境供应链对接合作供应企业、物流企业、支付企业、第三方平台等近 70 家企业，为有赞微商平台约 15 万分销商提供全方位的优质供应链服务。公司供应的产品包括美妆、母婴、食品、保健、居家五大类目，聚合美国、韩国等 20 余个国家 1500 个主流进口品牌的资源。谈及公司未来的移动端互联网出口分销问题，吴晓雨希望完成这样一件事情："一个中国人，通过手机端把产品推荐给她的美国朋友，而美国朋友的手机端的中文版面会自动切换成英文，然后完成跨境支付、实现交易的无缝对接和交流。就像公司名字的含义那样：'有我，世界亲密无间'。"

在整个创业过程中，吴晓雨一直活跃在业界的论坛中，在新农业讲堂上，在亿邦动力的论坛上，在中原电商高峰论坛上，在创业者大会上，在河南互联网大会上，甚至是在校园的创业分享活动中……都能看到她的身影，农业电商、电商经营、团队管理……她无私地分享着自己的创业经验、经营之道、快乐之道……朋友间、同行间、微博上、微信上，处处都可见她的足迹。她出了名的率性、仗义，"雨哥"也许是大家对她分享精神最为形象的表达。

在生活中，在创业中，如果没有分享，成长就成了没有根基的浮萍，即便再繁茂，也难以长存。分享的美好不在于获取，而在于它让大家学着在心中给别人留出位置，表面上是与他人分享，更深层的需求是分享经历，交换感受，同时也赢得了信任，赢得了口碑，收获了成果。

有人说：创业成功来之不易，这需要创业者有开阔的眼界、强烈的欲望、超乎想象的忍耐力、敏锐的商嗅觉及审时度势把握机遇的能力……这些品质在吴晓雨身上体现得淋漓尽致。然而，最能体现她创业精神的词语应该是"分享"。

正是因为她乐于分享，所以每当她有困难时，朋友们都会伸出援助之手。公司搬迁，苦于新址如何选择，朋友们纷纷推荐新址并帮忙装修；公司招人时，朋友们推荐，粉丝们毛遂自荐；在选择产品上，她还没有发现新品，朋友们就发来了推荐信息，乃至风投机构也因为她的分享主动找上门来；因为分享，河南省共青团电子商务就业创业部副主任、有赞河南商盟秘书长、郑州移动互联网联盟副理事长等诸多头衔也扑面而来……

（九）瓜熟蒂落，功到自然成

有句话很形象：我在拐点等着你。所谓瓜熟蒂落，都是经过长期播种、孕育、细心呵护的结果，功夫到了，拐点自然就来了。吴晓雨两次创业之所以如此顺利，与她浸润网络多年、熟练的网络驾驭能力、敏锐的网络嗅觉是分不开的。她先后把握住了 PC 电商、移动电商的历史机遇，机会总是留给有准备的人，这种准备其实就是创业者的个人能力素养。纵然时代机遇再好、项目再好，创业者个人素养不过关，一切都是徒劳。互联网为个人创业提供了前所未有的历史机遇，但创业的成功终究还是建立在个人能力素养的基础上的。

## 二、"有间全球购"成功的原因与秘诀

上面的案例首先以时间为顺序介绍了主人公吴晓雨的成长历程——儿时、求学、就业及两次创业，意在突出个人成长环境与创业不可分割的关系；然后以主人公创业案例为视角，介绍了电商创业者身上所需具备的能力。吴晓雨两度创业顺利成功是与其优秀的学习能力、团队管理能力、数据分析能力等分不开的。其中重点介绍了团队管理和"分享"精神，这是互联网时代必不可少的素质和素养，值得所有互联网从业者学习。

### （一）个人能力与素质

早年的经历为吴晓雨成为成功的新时代女性创业者打下坚实的基础。

#### 1. 熟练的互联网驾驭能力、学习能力

吴晓雨求学时对网页、论坛、社区等各种热门的网络应用无不涉及，不仅如此，她还在论坛里面做过版主，在文学社区上长期发表文章，也尝试过格子铺、论坛、淘宝网店、微博、微信朋友圈，甚至抖音等各大直播平台，她都逐一应用

并进行深度分析。这些商业实践为她进行网络创业奠定了坚实的基础。

**2. 扎实的网络内容运作能力和数据分析能力**

吴晓雨具有扎实的语言文字功底，业余时间自修消费者心理学、汉语言文学，她还是科班出身的美术设计，再加上开朗的性格、熟练的网络驾驭能力，使她在互联网时代具备了电商运营最具杀伤力的武器：扎实的网络内容运作能力和数据分析能力。

新时代女性创业者应具备的能力素养包含了传统创业者所需具备的勤奋、思考、坚持，也包含了符合互联网、电商项目落地实施的能力特征、熟练的网络驾驭能力、敏锐的新媒体内容制作能力等，吴晓雨恰恰诠释了这些能力特征。此外，率性仗义、富有感染力，对各种事物充满好奇、对热爱的事情执着忘我的投入等在她身上也体现得淋漓尽致。具备了这些基本素质，吴晓雨的成功也就成了必然。

互联网时代的重要特征是分享，这在吴晓雨的身上得到了完美呈现。她觉得分享贯穿了她创业的全过程，也是她创业能成功的重要因素。

**（二）团队组建和团队管理**

互联网时代，企业想要做到持续经营，一支强有力的团队是不可或缺的。

互联网时代的团队模式发生了根本性改变。首先是员工主体的改变，其次是员工需求的改变。80后、90后，生于网络，长于网络，他们自幼的成长环境中少有物质匮乏，多的是精神上的烦恼及现实生活给予的压力，他们期望有大展拳脚的机会，但又少了艰苦生活的磨砺，多了精神上的无助与焦虑。对于他们的管理，企业需要探索更多的模式，更加注重精神激励，开发更多的管理方式。

吴晓雨作为80后恰恰抓住了互联网电商员工管理的要点：以自己生动的成长、就业、创业经历来感染员工，以高于同行业平均水平的待遇、开放的氛围、规范的职业成长规划来留住员工，以自由的活动和交往与员工形成互动，通过充分放权来调动员工的积极性与主动性。这些是诸多60后和70后创业者难以做到的。

# 参考文献

[1] 冯丽霞，王若洪，马飞翔. 创新与创业能力培养［M］. 北京：清华大学出版社，2013.

[2] 赵继忠. 女大学生职业生涯发展与规划［M］. 天津：天津教育出版社，2014.

[3] 赵继忠. 女大学生职业指导［M］. 北京：中国商业出版社，2011.

[4] 孙志河，窦新顺. 就业与创业指导［M］. 北京：经济科学出版社，2015.

[5] 窦新顺，韩建伟. 女大学生创新指导［M］. 上海：同济大学出版社，2017.

[6] 胡桂兰，等. 蔷薇花开——女性创业案例集［M］. 北京：机械工业出版社，2019.

[7] 王楠. 我的梦想，我买单："她时代"的女性创业必修课［M］. 北京：中国华侨出版社，2017.

[8] 汤锐华. 大学生创新创业基础［M］. 北京：高等教育出版社，2016.

[9] 郭金玫，珠兰. 大学生创新创业基础［M］. 上海：上海交通大学出版社，2017.

[10] 詹跃明，夏成宇. 大学生创新创业基础［M］. 重庆：重庆大学出版社，2019.

[11] 陈叶梅，贾志永，王彦. 大学生创新创业基础［M］. 成都：西南交通大学出版社，2016.

[12] 郭丽萍，柳邵军，韩建伟. 创新创业教育［M］. 西安：西安电子科技大学出版社，2021.

[13] 唐红娟. 创业型经济时代高校实施女大学生创业教育的意义与思路［J］. 中华女子学院学报，2008（4）：42-45.